Gabriele

Die zehn Rosenkreuzer-Grade

Bibliografische Information Der Deutschen Bibliothek
Die Deutsche Bibliothek verzeichnet diese Publikation in der Deutschen Nationalbibliografie; detaillierte bibliografische Daten sind im Internet über http://dnb.ddb.de abrufbar.

Der Wahre und Unsichtbare Orden vom Rosenkreuz

BAND I:
Die Rosenkreuzer-Allegorie

BAND II:
Die zehn Rosenkreuzer-Grade

Übertragung aus dem Amerikanischen:
Deutsches Übersetzer/innen-Team B.O.T.A., Ltd. Los Angeles
Leitung: Gabriele Schindler

Hebräischer Schriftsatz:
ShalomOldStyle by Brecher, Harward

Layout und Umschlaggestaltung:
Sigrid Pomaska

Druck und Bindung:
Druck & Verlag Pomaska-Brand, Schalksmühle
Edition »fabrica libri«
www.fabrica-libri.de

Printed in Germany
ISBN 3-935937-01-6

PAUL FOSTER CASE

Der Wahre und Unsichtbare Orden vom Rosenkreuz

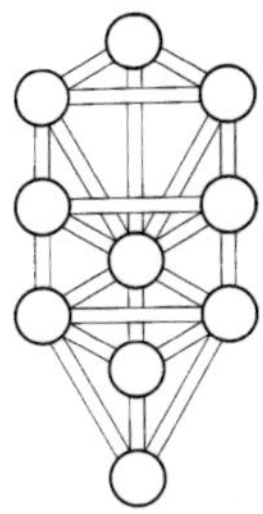

BAND ZWEI

Die zehn Rosenkreuzer-Grade

fabrica libri

Der vorliegende Band II des *Wahren und Unsichtbaren Orden vom Rosenkreuz:* »Die zehn Rosenkreuzer-Grade« baut systematisch auf dem ersten Band »Die Rosenkreuzer-Allegorie« auf. Wir haben deshalb für diese zweibändige Ausgabe die ursprüngliche Nummerierung der Kapitel und Abbildungen beibehalten, so wie sie der englischsprachigen Originalausgabe, die einbändig erschienen ist, entspricht.

Zur besseren Orientierung unserer Leser und Leserinnen geben wir hier eine Übersicht über den Inhalt des ersten Bandes:

ABBILDUNGEN IN BAND 1:

ABBILDUNGEN IN BAND 2

→ INHALT ←

Das Meistermodell

Dies ist die Wahrheit über das Selbst:

0. Alle Kraft, die je war und sein wird, ist hier und jetzt.
1. Ich bin ein Zentrum für den Ausdruck des Urwillen zum Guten, der das Universum in Ewigkeit schafft und erhält.
2. Durch mich nimmt seine unfehlbare Weisheit Gestalt an in Gedanke und Wort.
3. Erfüllt vom Verstehen seines vollkommenen Gesetzes, werde ich von Augenblick zu Augenblick auf dem Pfade der Befreiung geführt.
4. Aus den unerschöpflichen Reichtümern seiner Grenzenlosen Substanz schöpfe ich alles, was ich brauche, sowohl Spirituelles als auch Materielles.
5. Ich erkenne das Walten der unabänderlichen Gerechtigkeit in allen Umständen meines Lebens.
6. In allen Dingen, ob groß oder klein, sehe ich die Schönheit des göttlichen Ausdrucks.
7. Aus diesem Willen lebend und erfüllt von seiner unfehlbaren Weisheit und seinem unfehlbaren Verstehen, gehört das Siegreiche Leben mir.
8. Ich erwarte voller Vertrauen die vollkommene Verwirklichung des Ewigen Glanzes des Grenzenlosen Lichtes.
9. In Gedanke, Wort und Tat gründe ich mein Leben von Tag zu Tag auf das sichere Fundament des Ewigen Seins.
10. Das Königreich des Geistes ist verkörpert in meinem Fleisch.

Figur 8: Das Meistermodell

»Das Meistermodell« oder »Der Plan auf dem Reißbrett« zeigt die Zehn Heiligen Emanationen des kabbalistischen Lebensbaumes bzw. die zehn Aspekte Gottes. Es stellt auch die Bestimmung des Menschen dar, sich seines Schöpfers immer bewusster zu werden. Paul Foster Case erhielt diese Darstellung von dem Lehrer, der die Arbeit der »Erbauer des Adytum« leitet. Der Ausdruck *Reißbrett* wird von den Freimaurern benutzt, um auf die Pläne des Großen Architekten des Universums, Gott, zu deuten. Er zeigt an, dass es sich um einen geordneten Plan handelt.

KAPITEL II

Die Grade des Ordens

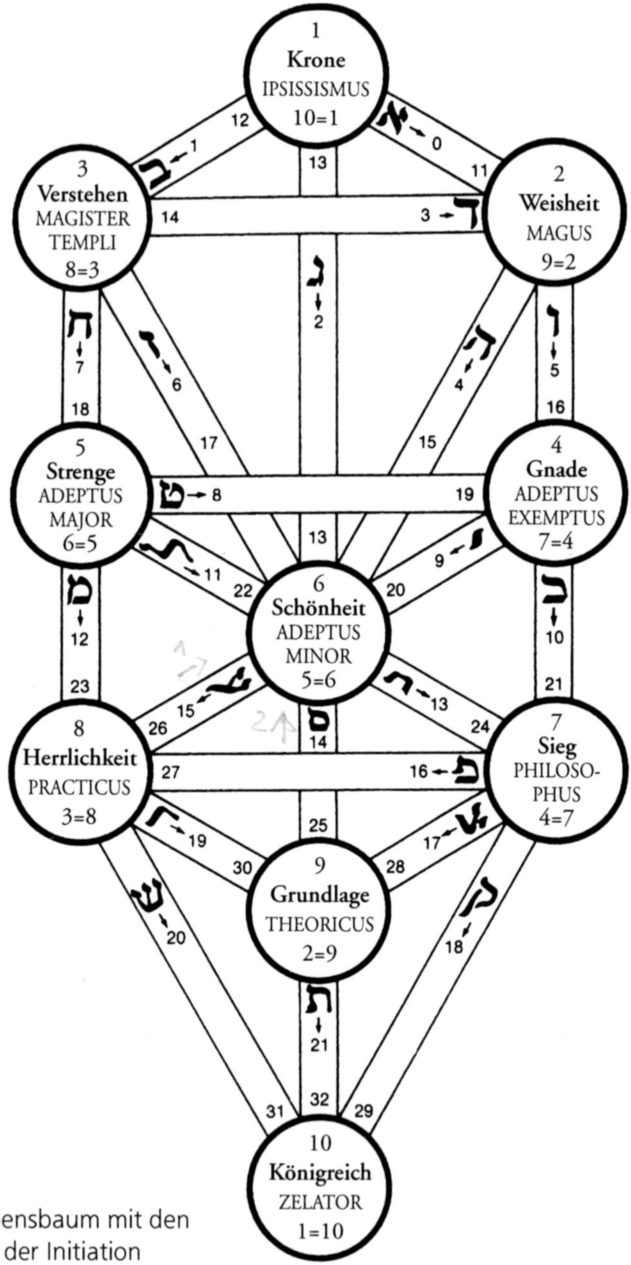

Figur 7:

Der Lebensbaum mit den Graden der Initiation

In der *Confessio* heißt es: »Diese Bruderschaft ... wird in Grade eingeteilt«. Aber in keinem der ursprünglichen Rosenkreuzer-Manifeste findet sich irgend eine Angabe über das System dieser Grade. Der Tradition zufolge gibt es jedoch die Einteilung in zehn Grade, bei der jeder Grad einer Sephirah, d. h. einer der nummerischen Emanationen entspricht, die auf dem kabbalistischen Lebensbaum durch Kreise dargestellt werden.

Die Grade steigen vom zehnten zum ersten Kreis aufwärts. Daher gleicht das Voranschreiten im Unsichtbaren Orden einer Annäherung an die Einheit, was gleichbedeutend mit der Annäherung an die wahre Selbsterkenntnis ist; denn der höchste Grad entspricht dem ersten Kreis, *Kether,* »die Krone«, dem Sitz von *Jechidah,* »dem Unteilbaren« oder dem makrokosmischen ICH BIN. Es entspricht dem Atman der Hindus und ist wahrscheinlich auch mit *Khu,* der spirituellen Seele der alten Ägypter, verwandt. *Jechidah* ist mit anderen Worten der essentielle Mensch, und das Ziel der Rosenkreuzer ist es, seinen wahren Adel und Wert zu enthüllen.

Die zehn Grade werden in drei Gruppen oder Orden eingeteilt. Der Erste Orden umfasst die Grade, die den Kreisen 10 bis einschließlich 7 entsprechen. Der Zweite Orden umfasst die Kreise 6, 5 und 4, der Dritte Orden die Grade des dritten, zweiten und ersten Kreises.

Zu jedem Grad gehört eine Zahl, die durch eine Gleichung dargestellt wird, deren erste Zahl die Stufe wiedergibt, die der Aspirant auf seiner Reise zur Einheit erklimmen muss, und deren zweite Zahl die Sephirah angibt, die dem Grad entspricht. Dementsprechend wird der Grad des Zelators durch die Gleichung 1 = 10 dargestellt, denn dies ist der *erste* Grad des Ordens, und er entspricht dem *zehnten* Kreis auf dem Lebensbaum. Gemäß der Tradition erhalten die Grade lateinische Namen, die auf Tafel 4 (siehe Seite 10) gezeigt werden.

Neben diesen zehn Graden, die dem Lebensbaum zugeordnet werden, haben einige Bruderschaften, die in der Tradition der Rosenkreuzer stehen, einen weiteren Vorbereitungsgrad, 0 = 0. In ihm werden gewisse einleitende Verpflichtungen gegeben, verbunden mit praktischer Arbeit, die den Neophyten auf die Schulung in den zehn Graden, die den zehn Kreisen des Lebensbaumes entsprechen, vorbereiten.

Das ganze Schema wird besser verstanden, wenn man sich dazu Figur 7 ansieht. Dort erkennt man, dass bestimmte Pfade des Lebensbaumes von Kreis zu Kreis aufwärts führen. Diese Pfade des Lebensbaumes werden in der rituellen Arbeit der Bruderschaften, die dem Meistermodell folgen, in der Arbeit sowohl der physischen als auch der geistigen Transformation in umgekehrter Reihenfolge beschritten.

Grad	Lateinische Bezeichnung	Nummerische Entsprechung	Korrespondierende Sephirah
ERSTER ORDEN			
1	Zelator	1 = 10	Königreich
2	Theoricus	2 = 9	Grundlage
3	Practicus	3 = 8	Herrlichkeit
4	Philosophus	4 = 7	Sieg
ZWEITER ORDEN			
5	Adeptus Minor	5 = 6	Schönheit
6	Adeptus Major	6 = 5	Kraft
7	Adeptus Exemptus	7 = 4	Gnade
DRITTER ORDEN			
8	Magister Templi	8 = 3	Verstehen
9	Magus	9 = 2	Weisheit
10	Ipsissimus	10 = 1	Krone

Tafel 4 Die Rosenkreuzer-Grade

Daher kommt es, dass man beim Eintritt in einen bestimmten Grad nicht sofort Zugang zu allen Pfaden hat, die von diesem aufsteigen, was Figur 7 verdeutlicht. Dort erkennt man, dass die Pfade 32, 31 und 29 vom zehnten Kreis aus nach oben führen. Doch dem Zelator steht allein der 32. Pfad offen, denn nur dieser führt zum nächsten Grad, dem Grad des Theoricus.

Dem Theoricus steht sowohl der 31. Pfad, von »Königreich« zu »Glanz« offen, als auch der 30. Pfad, von »Fundament« zu »Glanz«. Erst wenn diese beiden Pfade vom fortgeschrittenen Aspiranten durchschritten wurden, öffnet sich ihm der 29. Pfad von »Königreich« zu »Sieg«, und nur wenn er auch durch diesen gegangen ist, kann er auf dem 28. Pfad von »Fundament« zu »Sieg« und auf dem 27. Pfad von »Glanz« zu »Sieg« voranschreiten.

Das bedeutet, dass, obwohl ein Aspirant zu Beginn seiner Erfahrungen als Rosenkreuzer die zehnte Sephirah betritt, er erst das Wissen eines Theoricus besitzen muss, ehe er einen der beiden Pfade, die zum Grad des Practicus führen, beschreiten kann. Es ist so, als ob die Türen zu diesen Pfaden verschlossen wären und die dazu gehörigen Schlüssel in den Kreisen 9 und 8 aufbewahrt würden. Die Schlüssel zu den Pfaden 31 und 30 sind in Kreis 9 aufbewahrt, und die zu den Pfaden 29 und 28 sind in den Kreisen 8 bzw. 7 verborgen. Die Schlüssel zu den Pfaden 27 und 26 sind ebenfalls in Kreis 7 aufbewahrt. Letzterer darf aber nur benutzt werden, wenn der Aspirant bereit ist, in den Zweiten Orden voranzuschreiten.

Nach der kabbalistischen Lehre befinden sich die Wurzeln des Lebensbaumes in *Kether,* der Krone, und seine Frucht in *Malchuth,* dem Königreich. Der Baum hängt also verkehrt herum nach unten, wie Yggdrasil in der nordischen Mythologie und der Heilige Baum, der in der Bhagavadgita erwähnt wird. Die zehnte Sephirah, das Königreich, ist die unterste oder äußerste Manifestation der Lebenskraft und entspricht der physischen Ebene.

Folglich beginnt eine Rosenkreuzer-Initiation bei dieser Sephirah. Der Kandidat arbeitet sich zu *Kether,* der Krone, empor, entgegen der Reihenfolge der Pfade des Lebensbaumes. Wir müssen also dort beginnen, wo wir jetzt stehen, denn der Weg der Initiation ist ein Weg der Rückkehr. Deshalb sprechen die Rosenkreuzer-Manifeste von einer Berichtigung der Philosophie im Sinne einer Wiederherstellung und nicht einer Erneuerung.

Ebenso wie jeder einzelne Kreis des Lebensbaumes hat auch jeder einzelne der verbindenden Pfade viele okkulte Bedeutungen, die von der abstrakten Idee der jeweiligen Zahl abgeleitet werden. Die Bedeutung der Pfade richtet sich auch nach der okkulten Bedeutung der 22 Buchstaben des hebräischen Alphabets. Auf dem Diagramm gehört zu jedem Pfad ein hebräischer Buchstabe, und neben diesem weist ein kleiner Pfeil auf eine Zahl. Diese Zahl ist mit dem Buchstaben des dazugehörigen Tarotschlüssels verbunden. Die andere Zahl zeigt einen der 32 Pfade der Weisheit an. Von diesen 32 Pfaden entsprechen die ersten zehn den Kreisen des Lebensbaumes, während der elfte bis zweiunddreißigste Pfad diese Kreise miteinander verbindet. So ist der elfte Pfad, der von Alef, mit Tarotschlüssel 0, und der zweiunddreißigste Pfad, der des Buchstabens Tav, mit Schlüssel 21 verbunden.

Es ist unmöglich, hier auf die einzelnen Tarotschlüssel näher einzugehen. Sie sind in dem Buch *Der Tarot: Ein Schlüssel zur Ewigen Weisheit*[1] und in den Tarotkursen[2] ausführlich beschrieben. Figur 8, Das Meistermodell (siehe Seite 6), sollte gründlich studiert werden, weil in Verbindung mit den Tarotschlüsseln darauf zurückgegriffen wird. Die großen Arkana des Tarot aus vorgenanntem Buch werden auch von den »Erbauern des Adytum«, einer der Bruderschaften, die nach dem später erklärten System der Grade arbeitet, in ihren Zeremonien benutzt.

Wer sich mit diesen Erklärungen der Rosenkreuzer-Grade befasst, sollte immer daran denken, dass jeder Pfad auf dem Lebensbaum einem ganz bestimmten menschlichen Bewusstseinszustand entspricht. In alten kabbalistischen Büchern werden die Beschreibungen dieser Pfade sehr kurz gehalten und in einer absichtlich rätselhaften Sprache beschrieben. Doch diese Beschreibungen sind äußerst wichtig, denn sie beziehen sich auf die mentalen Zustände im Leben eines jeden Menschen, seien sie latent oder aktiv.

Die alte rosenkreuzerische und kabbalistische Ausbildung ist deshalb von unmittelbarem Interesse, weil es sich um die Elemente unseres Bewusstseins handelt, die diese Schulung entwickeln möchte, um sie auch mit allen anderen Elementen harmonisch zu verbinden. Kein einzelnes Buch kann dieser enormen Aufgabe gerecht werden, aber es bleibt zu hoffen, dass die nachfolgenden Kapitel etwas Licht auf den Weg der Rückkehr werfen, der zu diesem unschätzbar hohem Ziel, der wahren Selbsterkenntnis, führt.

→ KAPITEL 12 ←

ZELATOR

1 = 10

Einige Fachleute erklären, Zelator bedeute »eifriger Schüler«. Andere wiederum behaupten, es sei der Name für den Gehilfen eines Alchemisten, dessen Aufgabe es ist, das Feuer im *Athanor*, dem alchemistischen Schmelzofen, zu unterhalten. Dies sind zwei unterschiedliche Beschreibungen für die gleiche Idee, denn das Hauptziel dieses Grades ist es, Eifer und Bemühungen des Initianden anzufachen. Es ist in der Tat das eifrige Bemühen, das das Feuer im *Athanor* brennen lässt, der nichts anderes ist als das physische Vehikel der menschlichen Persönlichkeit.

Auf dem Lebensbaum wird dieser Grad der zehnten Sephirah zugeordnet, die von Kabbalisten mit dem physischen Körper und der Welt seiner Sinne verbunden wird. Der Grad des Zelators ist der einzige *Initiationsgrad*, denn initiieren bedeutet »einführen, beginnen«. Die nachfolgenden Grade beziehen sich auf die jeweiligen Stufen des Fortschrittes.

Der eigentliche Beginn des Weges zur Meisterschaft und auch noch darüber hinaus, findet hier auf der physischen Ebene im Bereich der Sinneseindrücke statt. Unser erstes Interesse gilt also dem physischen Körper und seiner Umwelt. Sie sind am Anfang Gegenstand okkulter Studien. Initiation ist kein Eintritt in andere Existenzebenen und kein Studium fremder Welten. Sie ist eine Einführung in die verborgenen Gesetze, die hinter dem Schleier des Vertrauten liegen.

Alles, was wir in unserem physischen Leben wahrnehmen, ist, soweit es unser Wissen betrifft, in erster Linie eine Sinneserfahrung. Selbst unseren eigenen Körper nehmen wir nur durch die mentalen Eindrücke der Sinnesempfindungen wahr. So müssen wir alles, was wir über die Gesetze des Lebens wissen wollen, durch Sinneserfahrungen erlernen. Die *Confessio* sagt dazu: »Solche Characteres und Buchstaben, wie Gott sie hin und wieder der heiligen Bibel einverleibte, hat er auch dem wunderbaren Geschöpf des Himmels und der Erden, ja – allen Tieren, ganz deutlich eingeprägt...«

Als erstes lernt ein Zelator, dass der Bereich, mit dem er durch die verschiedenen Kanäle seiner Sinneseindrücke in Berührung kommt, ein Königreich der Ordnung ist, ein Königreich von Ursache und Wirkung. Die Lehre von der Herrschaft des Gesetzes ist in den Unterweisungen der Rosenkreuzer vorrangig. Die »großen Charactere«, die Lettern, sind fundamentale Glyphen, die von jedem gelesen werden können, der in der Kunst der genauen Beobachtung geschult wurde. Sie wiederholen sich durch die Mutationen der Königreiche immer wieder, denn die gleichen Zeichen kann man in den Königreichen der Minerale, des pflanzlichen Lebens, des tierischen Lebens und der menschlichen Natur erkennen. Die Anzahl dieser Lettern ist nicht groß, doch ihre Kombinationen sind unendlich. Sie sagen klar aus, dass alles, was uns unsere Sinnesorgane zutragen, Teil einer Ordnung und Ausdruck einer rationalen und mathematischen Reihe ist, die in der Manifestation verlässlicher Folgen von Ursache und Wirkung erkennbar wird.

Daher wird der Grad des Zelators der Sephirah *Malchuth*, dem Königreich, zugeordnet. Die *Malchuth*, מלכות, entsprechenden Buchstaben werden durch folgende Tarot-Reihe dargestellt: Der Gehängte (מ), Die Gerechtigkeit (ל), Das Glücksrad (כ), Der Hierophant (ו), Die Welt (ת). Diese Reihenfolge von Tarotschlüsseln gibt klare Auskunft über die Lehren des ersten Rosenkreuzergrades.

Zuerst kommt Der Gehängte. Er besagt, dass Initiation eine Umkehrung der gewöhnlichen Vorstellung von der Bedeutung der Sinneserfahrung ist, eine Umkehrung, die die Erkenntnis der vollständigen Abhängigkeit des Menschen vom Wirken feststehender und unwandelbarer Gesetze beinhaltet. Es folgt Die Gerechtigkeit mit ihrer symbolischen Darstellung des großen Gesetzes vom Gleichgewicht, das in der Menschheitsgeschichte die Bewunderung der Weisen aller Zeiten hervorgerufen hat. Der Gerechtigkeit folgt das Bild eines sich drehenden Rades, Das Glücksrad, eine der ältesten Darstellungen des Mechanismus der Natur und zugleich symbolischer Ausdruck der großen Lehre von den Zyklen, die eine der Grundlagen des praktischen Okkultismus ist. Dem Glücksrad folgt Der Hierophant, der die Vorstellung vermittelt, dass dieses Gesetz mit unserem Wesen identisch sind, auch wenn es von unseren äußeren Sinnen lediglich als mechanische Abläufe wahrgenommen wird: Es hat immer die Tendenz, das Verborgene zu enthüllen, die Mysterien zu enträtseln und das Licht auszubreiten. Als Abschluss dieser Reihe von Tarotschlüsseln folgt Die Welt. Hier wird die Vorstellung der Rosenkreuzer von der Herrschaft des Gesetzes bestätigt, das besagt, dass Form auf Form in rhythmischer Reihenfolge aufeinander folgt, und dass das richtig verstandene Leben Freude ist. Das Universum ist in Wirklichkeit ein Tanz des Lebens und kein Totentanz. Keine dieser anfänglichen Lehren der Rosenkreuzer verlangt von uns ein Wissen, das über das hinaus geht, was uns unsere physischen Sinne erschließen können.

Jeder einsichtige Mensch, der diese Zeilen liest, kann erkennen, dass er völlig von geistigen und physischen Gesetzen abhängt, die er zwar nicht gemacht hat, denen er aber notgedrungen gehorchen muss, gleichgültig, was er tut und ob das Ergebnis seinen Vorstellungen entspricht oder nicht. Je mehr er ihnen gehorcht, desto größeren Erfolg wird er haben. Die gesamte angewandte Wissenschaft gibt hiervon Zeugnis. Die wunderbaren Entdeckungen unseres Zeitalters zeigen deutlich, dass der Erfolg unserer Anstrengungen auf jedem Gebiet von der Klarheit abhängt, mit der wir die dort wirkenden Kräfte erkennen.

Es ist auch offensichtlich, dass sich Aktion und Reaktion entsprechen. In der Natur regiert der Ausgleich. Was Emerson darüber schrieb, ist nur die philosophische Essenz eines Prinzips, von dem jede praktische menschliche Arbeit abhängt. Was wir säen, ernten wir. Mit wieviel Kraft wir uns bemühen, soviel erhalten wir zurück. Deshalb wird dem Zelator schon zu Beginn der Arbeit klargemacht, dass nur durch Hingabe an das Höchste das Höchste empfangen werden kann. Darum betont die *Confessio*, dass keiner in die Bruderschaft aufgenommen wird, der nicht ausschließlich die Weisheit sucht. Das ist angemessen für einen Orden, dem ein so hervorragender Philosoph wie Salomo angehörte.

Die moderne Wissenschaft hat die alte Geheimlehre der Periodizität bestätigt. Der Weise stützt sich auf dieses Gesetz, wenn er Voraussagen für kommende Ereignisse macht. Sorgfältige Beobachtungen enthüllen ihm diese Zyklen, von denen einige länger und andere kürzer dauern. Der Wissende erkennt die Zeichen der Zeit und wird durch dieses Wissen vor den Katastrophen bewahrt, denen der Unwissende ausgeliefert ist.

Wie auch die letzte Erklärung des Mysteriums, das wir Leben nennen, sein mag, so ist doch erkennbar, dass es in alle Ewigkeit daran arbeitet, sich uns begreifbar zu machen, ohne unsere physischen Sinne zu überfordern. Überall hinterlässt es seine Spuren auf den Seiten dessen, was die *Fama* das *Buch M,* oder *Das Liber Mundi, Das Buch der Welt,* nennt. Leben erklärt sich uns selbst. Es spricht direkt zu unseren physischen Sinnen, und durch unsere mentale Erwiderung auf diese Sinneserfahrungen lernen wir seine Lektionen.

Obwohl es so aussieht, als ob der kosmische Rhythmus, der sich durch das komplexe menschliche Leben manifestiert, viele Unterbrechungen erfährt, entsteht in Wirklichkeit kein menschliches Leid ohne Ursache, und kein Gott und kein Dämon rufen es durch ihre Boshaftigkeit hervor. Werden die Ursachen dieser Leiden entdeckt, wird auch das entsprechende Heilmittel in absehbarer Zeit entdeckt. Zu keiner Zeit der Menschheitsgeschichte war es leichter, diese Wahrheit zu erkennen, als in der unsrigen. Seuchen, wie die Pest, die unsere Vorfahren durch unwirksame Gebete zu einem Gott, den sie dafür verantwortlich machten, zu besiegen versuchten, sind jetzt vom Erdball verschwunden – weil der Mensch lernte, dem zu gehorchen, was er durch genaue Beobachtung und exakte Messungen erkannte.

Gemäß der rosenkreuzerischen Zuordnung von Farben und Klängen gehören zum zehnten Kreis des Lebensbaums vier Farben, deren Schwingungen miteinander in Wechselbeziehung stehen.

Im Diagramm vom Lebensbaum ist der zehnte Kreis in vier Segmente eingeteilt. Das untere Segment ist ein tiefes, fast schwarzes Blau-Violett. Es wird durch Mischung der drei Primärfarben Rot, Gelb und Blau erreicht. In der Musik besteht der entsprechende Akkord aus den Tönen C, E und Gis. Das rechte Segment ist schieferfarben, hergestellt durch die Mischung aus Grün und Violett. Der Akkord ist hier Fis und Ais. Das linke Segment ist rostbraun, eine Mischung aus Orange und Violett. Sein Akkord ist D und Ais. Das obere Segment ist citrin, eine Mischung aus Orange und Grün. Sein Akkord besteht aus den Tönen D und Fis.

In der Tradition der Rosenkreuzer werden diese vier Segmente den vier Elementen der alten Physik zugeordnet. Blau-violett ist das Segment der Erde, rostbraun das des Feuers, schieferfarben das des Wassers und citrin das der Luft. Diese Elemente werden durch entsprechende alchemistische Symbole dargestellt. Ihre Symbolik bedeutet folgendes:

1. Das blau-violette Segment der Erde stellt das Dunkel der Unwissenheit dar. Es wird in Initiationszeremonien durch eine Binde, die über die Augen des Kandidaten gelegt wird, angedeutet. Das demütige Bekenntnis der eigenen Unwissenheit ist der erste Schritt, um die Wahrheit zu entdecken. Wer in die innersten Geheimnisse des Unsichtbaren Rosenkreuzer-Ordens eingeweiht werden möchte, muss erkennen, dass er in Bezug auf die wirkliche Bedeutung seines Sinnenlebens mehr oder weniger im Dunkel tappt. Wenn er diese Haltung einnimmt, verstärkt er den Eifer seiner Suche nach wahrem Wissen und wird dem entsprechend empfänglich.

2. Das schieferfarbene Segment, das dem Wasser zugeordnet wird, bedeutet Reinigung. Dies sollte im engsten Sinn des Wortes als *rein* verstanden werden, was »ohne Beimischung« bedeutet. Reine Sinneserfahrung, ohne Beimischung von Gefühlsduselei, ohne jegliches Vorurteil, das ist es, was gesucht werden muss. Die meisten Menschen sehen niemals wirklich. Sie sehen die Dinge an, aber was sie zu sehen *glauben,* wird durch ihr *vermeintliches* Wissen und durch ihre *vermeintlichen* Wunschvorstellungen verändert. Ein praktischer Okkultist jedoch übt sich darin, zu sehen, was wirklich da ist, gleichgültig, ob das Gesehene mit seinen Vorstellungen oder Wünschen übereinstimmt. Er lernt, Ausnahmen zu früheren Erfahrungen zu akzeptieren, denn er weiß, dass sie ihm ein neues Beispiel der kosmischen Ordnung erfahrbar machen, auch wenn seine Sinneswahrnehmungen zu ihnen oder zu seiner Auffassung von dieser Ordnung im Widerspruch zu stehen scheinen.

3. Das Feuer-Segment bedeutet Weihung. Damit ist die völlige Hingabe an die Suche und Ausübung der Wahrheit gemeint. In Zeremonien wird Feuer oder Weihrauch als Zeichen dieser Weihung benutzt. Der Kandidat bekräftigt durch seine Verpflichtung die Weihung seines Lebens an das Studium und an die praktische Anwendung kosmischer Gesetze.

4. Das Luft-Segment repräsentiert die Erleuchtung, die den drei vorhergehenden Schritten folgt. Wer seine Unwissenheit zugibt, getreulich daran arbeitet, seine Sinneseindrücke zu reinigen, und aufrichtig versucht, die Wahrheit zu finden, hat sich mit der ihm innewohnenden Absicht der Einen Wirklichkeit verbunden, die war, ist und sein wird. Um in der Zeremonie dieses Stadium der Initiation darzustellen, wird dem Kandidaten die Augenbinde abgenommen, und er sieht das Licht. Dann werden ihm die verschiedenen Einzelheiten seiner Arbeit erklärt.

Unter diesen Einzelheiten gibt es im System der Rosenkreuzer Bewusstseinsstufen, die von Kabbalisten der zehnten Sephirah zugeordnet werden. Demzufolge wird *Malchuth* die Strahlende Intelligenz genannt. Das Adjektiv strahlend wird im Hebräischen מתנוצע, *mitnuze'a,* geschrieben. Die Zahlen dieser Buchstaben ergeben zusammen 656; somit zeigt schon dieser Zahlenwert das charakteristische Einweihungsdiagramm an. Geometrisch dargestellt zeigt es das Pentagramm – das Symbol des Menschen – zwischen zwei Hexagrammen, dem Symbol der Kräfte des Universums: ✡ ☆ ✡

Daher steht die Zahl 656 für die Vorstellung, dass der Mensch der Mittler ist, der die Kräfte zwischen der unendlichen und ewigen kosmischen Vergangenheit und der unendlichen und ewigen kosmischen Zukunft ausgleicht. Außerdem ist 656 die Zahl des hebräischen Wortes תנור, *tanur,* (Schmelzofen), von dem sich der alchemistische Ausdruck *Athanor* ableitet, der als »ein sich selbst fütternder und verdauender Schmelzofen definiert wird, in dem das Feuer in gleichmäßiger Hitze brennt«. Dieser *Athanor* ist der menschliche Körper. Sein Feuer ist das Lebensfeuer. Der Zelator, oder der Gehilfe des Alchemisten, muss lernen, dieses Feuer zu beherrschen und zu regulieren.

Im Tarot ergibt sich folgende Reihenfolge aus dem Wort מתנוצע, mitnuze'a, (strahlend): Der Gehängte (מ); Die Welt (ת); Der Tod (נ); Der Hierophant (ו); Der Stern (צ); Der Teufel (ע). Von diesen Schlüsseln des ROTA der Rosenkreuzer werden die ersten sechs Wahrheiten abgeleitet. Es sind dies:

I. DER GEHÄNGTE

Schlüssel 12 (מ)

Jede menschliche Persönlichkeit hängt absolut und uneingeschränkt vom universellen Willen ab.

Dieser universelle Wille wird auf Schlüssel 12 durch den Baum dargestellt, an dem die Gestalt aufgehängt ist. In der Tarot-Version, die von A. E. Waite herausgegeben wurde, hat dieser Baum die Form des lateinischen Buchstabens T. In anderen Darstellungen entspricht er dem hebräischen Tav. Heute wird diese Lehre von der Abhängigkeit des Menschen immer mehr anerkannt, besonders in den verschiedenen Gebieten der Wissenschaft. Als aber der Tarot erfunden wurde und die Rosenkreuzer-Manifeste veröffentlicht wurden, war dies eine revolutionäre Vorstellung. Auch heute noch widerspricht diese Auffassung der geläufigen Meinung, denn die Wissenschaftler haben zwar die Wechselwirkung aller Naturkräfte bewiesen, doch die Volksmeinung hält daran fest, dass das geistige Leben eines Menschen »eigenständig« ist. Diese Auffassung wurde von den Okkultisten schon immer zurückgewiesen. Sie haben seit jeher betont, dass die Persönlichkeit weder geistig noch physisch aus sich selbst heraus handeln kann. Sie ist in jeder einzelnen Aktivität der Ausdruck eines folgerichtigen, unabänderlichen Gesetzes.

2. DIE WELT

Schlüssel 21 (ת)

Das Universum ist eine geordnete, rhythmische Manifestation des Lebens, die von feststehenden Gesetzen bestimmt wird.

Diese feststehenden Gesetze werden auf Schlüssel 21 durch die vier symbolischen Gestalten in den Ecken dargestellt. Sie entsprechen den vier fixen Tierkreiszeichen, die die Kabbalisten den vier Buchstaben des hebräischen göttlichen Namens *Jehova, JHVH*, יהוה, zuordnen. Als Tierkreiszeichen deuten sie auf die Zeit und vermitteln die Vorstellung, dass Zeit eine Voraussetzung jeder Manifestation ist. Der Kranz, der die zentrale Gestalt dieses Schlüssels umgibt, ist aus Blättern gefertigt – also aus etwas, das uns die Natur liefert. Er besagt aber auch, dass der Mensch hier eingegriffen hat, weil Kränze von menschlichen Händen geflochten werden. Damit wird die Idee ausgedrückt, dass sich der Mensch den Gesetzen und Kräften der Natur anpassen kann, die schon lange vorhanden waren, bevor er in Erscheinung trat. Die tanzende Gestalt in der Mitte des Bildes ist ein Aspekt der Wahrheit und der Kräfte des Unterbewusstseins. Es wird ein Mensch gezeigt, der teilweise von einem Schleier in der Form des hebräischen Buchstabens Kaf, dem Buchstaben von Schlüssel 10, Das Glücksrad, verdeckt ist. Dadurch soll ausgesagt werden, dass sich hinter der scheinbaren Mechanik der Naturgesetze die Wahrheit verbirgt, dass das Universum ein Organismus und eben kein Mechanismus ist. Der Schleier bedeckt die Fortpflanzungsorgane der tanzenden Gestalt. Gemäß der alten Tradition wird dadurch gezeigt, dass der Tänzer ein Hermaphrodit ist. Die Spiralen in seinen Händen rufen die Worte des *Chaldäischen Orakels* ins Gedächtnis: »Gottes Kraft ist eine spiralförmige Energie.« Dadurch wird betont, dass die formbildenden Kräfte des Universums spiralförmig arbeiten, was den Okkultisten immer schon bekannt war, und was auch die exoterischen Wissenschaftler bestätigen. Zu Schlüssel 21 gehört der Buchstabe Tav, dem der Planet Saturn zugeordnet wird. Dieser ist das astrologische Symbol für alle Dinge, die fest, eindeutig und konkret sind. Saturn ist die formgebende Kraft. Alle Formen, die es gibt, sind Manifestationen dieser einen spiralförmigen Energie.

3. DER TOD
Schlüssel 13 (נ)

Die Auflösung des physischen Körpers ist eine notwendige und segensreiche Manifestation des Lebens. Sie bedeutet aber nicht das Aufhören einer selbstbewussten Existenz.

Es ist wahr, dass der Tod des physischen Körpers nicht wirklich ein Übel ist. Die Behauptung, »der Tod ist der letzte Feind, den wir besiegen müssen«, bedeutet vom Standpunkt der Rosenkreuzer aus: »Der Tod wird von einem Unerleuchteten falsch verstanden, denn er sieht ihn als seinen Feind an. Diese falsche Sicht muss überwunden werden. Erst wenn sich die wahre Vorstellung durchsetzt, wird der Vorgang, der zum physischen Tod führt, richtig verstanden. Dann erkennen wir, dass genau die Kräfte, die unseren Körper sterben lassen, uns mit dem Bewusstsein des ewigen Lebens in Berührung bringen.« An anderer Stelle dieses Grades wird hierüber noch mehr ausgesagt.

4. DER HIEROPHANT
Schlüssel 5 (ו)

Das lebendige Selbst des Menschen umfasst ein Bewußtsein, das die persönliche intellektuelle Ebene des Menschen übersteigt. Die Führung aus diesen höheren Bewusstseinsebenen ist das Geburtsrecht jedes Menschen.

Wenn sich dieses überbewusste Leben durch die persönliche Erfahrung ausdrückt, enthüllen sich Mysterien, und intuitive Erkenntnisse der Wirklichkeit werden den niederen Formen des persönlichen Bewusstseins offenbart. Die Gegenwart eines überpersönlichen Lebens als integraler Bestandteil der menschlichen Persönlichkeit ist ein kardinaler Lehrsatz des Rosenkreuzertums. Durch diese uns innewohnende Gegenwart kann der Mensch direkte Erkenntnis von dem erhalten, was Jakob Böhme »das übersinnliche Leben« nennt. Hierauf bezieht sich die *Confessio,* wenn sie von dem sechsten Kandelaber spricht. Bei Sehern ist dieser sechste Sinn aktiv, und die Ausbildung der Rosenkreuzer stellt eine Methode dar, die diesen voll erwachen lässt.

5. DER STERN

Schlüssel 17 (**צ**)

Die Natur offenbart sich dem Menschen, der rechte Meditation praktiziert.

Die Natur entschleiert sich selbst, nicht wir entschleiern sie. Es ist nicht so wichtig, dass wir lernen zu meditieren, sondern dass wir einen Grad der Reife erlangen, in dem Meditation möglich wird. Deshalb sagt Eckhartshausen, der ein wahrer Rosenkreuzer war und den Unsichtbaren Orden als die Unsichtbare Kirche beschreibt:

»Weltklugheit forscht vergebens nach diesem Inneren – vergebens belauscht die List die großen Geheimnisse, die da verborgen liegen; für den, der nicht reif ist, ist alles Hieroglyph, er kann im Inneren nichts sehen, nichts lesen. Wer reif ist, schließt sich an die Kette an, vielleicht oft da, wo er es am mindesten glaubt und wo er oft selbst nichts davon weiß. Reif zu werden suchen, muss das Bemühen desjenigen sein, der die Weisheit liebt.

Aber es gibt auch Mittel, reif zu werden. In dieser heiligen Gemeinde ruht das Urdepositum der ältesten Urkunden des Menschengeschlechts, nebst den Urgeheimnissen aller Wissenschaften. Sie ist die einzige wahre Lichtgemeinde, die im Besitz des Schlüssels aller Geheimnisse ist und das Innere der Natur und der Schöpfung kennt. Sie ist eine Gesellschaft, die sich an höhere Kräfte anschließt, und Mitglieder mehr denn einer Welt zählt. Sie ist die Gesellschaft, aus der die Mitglieder eine theokratische Republik bilden, die einst die Mutter-Regentin der ganzen Welt sein wird.« [3]

6. DER TEUFEL

Schlüssel 15 (ע)

Was uns als das Böse erscheint, ist ein natürlicher Prozess, den wir nicht verstehen. Es ist ein Schleier des Schreckens, hinter dem sich das wunderbare Gesicht der Wahrheit verbirgt.

Menschliche Definitionen von »gut« und »böse« sind zumeist äußerst falsch. Der okkulte Kommentar zu dem Tarotschlüssel, der diese Wahrheit illustriert, lautet: »Der Teufel ist Gott, wie ER von den Gottlosen missverstanden wird.« Vergleichen wir diese Aussage mit den Worten Jakob Böhmes, die sinngemäß lauten: »Die Gottheit ist überall ungeteilt, sie ist alles in allem. Doch sie wird nur entsprechend dem Licht der Liebe und bei zunehmendem geistigen Fortschritt ›Gott‹ genannt. Wer in Dunkelheit lebt, nennt sie ›Gottes Zorn‹ und ›die dunkle Welt‹; und in Bezug auf den ewigen Feuergeist wird sie als ein verzehrendes Feuer bezeichnet.«[(4)]

Schauen wir uns die alttestamentarischen Zeilen an und erinnern wir uns daran, dass wahre Rosenkreuzer-Philosophie ihre Bestätigung in der Bibel findet: »Ich bin der Herr, und sonst keiner mehr; kein Gott ist außer mir. Ich habe dich gerüstet, obgleich du mich kanntest, damit man erfahre in Ost und West, dass außer mir nichts ist. Ich bin der Herr, und sonst keiner mehr, der ich das Licht mache und schaffe die Finsternis, der ich Frieden gebe und schaffe Unheil. Ich bin der Herr, der dies alles tut.« (Jes. 45: 5,6,7) Und bei Amos 3:6 lesen wir: »Ist etwa ein Unglück in der Stadt, das der Herr nicht tut?«

Propheten sind immer mutig. Daher halten sie so sorgfältig das Schweigegebot ein. Da sie die Dinge so sehen, wie sie wirklich sind, und wissen, wie falsch die öffentliche Meinung ist, verstecken sie wohlweislich ihr Wissen hinter Hieroglyphen und Symbolen. Gelegentlich aber sprechen sie aus, so wie Jesaja, Amos und Böhme, dass nicht nur die physischen und natürlichen Übel, wie Pest, Hungersnot oder Erdbeben, sondern auch das, was wir »Gottlosigkeit« nennen, geordnete Phasen der kosmischen Manifestation Gottes bzw. des Einen Lebens sind.

Dieses Leben, die Quelle aller Aktivitäten, ist notwendigerweise auch die Ursache aller Phänomene, die wir ablehnen. Es ist die Ursache von allem, was uns mit Entsetzen erfüllt, vor dem wir große Angst haben und was wir falsch verstehen. Schritt für Schritt reift jedoch das Verständnis, und Dinge, die früher einem Feind zugeschoben wurden, den man als »Teufel« personifizierte, werden jetzt als Auswirkung von Naturgesetzen verstanden, die bei richtiger Anwendung sogar segensreich sind.

Ein typisches Beispiel hierfür ist der Blitz. Tausende von Jahren war das Gewitter ein Symbol für den Zorn Gottes oder wurde als »feindliche Waffe« betrachtet. Heutzutage verstehen wir es besser, was uns auf vielfache Weise zugute kommt. So werden in Zukunft auch die subtilen Hintergründe für das, was wir »moralische Verfehlungen« nennen, besser verstanden. Durch dieses neue Verständnis wird der Mensch in die Lage versetzt, Kräfte, die ihm jetzt nur Leid bringen, in Kräfte der Schönheit und Freude zu verwandeln. Dieser Wandlungsprozess beginnt mit der mutigen Akzeptanz der Wahrheit, dass die einzige Ursache aller Ereignisse, auch jener, die wir als feindlich ansehen, nur in der Einen Kraftquelle liegt. Wenn wir die Dinge auf diese Weise sehen, bewegen wir jede Last von dort, wo sie nicht hingehört, zu ihrem richtigen Platz. So lernt man, dass alles, was dem Wohlergehen feindlich zu sein scheint, nur infolge unserer Unwissenheit und unseres Mangels an Einsicht so erscheint. Das Problem liegt nicht in der Erscheinungswelt, sondern in uns selbst. Sein Name heißt *Unwissenheit.*

Dies sind die Lehren des ersten Grades. Von diesem Grad führen drei Pfade weiter: der 32. Pfad des Buchstabens Tav, der 31. Pfad des Buchstabens Schin und der 29. Pfad des Buchstabens Kuf. Nur der 32. Pfad steht zu diesem Zeitpunkt offen. Er führt aufwärts zur neunten Sephirah, *Jesod,* und zum Grad des Theoricus, 2 = 9.

DER ZWEIUNDDREIßIGSTE PFAD

Der zweiunddreißigste Pfad wird die Verwaltende oder Dienende Intelligenz genannt, weil er alle Bewegungen der sieben Planeten mitsamt ihren Unterteilungen lenkt und in ihnen wirkt.

Sepher Jetzirah

Das hebräische Wort für »verwaltend« oder »dienend« ist נעבד, *ne'obed.* Die dazugehörige Tarot-Folge ist: Der Tod, Schlüssel 13 (נ); Der Teufel, Schlüssel 15 (ע); Der Magier, Schlüssel 1 (ב); Die Kaiserin, Schlüssel 3 (ד). Wir werden mit der Tatsache des Todes und mit einer großen Zahl von Bedingungen konfrontiert, die wir als böse einordnen. Doch als Zelator wird uns gelehrt, dass der Tod in der kosmischen Ordnung einen Zweck erfüllt und dass uns verschiedene Missstände nur deshalb so erscheinen, weil wir sie falsch verstehen. Was können wir tun, um die Richtigkeit dieser Lehre zu bestätigen? Wie können wir ihre Gültigkeit beweisen? Denn Rosenkreuzertum verlangt von uns, dass wir nichts ungeprüft annehmen, und empfiehlt uns, alles im Lichte von Erfahrung und Vernunft zu überprüfen. So stellen uns נ und ע, die beiden ersten Buchstaben von נעבד mit den dazugehörigen Tarotschlüsseln vor ein Problem.

ב und ד, die beiden letzten Buchstaben dieses Wortes, zeigen uns seine Lösung. ב ist Schlüssel I, Der Magier, zugeordnet. Dies zeigt, dass wir an erster Stelle lernen müssen zu beobachten. Der Mensch ist deshalb unwissend, weil er nicht sieht, obwohl er Augen hat, und nicht hört, obwohl er Ohren hat. Die Wahrnehmung seiner Umgebung und seiner selbst ist falsch, weil sie oberflächlich ist. Es fällt ihm leichter, eine vorgefertigte Meinung zu übernehmen, als sich genau zu informieren. Deshalb sagen alle großen Lehrer, wie auch Jesus: »Beobachte!«. In den ursprünglichen griechischen Worten heißt dies: »Sei aufmerksam! Sei wachsam! Gebrauche deine Augen! Schau hin, was wirklich vor sich geht! Achte genau auf deine Umgebung!« Mit einem Wort: »Konzentriere dich!« und genau das symbolisiert der Magier.

In den letzten beiden Jahrhunderten machte der Mensch große Fortschritte in der Beherrschung seiner Umwelt und ihrer Kräfte. Alle Ergebnisse, auch die kleinsten, verdankt er der ungewöhnlichen Beobachtungsgabe einzelner Menschen. Wenn wir diese Kraft durch einen Akt der Aufmerksamkeit konzentrieren, gibt es etwas in uns, das uns durch die Oberfläche der Natur sehen und ihre verborgenen Gesetze erkennen lässt. Die Welt ist für den aufmerksamen Beobachter durchsichtig. Wer seine Aufmerksamkeit lange genug konzentriert, erkennt deutlich, dass auch der leiseste Gedanke, das geringste Wort und die kleinste Handlung Teil eines verwaltenden, kosmischen Gesetzes sind. Es gibt keine unbedeutenden Gedanken, keine unbedeutenden Gefühle, keine unbedeutenden Worte, keine unbedeutenden Taten oder Ereignisse. Was auch geschieht, ist eine ganz bestimmte Manifestation der grenzenlosen Kräfte und der unwandelbaren Gesetze des Einen Lebens in Zeit und Raum. Durch Aufmerksamkeit wird man rasch hiervon überzeugt, denn durch sie wird erkannt, wie das Gesetz arbeitet. Die beste Gelegenheit hierzu bietet die eigene, unmittelbare Erfahrung.

Als Folge dieser Aufmerksamkeit, die der Magier symbolisiert, kann sich das Unterbewusstsein entwickeln, das die Kaiserin und der Buchstabe ד, Dalet, versinnbildlicht. Auf Schlüssel 3 sind Symbole reichen Wachstums zu sehen: eine schwangere Frau in der Mitte eines erntereifen Gartens. Was könnte deutlicher sein? Man beachte jedoch den Titel. »Kaiserin« bedeutet im eigentlichen Sinne: »Diejenige, die Ordnung bringt« – dies ist abermals ein Hinweis auf das Gesetz.

Eine der Funktionen des Unterbewusstseins ist es, alles, was ihm jemals in einem Akt bewusster Aufmerksamkeit eingepflanzt wurde, zu reproduzieren. Wenn Handlungen unaufmerksam ausgeführt werden, ist die Berichterstattung durch die Sinne nicht deutlich. Auf diese Weise werden falsche Meldungen an das Unterbewusstsein weitergegeben. Die Saat des Irrtums vermehrt sich durch eine trügerische Ordnung, so dass diese falschen Gewächse für die Wahrheit gehalten werden.

Es sei daran erinnert, dass das Unterbewusstsein immer deduktiv, ableitend arbeitet. Gibt man ihm eine falsche Voraussetzung ein, wird es von dieser falschen Eingabe eine geordnete konsequente Reihe ausarbeiten, so dass nur ein sehr kritischer Mensch den Fehler darin finden kann. Andererseits entwickelt es aber ebenso geordnet die Saat des rechten Wissens. Auf diese Weise folgt einer genauen Beobachtung immer eine Erfindung dicht auf den Fersen. Dass unsere Gedanken, Worte und Taten mit dem gesamten kosmischen Prozess untrennbar verwoben sind, nehmen wir z.B. nicht eher wahr, bis das Unterbewusstsein beginnt, die Konsequenzen dieser Wahrnehmung auszuarbeiten.

Es arbeitet dabei auf zweierlei Weise: Erstens, indem es eine Lebensphilosophie entwickelt; zweitens, indem es uns hilft, Mittel und Wege zu finden, um unsere Beziehung zum Ganzen besser auszudrücken. Diese Mittel schließen Methoden und Mittel ein, die uns helfen, mit den uns innewohnenden Lebenskräften umzugehen und die Lebensbedingungen unserer Umgebung unter Kontrolle zu bringen.

Der praktische Okkultist sollte sich vorwiegend mit seinem Innenleben beschäftigen. Er kann die Erfindung notwendiger Maschinen getrost den Spezialisten überlassen, die für diese Arbeit zuständig sind. Wenn es sich aber darum handelt, die inneren Kräfte zu entwickeln, muss er seine eigenen Methoden ausarbeiten und sein eigenes Instrumentarium bauen. Dies ist das eigentliche Geheimnis, das in den Worten, die den 32. Pfad beschreiben, verborgen liegt.

Die »Operationen der sieben Planeten« sind die Tätigkeiten der sieben »inneren Sterne«, der Zentren im menschlichen Nervensystem. Sie tragen die Namen der sieben Himmelskörper, die die alte Astrologie benutzte. Sie stimmen auch mit den sieben Metallen der Alchemisten überein. Diese inneren Sterne sind aktive Kraftzentren im subtilen Körper des Menschen. Im physischen Körper entfalten sie in folgenden Zentren ihre Aktivität:

* Saturn oder Blei; im Sakralplexus, an der Basis der Wirbelsäule
* Mars oder Eisen; in einem Ganglion etwas unterhalb des Nabels
* Jupiter oder Zinn; im Solarplexus bzw. im Sonnengeflecht
* Sonne oder Gold; im Herzplexus
* Venus oder Kupfer; im Zentrum der Kehle
* Mond oder Silber; in der Hypophyse bzw. in der Hirnanhangdrüse
* Merkur oder Quecksilber; im Großhirn, und besonders in der Zirbeldrüse oder Epiphyse bzw. der Pinealdrüse

Durch genaue Beobachtung, auf die das Unterbewusstsein reagiert, erkennen wir, dass unser Leben an der Evolution des Großen Planes *teil hat*. Wir sehen, dass wir tatsächlich am Großen Werk mitarbeiten. Sobald wir dies erkennen und beginnen, in die Dinge hinein zu sehen, anstatt sie nur von außen zu betrachten, beginnt unser Körper, sich subtilen Veränderungen zu unterziehen. Die sieben Zentren, die wir oben erwähnten, stimmen sich besser aufeinander ab. Der alchemistische Prozess von Sublimation und Transformation hat begonnen.

Diesem Pfad ist Tarotschlüssel 21 zugeordnet, der auch auf das Gegensatzpaar »Herrschaft und Sklaverei« hinweist. Wenn wir die Verwaltung des Kosmos mit offenen Augen unterstützen und erkennen, was vor sich geht, nehmen wir bewusst an der Herrschaft der Lebenskraft des Einen über alle Dinge teil. Wir befinden uns aber noch im Stadium der Knechtschaft, solange wir blind sind, schlafen und zur Herde der Menschen gehören, die noch Tieren gleichen und kaum wahrnehmen, dass sie leben.

Doch auch in diesem Stadium ist unser Leben durchaus mit dem All verbunden. Wir helfen auch auf dieser Entwicklungsstufe der kosmischen Führung, ohne indes eine Ahnung vom Großen Werk zu haben. Wir sind wie ein Arbeiter, der in einer Autowerkstatt die 647. Mutter festschraubt. Wir bekommen zwar unsere Arbeit bezahlt, haben aber nur wenig oder gar keine Freude daran.

Schließlich gehört zu diesem Pfad auch der Planet Saturn. Einige Astrologen sagen, er habe einen ungünstigen Einfluss, doch aufgeklärte Astrologen geben diesen Standpunkt mehr und mehr auf. Okkultisten wissen, dass Saturn und Satan in der Typenlehre der Zeitlosen Weisheit in enger Beziehung zueinander stehen. In diesem Zusammenhang geben vielleicht folgende Sätze von Kingsford und Maitland aus *Der vollkommene Weg* Aufschluss:

»Und am siebenten Tage trat aus der Gegenwart Gottes ein mächtiger Engel hervor, voller Zorn und voll verzehrenden Feuers, und Gott gab ihm die Herrschaft über die äußerste Sphäre. Ewiges Leben brachte die Zeit hervor, das Grenzenlose gebar die Begrenzung; das Sein stieg zur Zeugung herab. Ich sah Satan wie einen Blitz vom Himmel fahren, herrlich in seiner Kraft und in seinem Ungestüm. Unter den Göttern gleicht keiner ihm, in dessen Hand die Königreiche, die Kraft und die Herrlichkeit der Welten gegeben wurden… Gesegnet sind die, die seiner Verführung nicht zum Opfer fallen; sie werden Gottes Söhne genannt und werden durch die wunderbaren Tore eintreten. Denn Satan ist der Hüter der Schwelle zum Tempel des Königs: Er steht an Salomos Portal, er besitzt die Schlüssel zum Sanctuarium, damit keiner eintreten kann, außer den Gesalbten, die im Besitz des Arkanums des Hermes sind.«(5)

Genauso bedeutsam ist die Tatsache, dass im Alten Testament das Wort *Nachasch*, נחש, die Schlange, die Eva in Versuchung führte, den gleichen Zahlenwert hat wie *Messias*, משיח, *ma`schiax*, (der Erlöser). Auch ist Nachasch eines der hebräischen Worte für Kupfer, das Metall der Venus. Überdies wurde die Tür des Gewölbes von Frater R.C. Venus zugeordnet. Das kann damit verglichen werden, was *Der vollkommene Weg* über Satan, den Bewahrer des Schlüssels zum Heiligtum, sagt. Die Zahl von *naxasch* und *ma`schiax* wird mit 358 angegeben, deren Ziffern die 4., 5. und 6. Zahl der okkulten Zahlenreihe von 0, 1, 2, 3, 5, 8, 13, 21, 34, 55 sind. In dieser Reihe besteht jede Zahl aus der Summe der beiden vorangehenden Zahlen. (2 ist die Summe von 0, dem Symbol für die absolute Einheit, und 1, dem Symbol für die relative Einheit). Die Zahl 358 ist auch die Zahl von *Jaba Schiloh*, יבא שילה, (Friede wird kommen). Aus den Wirren und Fesseln des Großen Werkes, die ursächlich durch die Zeit bedingt sind, werden Friede und Ruhe hervorgehen. In diesem Zusammenhang ist es bedeutsam, dass sich in den Ecken von Schlüssel 21 die Tierkreiszeichen befinden, die symbolisch die Zeit andeuten.

Dem Sturz in die irdische Manifestation folgt die Erlösung von allem Übel, das unsere Unwissenheit hervorgerufen hat. Die Kraft, die den Fall bewirkte, ist *identisch* mit der Kraft, die die Erlösung bringt. Dies ist in Wahrheit das Mysterium aller Mysterien, das uns Jesus mit seinem Gleichnis vom Verlorenen Sohn enthüllt hat.

Wundert es, dass das Rosenkreuzertum geheimgehalten wurde? Wundert es, wie heftig das Priestertum dagegen Stellung bezieht? Erstaunt es, dass die inneren Lehren denen vorbehalten sind, die ihre Empfangsbereitschaft bewiesen haben? Wundert es, dass diese Lehren auch heutzutage denen ein Greuel sind, die ihre lächerlichen Irrlehren auf leichtgläubige Gemüter ausstreuen? Mehr darüber braucht nicht gesagt zu werden. Wer Augen hat zu sehen und Ohren hat zu hören, der weiß. Wenn nicht, möge Gott seine Auffassungsgabe rasch zur Reife bringen.

→ KAPITEL 13 ←

THEORICUS

2 = 9

Theoricus ist der zweite Grad des Rosenkreuzer-Ordens. Der Anwärter erreicht ihn über den 32. Pfad des Buchstabens Tav, der am Ende des vorigen Kapitels erklärt wurde. Wie der Name schon sagt, erlernt man im Grad des Theoricus die grundlegende Theorie, die später in die Praxis umgesetzt wird.

Dieser Grad wird der neunten Sephirah, *Jesod,* der Grundlage oder Basis, zugeordnet. In der kabbalistischen Philosophie gehört *Jesod* der Sphäre des automatischen Bewusstseins bzw. des Unterbewusstseins an. Fast jede Einzelheit der Arbeit im Grad des Theoricus hat mit der okkulten Theorie vom Umgang mit den Kräften des Unterbewusstseins zu tun.

Symbolisch gesehen repräsentiert *Jesod* die Fortpflanzungsorgane des archetypischen Menschen. Diese Symbolik beruht auf der Tatsache, dass sich die Lebenskraft mit Hilfe des Unterbewusstseins ständig durch eine Reihe lebendiger Formen selbst erneuert.

In kabbalistischen Schriften wird die Bewusstseinsart, die Jesod zugeschrieben wird, so erklärt: »Der neunte Pfad wird die Reine oder Geläuterte Intelligenz genannt. Sie reinigt die Emanationen, verhindert ein Zerbrechen und berichtigt den Entwurf ihrer Bilder, denn sie stellt ihre Einheit her, um sie durch ihre Verbindung mit dieser Einheit vor Zerstörung und Verfall zu bewahren.«

Das hebräische Wort für »rein, geläutert« ist טהור, *tahor,* mit der Zahl 220, der gleichen Zahl wie die der Initialen von C.R., die die Grundlage des Unsichtbaren Ordens sind. So wie *Jesod,* die Geläuterte Intelligenz, die Basis für die kosmische Ordnung ist, so ist C. R. der Repräsentant des geläuterten Bewusstseins, die Grundlage der Bruderschaft. Außerdem ist 220 die Zahl der Buchstaben R. C., die für Sanftheit und Mitgefühl stehen. Auf ähnliche Weise wird ein geläutertes Bewusstsein treffend durch den Ausdruck *Mitgefühl* bezeichnet, ein Hinweis darauf, dass die Grundlage aller Dinge durch Mitgefühl gekennzeichnet ist.

DIE LEHREN DES GRADES

Die Buchstaben טהור stehen für die vier Lehren dieses Grades. Sie entsprechen folgender Tarot-Reihe: Die Kraft, Schlüssel 8 (ט); Der Kaiser, Schlüssel 4 (ה); Der Hierophant, Schlüssel 5 (ו); Die Sonne, Schlüssel 19 (ר).

I. DIE KRAFT

Schlüssel 8 (ט)

Alles, was existiert, ist eine Form geistiger Energie, die der Kontrolle und Lenkung der ihr übergeordneten Gestaltungskraft unterliegt. Die bewusste Imagination des Menschen ist eine Form geistiger Energie. Alle Energieformen darunter unterliegen ihrer Kontrolle. Sie selbst unterliegt wiederum der Lenkung aus den Ebenen überbewusster Energien. Diese fließen durch das Bewusstsein des Menschen in die unterbewussten Ebenen hinab, denn der Mensch ist der Vermittler zwischen dem, was oben, und dem, was unten ist.

Die verschiedenen Begriffe wie »kausal«, »mental«, »astral« und »physisch« werden nur aus Gründen der praktischen Einordnung gebraucht. Es ist ein großer Irrtum, von materiellen Kräften zu sprechen, die den geistigen Kräften entgegen stünden. Im Gegenteil, wie es die Wissenschaft genügend beweist, gibt es nichts, was man dem Wesen nach »Materie« nennen könnte. »Materie« ist nur die Art und Weise, wie sich geistige Energie im Bereich der menschlichen Sinne und der Instrumente, die der Mensch erfunden hat, um seine Sinne zu ergänzen, verhält. Diese Lehre von der Geistigkeit aller Aktivität ist in der rosenkreuzerischen Philosophie wie auch in der Kabbalah von grundlegender Bedeutung.

Sie ist die logische Konsequenz der Lehre des Hermes, die besagt, dass alle Dinge aus dem Einen stammen. Gelegentlich erhebt sich der Einwand, dass diese Lehre alles Geistige vergegenständliche. Doch das Gegenteil ist wahr, denn alles Gegenständliche wird vergeistigt. Solange wir weiterhin Materie als eine Realität mit unabhängiger Existenz betrachten, die über eigene Kräfte verfügt, bewegen wir uns in den Begrenzungen dieses Irrtums.

Die Wahrheit, die diesem Irrtum entgegentritt, behauptet jedoch nicht, dass physische Formen und Kräfte keine Existenz hätten. Die Wahrheit ist, dass sowohl die physischen als auch alle anderen Kräfte ihrem Wesen nach geistig sind, weil sie ihre Wurzeln im göttlichen Leben haben, das hinter allen Dingen steht.

Unser Körper und unsere Häuser sind geistige Tatsachen. Die feste Erde ist ebenfalls eine geistige Tatsache, genauso wie Sonne, Mond und Sterne.

Wenn man dies versteht, ist das größte Hindernis beseitigt, um im praktischen Okkultismus erfolgreich zu sein.

Solange wir glauben, dass geistige Kräfte gegen materielle kämpfen, tappen wir im Ungewissen, denn wir verstehen offensichtlich noch nicht das ganze Ausmaß der physischen Welt mit ihren Kräften und Gesetzen. Wenn wir sie als unsere Feinde betrachten, haben wir verloren, noch ehe der Kampf begonnen hat, denn wir können unmöglich erwarten, einen Feind zu besiegen, dessen Mittel wesentlich größer sind als die unseren. Wenn wir aber erkennen, dass das, was uns feindlich *erscheint*, in Wirklichkeit eine Manifestation der gleichen Kraft ist, die auch Grundlage unserer eigenen Existenz ist, und dass das Gesetz unseres eigenen Lebens das Gesetz des Universums ist, und wenn wir verstehen, dass alle Kräfte geistiger Natur sind, dann wird uns klar, dass unser einziger Feind unser Mangel an Wissen von der einzigen, inneren, geistigen Wirklichkeit ist. Erst dann können wir unsere Arbeit mit einer berechtigten Aussicht auf Erfolg beginnen, weil wir in der richtigen Weise an sie herangehen.

Die Lehre, die dem Theoricus nahegebracht wird, sagt jedoch mehr aus als nur, dass alle Kräfte geistiger Natur sind. Die Symbolsprache von Schlüssel 8 offenbart, dass alle Kräfte des Kosmos unter der Kontrolle des aufmerksamen, beobachtenden, wachsamen Selbstbewusstseins des Menschen stehen. Sie zeigt aber auch, dass das menschliche Unterbewusstsein Herrscherin über den König der Tiere ist. Dadurch wird ausgedrückt, dass Veränderungen auf der Ebene des menschlichen Unterbewusstseins auf das Königreich der Tiere übertragen werden können. Es wird ferner darauf hingewiesen, dass sich die Herrschaft des Unterbewusstseins auch auf das Königreich der Pflanzen ausdehnt, denn man sieht Pflanzen und Bäume als Ergebnis einer Kultivierung. Im Hintergrund zeichnet sich ein Berggipfel ab, der im Rosenkreuzertum und in der Alchemie immer die Vollendung des Großen Werkes repräsentiert. Die Arbeit ist vollendet, wenn der Mensch die Kräfte und die Formen des Mineralreiches genauso vollkommen meistert wie die Kräfte und die Formen des Pflanzen- und Tierreiches. Nichts weniger als vollkommene Herrschaft ist das Ziel.

Dieses Ziel wird erreicht, weil das, was wir jetzt das Unterbewusstsein nennen, die wahre Substanz jeder Form in allen Reichen der Natur ist, die unterhalb der menschlichen Ebene liegen. Die Lebenskraft, die auf verschiedenen Ebenen oder in verschiedenen Oktaven des Unterbewusstseins arbeitet, *ist der menschlichen Erfahrung immer zugänglich*. Jeder einzelne Gegenstand im Universum kann als ein Zusammentreffen von Kräften beschrieben werden, die vorübergehend Gestalt annehmen, weil sie den Gesetzen der Lebenskraft auf den unterbewussten Ebenen gehorchen.

Deshalb ist es theoretisch durchaus möglich, dass jeder, der mit seinem Unterbewusstsein in Kontakt gekommen ist, dessen Arbeitsweise verändern und daher bis zu einem gewissen Grad Einfluss auf die Dinge nehmen kann, die an anderen Orten stattfinden und die mit seinem eigenen Leben nicht unmittelbar in Berührung stehen. Praktischer Okkultismus *überprüft die Theorie durch die Praxis.* Kurz gesagt, nimmt das Ausmaß dieses Einflusses erheblich zu, wenn das Unterbewusstsein von der Ebene des Selbstbewusstseins aus gelenkt wird. Das ist das direkte Ziel der praktischen Arbeit des Rosenkreuzertums.

2. DER KAISER
Schlüssel 4 (ה)

Das Universum ist rationaler Natur. Es ist so beschaffen, dass sein Bauplan dem Geist des Menschen verständlich ist. Wir können diesen Bauplan erkennen, vorausgesetzt, wir haben uns in der Beobachtung geübt. Seine Lettern sind dem Mechanismus der Natur eingeschrieben, und wir können sie lesen.

Daraus folgt, dass von Natur aus nichts Unvernünftiges in der kosmischen Ordnung integriert sein kann. Was uns dennoch unvernünftig erscheint, ist etwas, das wir missverstanden haben. Was also im Widerspruch zur Vernunft zu stehen scheint, muss deshalb genauestens untersucht werden. Nichts darf vorschnell abgelehnt werden, denn wenn uns etwas nicht vernünftig erscheint, kommt das nur durch unsere oberflächliche Beobachtung. Wenn aber eine anerkannt wahre Behauptung den Grundprinzipien der Vernunft widerspricht, sollten wir sie von uns weisen oder uns zumindest weigern, unsere Handlungen nach ihr auszurichten, bevor wir den Beweis ihrer Richtigkeit erbracht haben. Dies ist ein Hauptlehrsatz wahren Rosenkreuzertums.

3. DER HIEROPHANT

Schlüssel 5 (ו)

Es gibt Erkenntnismöglichkeiten, welche die gewöhnlichen Formen menschlicher Erfahrungen übersteigen. Die Lebenskraft, die jedem Menschen innewohnt, kann uns eine direkte Wahrnehmung der Wirklichkeit jenseits aller gewöhnlichen Sinneserfahrungen geben und tut dies auch. Diese Wahrnehmungen liegen zwar jenseits des Verstandes, aber sie stehen niemals im Gegensatz zu ihm. Sie zeigen uns genaue Lösungen bestimmter Probleme, wobei jede Lösung auch die Enthüllung eines ewigen Prinzips darstellt.

In Kapitel 12 wurde durch den Hierophanten eine der sechs Wahrheiten unterstrichen, die dem Zelator mitgeteilt wurden. Jetzt wird ein anderer Aspekt ihrer Bedeutung betont, denn es wird uns versichert, dass es Erkenntnismöglichkeiten gibt, die jenseits aller gewöhnlichen Erfahrungen liegen. Sie lehren uns, dass die Lebenskraft – oder Christos – jedem von uns Wahrnehmungen der Wirklichkeit vermitteln kann, die weit über die Grenzen unserer Sinne hinausgehen. Im Grad des Theoricus liegt jedoch ihre Hauptbedeutung darin, voranschreitende Aspiranten vor dem Irrglauben zu bewahren, dass logisches Denken die einzig mögliche Quelle der Erkenntnis sei.

In Wirklichkeit ist der Hierophant identisch mit dem Kaiser. Er ist ein Symbol für das kosmische Denken, das jenseits der Ebenen liegt, die der Mensch bisher erreicht hat. Die Kabbalah nennt die Erkenntnis, die dieser Schlüssel symbolisiert, die Triumphierende und Ewige Intelligenz, *triumphierend,* weil sie ein Bewusstsein ist, das jedes Problem lösen kann, *ewig,* weil wir diese Lösungen als universelle Prinzipien wahrnehmen, obwohl sie den besonderen Problemen des Menschen angepasst sind. Die Wahrnehmung dieser ewigen Prinzipien übersteigt die jetzigen Möglichkeiten unseres Verstandes. Die Prinzipien selbst jedoch widersprechen niemals dem, was wir durch gründliches Nachdenken erkannt haben. Sie ergänzen und vervollständigen das Verständnis, das wir durch Nachdenken gewonnen haben.

4. DIE SONNE

Schlüssel 19 (ר)

Der Mensch ist die Synthese aller kosmischen Aktivitäten. Die menschliche Intelligenz hält alle unterschiedlichen Fäden der Selbstmanifestation der Lebenskraft zusammen und trägt sie über alles hinaus, was jenseits des Menschen und seiner Intelligenz existiert.

Diese Lehre basiert auf der kabbalistischen Bedeutung des hebräischen Buchstabens Resch, dem die Sammelnde Intelligenz zugeschrieben wird. Es sei bemerkt, dass Resch »der Kopf« oder »das Gesicht des Menschen« bedeutet. Im menschlichen Kopf und Antlitz sind die kontrollierenden Elemente der Lebenskraft konzentriert.

Diese vierte Lehre im Grad des Theoricus wurde von Thomas Troward als die Lehre vom persönlichen Faktor gedeutet[6], die besagt, dass der Mensch für ein bestimmtes Ziel erschaffen wurde. Dieses Ziel ist, das Große Werk zu vollenden.

Was dem Menschen als erstes im Großen Werk aufgegeben ist, hat mit der Erneuerung seiner Persönlichkeit zu tun. Schlüssel 19 ist ein Symbol für diese Erneuerung. Auf dem Bild sind beide Kinder gleich alt und gleich groß dargestellt und stehen auf gleicher Höhe. Im natürlichen Menschen untersteht das Unterbewusstsein, weiblich dargestellt, dem Selbstbewusstsein. Im erneuerten Menschen jedoch wird das Unterbewusstsein für höhere Ziele befreit und wird zum gleichberechtigten Partner seines Gefährten, des Selbstbewusstseins. Doch hierüber lernen wir mehr in den höheren Graden.

Vier weitere Lehren im Grad des Theoricus beziehen sich auf die vier Buchstaben des Wortes *Jesod,* יסוד, und auf die entsprechenden Tarotschlüssel:

5. DER EREMIT

Schlüssel 9 (י)

Die Kraft, die den Menschen, der sich der Erleuchtung nähert, befähigt, sich mit den überbewussten Ebenen zu verbinden, entspringt den physischen Vorgängen, die astrologisch unter der Herrschaft des Zeichens Jungfrau stehen.

Deshalb sagt die *Fama,* wenn sie von den Brüdern spricht, die den Orden gründeten: »Sie waren alle ledigen Standes und von gelobter Jungfrauenschaft.« Oberflächlich gesehen scheint dies ein Hinweis auf das Zölibat zu sein. In Wahrheit aber ist es eine Anspielung auf die okkulte Tatsache, dass die physische Energie, die zur Erleuchtung führt, in erster Linie aus der Assimilationsfunktion des Darmes und der Organe kommt, die vom Zeichen Jungfrau regiert werden.

Das Gesetz der Resonanz, das durch Schlüssel 9 repräsentiert wird, ist hierin eingeschlossen. Die geistige Haltung, das einströmende »Licht von oben« (dargestellt durch die Laterne des Eremiten) empfangen zu wollen sowie die Offenheit für dieses Licht, haben eine direkte Wirkung auf die unterbewussten Prozesse, welche die Assimilation kontrollieren. Dadurch kann mehr Sonnenenergie aus dem Chylus, der Jungfrauenmilch der Alchemisten, gezogen werden. Diese zusätzliche Energie kann nur gewonnen werden, wenn sie aufrichtig und hingebungsvoll genutzt wird. Diese Grundvoraussetzung kann nicht umgangen werden.

Die Psyche des Menschen ist so angelegt, dass nur derjenige diese zusätzliche Energie erhält, der voller Hingabe die Absicht hat, sie auf die richtige Weise zu nutzen. Die Beurteilung dieser Absicht erfolgt auf keinen Fall durch das persönliche Bewusstsein des Kandidaten, sondern nur durch das Eine Selbst, das niemals getäuscht werden kann. Man kann sich über seine Motive, okkulte Kräfte zu erlangen, selbst betrügen, aber niemand kann das Selbst täuschen. Deshalb erhalten nur diejenigen diese Kraft, die in ihrer Hingabe aufrichtig sind.

6. DIE MÄßIGKEIT

Schlüssel 14 (ס)

Täglich darüber nachzudenken, dass das persönliche Leben direkt von einer höheren Intelligenz geleitet wird, täglich sich daran zu erinnern, dass niemand irgend etwas aus sich selbst heraus tun kann, täglich sich darum zu bemühen, alle Lebensumstände und Handlungen von diesem Standpunkt aus zu betrachten, sind die grundlegenden Übungen des Grades des Theoricus.

Dem ist nur wenig hinzuzufügen. Der Aspirant sollte sorgfältig jede Einzelheit von Schlüssel 14 betrachten, denn er fasst symbolisch das zusammen, was hier gesagt wurde. Der Gedanke, dass wir jeden Augenblick geführt werden, muss von den meisten erst eingeübt werden, denn er ist nicht selbstverständlich. Immer wieder muss man sich bewusst machen, dass unsere persönlichen Handlungen Ausdruck universeller Kräfte und Gesetze sind. Diese Übungen erfordern intensive Aufmerksamkeit und häufige Wiederholung.

7. DER HIEROPHANT

Schlüssel 5 (ו)

Das subtilste und bedeutendste Wissen der grundlegenden Theorie wird weder durch Lesen gewonnen, noch dadurch, dass man den Ausführungen eines menschlichen Lehrers zuhört, sondern allein durch aufmerksames Lauschen auf die Belehrungen durch die Innere Stimme. Dieses Zuhören ist ein aktiver Zustand des Bewusstseins, ein Eintauchen des gesamten persönlichen Bewusstseins in eine erwartungsvolle Empfangsbereitschaft.

Dieses aufmerksame Zuhören sollte täglich oft geübt werden. Es ist wichtig, sich daran zu erinnern, wenn man eine Entscheidung zu treffen oder ein Problem zu lösen hat. Es ist notwendig, sich daran zu gewöhnen, dass man sich in allen täglichen

Schwierigkeiten mit der Bitte um mehr Erleuchtung an diesen inneren Lehrer wendet. Die Stimme, die zu uns spricht, ist eine »leise, kleine Stimme«, und wir vernehmen ihren Rat erst dann, wenn wir gelernt haben, auf ihn zu achten. Die meisten Menschen unterliegen so sehr der Illusion, alles aus sich selbst heraus zu tun, dass sie diese innere Weisung selten wahrnehmen. Es ist nicht die Stimme des Gewissens im landläufigen Sinne, sondern etwas sehr viel Höheres.

Viele Schüler des Okkultismus verwahren ihre Studien in einem geistigen Schubfach, das sie hermetisch vor ihrem restlichen Leben versiegeln. Sie glauben zu studieren, wenn sie spirituelle Bücher lesen, Unterricht nehmen und Vorlesungen besuchen oder zu festgelegten Tageszeiten schweigend dasitzen. Dies ist ein großer Irrtum. Praktischer Okkultismus benutzt Bücher, Vorlesungen und Unterricht, um sich zu vergewissern. Den wirklich Erfolgreichen ist jedoch der ganze Tag ein Übungsfeld. Ja, mehr noch, sie lernen, dass die Lehren auch dann wirksam sind, wenn der physische Körper schläft. All das wird nur durch äußerst aufmerksame Übung erreicht.

8. DIE KAISERIN

Schlüssel 3 (ד)

Mentale Vorstellungskraft öffnet das Tor zu höherem Wissen.

Dieser eine Satz ist der Schlüssel zur gesamten okkulten Theorie. Wir erinnern daran, dass der in diesem Zusammenhang benutzten Tarotkarte der Planet Venus zugeordnet ist. Daher ist sie mit den Venus- und Kupfersymbolen verbunden, welche die *Fama* erwähnt. Der Leser tut gut daran, sich mit der wahren Bedeutung dieses Satzes bewusst lange zu beschäftigen.

Dies ist in groben Zügen der Umriß der okkulten Theorie, wie sie in diesem Grad beschrieben wird. Wenn sie im Geiste gefestigt ist, kann der fortgeschrittene Aspirant zwei weitere Pfade betreten, die weiter hinauf führen. Der eine führt von Jesod nach Hod, also vom neunten Kreis zum achten. Dies ist der 30. Pfad, zu dem der Buchstabe Resch und der 19. Tarotschlüssel gehören.

Zwei weitere Pfade gehen vom neunten Kreis aus. Der eine ist der 28. Pfad von *Tsadi,* und der andere ist der 25. Pfad von *Samech.* Keiner von beiden steht dem Theoricus offen.

Sein Fortschritt in diesem Grad berechtigt den Theoricus jedoch, den Pfad zu betreten, der vom 10. zum 8. Kreis führt, und der ihm als Zelator noch nicht offenstand. Dies ist der Pfad des Buchstabens Schin, Tarotschlüssel 200.

DER EINUNDDREIßIGSTE PFAD

Der einunddreißigste Pfad wird die Immerwährende Intelligenz genannt. Warum wird er so genannt? Weil er die Bewegung der Sonne und des Mondes gemäß ihrer Natur lenkt und beide auf ihren Bahnen kreisen lässt.

Sepher Jetzirah

Dies ist der Pfad von Schin, dem »heiligen Buchstaben«, denn seine Zahl 300 entspricht dem Zahlenwert von *Ruach Elohim,* רוח אלהים, dem Lebensatem der schöpferischen Kraft. Ihn nennen die Hindus *Prana,* die grundlegende Energie des Kosmos. Sie ist ihrer Natur nach feurig und elektrisch. Deshalb verbinden Kabbalisten diesen Pfad mit dem Element Feuer. Das *Sepher Jetzirah* sagt dazu: »Er schuf den Buchstaben Schin, um mit Feuer zu herrschen.«

Dieses elektrische Feuer, die Quelle aller Aktivitäten, sowohl im Mikrokosmos als auch im Makrokosmos, ist eine bewusste Energie. Es heißt, dass ihre Aktivität besonders am Ende eines kosmischen Zyklus abnimmt. Doch obwohl sie dann von ihrem aktiven in ihren latenten Zustand übergeht, hört sie nicht auf zu bestehen. Sie ist immerwährend, ewig, ohne Anfang und ohne Ende. Deshalb ist ihr Name »Immerwährende Intelligenz«.

Gemäß der okkulten Lehre von Tarotschlüssel 20 herrscht dieser immerwährende, feurige Lebensatem nicht nur auf der Ebene der uns bekannten drei Dimensionen und in den Begrenzungen von Raum und Zeit, sondern auch in der vierten Dimension, die dem ewigen Jetzt entspricht. In der Philosophie der Rosenkreuzer ist diese vierte Dimension jetzt. Deshalb ist die Immerwährende Intelligenz schon jetzt ein integraler Bestandteil jedes Menschen.

Wir sind uns ihrer nicht bewusst, aber sie ist hier in unserem Leben anwesend. Selbst die Mathematiker sind davon überzeugt, dass sie diese höhere Dimension einbeziehen müssen. Deshalb muss der auf dem Weg der Rückkehr voranschreitende Aspirant alles daransetzen, diesen Aspekt seiner eigenen Natur zu erkennen. Bislang mag dies in seinem Bewusstsein keine Rolle gespielt haben, doch wenn er sich mit der achten Lehre im Grad des Theoricus beschäftigt, wird er lernen, wie notwendig es ist, sich mit diesem wichtigen Element seiner selbst auseinanderzusetzen.

Tarotschlüssel 20 wurde entworfen, um dem Aspiranten zu helfen, diese Wahrnehmung zu entwickeln. In Übereinstimmung mit dem Naturgesetz, das besagt, dass das Unterbewusstsein die erforderlichen Organismen aufbaut, wird der tägliche Gebrauch dieser Karte nach und nach im Gehirn des Aspiranten die Zellen aktivieren, die zuerst arbeiten müssen, bevor die Erfahrung, die dieser Schlüssel symbolisiert, zu einem lebendigen Element im persönlichen Bewusstsein des Suchenden werden kann.

Die Behauptung, dass dieser Pfad die Bewegungen von Sonne und Mond bestimmt, ist auf zweierlei Art und Weise richtig. Sie ist zum einen in Bezug auf den Makrokosmos wahr, weil die Ströme des kosmischen Lebensatems die Bewegungen aller Himmelskörper bestimmen, zum anderen aber bezieht sich diese Wahrheit auch auf den Mikrokosmos und wird sowohl in den alchemistischen Schriften der westlichen okkulten Schulen als auch in der Yoga-Philosophie des Ostens gelehrt.

Die Prana-Ströme werden von den Yogis der Sonne und dem Mond zugeordnet. Sie sind reale Kräfte im menschlichen Körper. Die Alchemie bezeichnet sie manchmal als Gold und Silber, manchmal auch als »unsere Sonne« und »unseren Mond«. Ferner ist das Sonnenzentrum im menschlichen Körper das Herzzentrum, und das Mondzentrum die Hypophyse. Wenn man weiß, dass der Lebensatem zwischen diesen beiden Zentren fließt und ihre Aktivität reguliert, versteht man leicht, warum so viele bedeutende okkulte Praktiken mit der Beherrschung dieser Ströme zu tun haben.

Die einzige sichere Methode für diese Kontrolle besteht darin, dem Unterbewusstsein die Symbolik von Schlüssel 20 einzuprägen. Selbst ohne irgendeine andere Technik wird der tägliche Gebrauch dieses Schlüssels subtile Veränderungen im Organismus des Aspiranten bewirken. Schließlich werden ihm diese Veränderungen authentische Erfahrungen eines höheren Bewusstseinsstadiums ermöglichen, das wir die »Immerwährende Intelligenz« nennen.

In Ergänzung zur Arbeit mit Schlüssel 20 sollte man sich oft daran erinnern, dass die vierdimensionale Existenz bereits Bestandteil unseres wahren Wesens ist. Am einfachsten ist es, sich vorzustellen, dass man schon jetzt und für alle Zeiten ewiges Leben besitzt. Sich diesen Gedanken oft vorzustellen, hat ungeahnte Konsequenzen, weil er sich im Unterbewusstsein verankert. Es ist ein Saatgedanke, dessen Frucht die vollständige Loslösung von den dreidimensionalen Begrenzungen bedeutet.

Man muss verstehen, dass diejenigen, die Kontakt zum wahren Rosenkreuzer-Orden aufnehmen, mehr Einzelheiten und spezifische Unterweisungen empfangen, als auf diesen Seiten mitgeteilt werden können. Es war schon immer so, dass Anfängern nicht von vornherein unsere besonderen Geheimnisse anvertraut wurden. Was hier niedergelegt ist, sind die Regeln und Verhaltensmuster für Anfänger auf dem Pfade. Das sicherste Anzeichen dafür, ein Anfänger zu sein, ist das Gefühl, dass man schon so weit fortgeschritten ist, dass man auf die Übung mit Schlüssel 20 verzichten kann, weil sie zu einfach erscheint.

Tatsache ist, dass solche Übungen gerade von den Mitgliedern der höchsten Grade des Unsichtbaren Ordens ausgeführt werden. Gleichgültig, wie weit man auf dem Wege zur Adeptenschaft vorangeschritten ist, geistige Imagination von Symbolen ist eine unverzichtbare, tägliche, mentale Übung. Je weiter man vorangeschritten ist, desto besser versteht man den Wert dieser Übung und die Gründe dafür. Es ist bezeichnend für einen Anfänger, dass er die wesentlichen Dinge, die der wahre Schatz eines Adepten sind, unterschätzt.

DER DREIßIGSTE PFAD

Der dreißigste Pfad wird die Sammelnde Intelligenz genannt, weil durch ihn die Astrologen bei der Beurteilung der Gestirne und der himmlischen Zeichen ihre Schlüsse ziehen und durch die Beobachtung der Bewegungen der Sterne Vollendung ihrer Wissenschaft erlangen.

Sepher Jetzirah

Weil der Mensch eine Synthese kosmischer Kräfte, eine Zusammenfassung der Kräfte des Einen Lebens ist, wird ihm jede Lehre gegeben, besonders aber die der wahren Astrologie. Der Sinn des Lebens liegt im Menschen selbst, dem Mikrokosmos, verborgen. Das bedeutet jedoch nicht, dass das Universum für die Menschheit gemacht wurde. Die Lehre besagt vielmehr, dass der Mensch erschaffen wurde, um das Große Werk des Einen Lebens zu vollenden.

Bei richtiger Beurteilung der Bewegungen der Sterne werden bestimmte Grundmuster enthüllt. Die Bahnen der Planeten stehen untereinander in Beziehungen, die den Proportionen in der Musik, der Kristallisation der Mineralien, ja, der Entstehung aller Formen entsprechen.

Der Mensch ist das einzige Lebewesen auf Erden, das diese Baupläne erkennen und bewusst anwenden kann. Astrologie, eine vor allem mathematische und geometrische Wissenschaft, vollendet sich, wenn diese grundlegenden Schlüssel erkannt werden. Diese Wissenschaft, die so, wie sie jetzt praktiziert wird, keineswegs schon vollkommen ist, trägt den Keim einer großen Entwicklung in sich. Der Schlüssel zu dieser Entwicklung ist das Wissen, dass das menschliche Leben ein Ausdruck der gleichen Kräfte und Gesetze ist, die sich in den Veränderungen der Positionen der Planeten ausdrücken, sowie in den Beziehungen, die durch ihre Bewegungen beschrieben werden.

Solange der Mensch diese Muster nicht erkennt und anwendet, ist er Sklave dieser Kräfte, deren Ebbe und Flut durch die Sterne angezeigt werden. Wenn er diese Kräfte kennt und zu nutzen weiß, nimmt er bewusst an der Herrschaft des kosmischen Gesetzes teil. Ohne dieses Wissen führt Astrologie zu einem dürren, unfruchtbaren Fatalismus. Wenn diese Wissenschaft aber besser verstanden wird, eröffnet sie dem Menschen unendlich reiche Quellen. Dies mag ein Grund dafür sein, dass das Gegensatzpaar »Fruchtbarkeit und Unfruchtbarkeit« dem Buchstaben Resch zugeordnet wird.

Folgende Pfade führen vom Zelator und Theoricus zum nächsten Grad: Der einunddreißigste Pfad beginnt im Grad des Zelators, weil er die sechs Lehren dieses Grades ausführlich darstellt. Deshalb sollte den Lehren von Schlüssel 19 besondere Beachtung geschenkt werden, denn sie werfen viel Licht auf die innere Bedeutung seiner Symbole. Was auf Schlüssel 19 dargestellt ist, fordert außerdem eine Verfeinerung der physischen Sinne, die Hauptarbeit eines Zelators.

Der dreißigste Pfad beginnt im Grad des Theoricus, denn wer ihn betritt, muss ständig auf die theoretischen Grundlagen dieses zweiten Grades zurückgreifen. Der Gedanke, dass menschliches Leben eine Synthese kosmischer Kräfte darstellt, ist in den unteren Graden des Unsichtbaren Ordens nicht viel mehr als reine Theorie. Wenn man auf dem dreißigsten Pfad voranschreitet, wird diese Theorie sorgfältig ausgearbeitet und vervollkommnet.

→ KAPITEL 14 ←

PRACTICUS

3 = 8

Der Grad des Practicus entspricht dem achten Kreis auf dem Lebensbaum, *Hod,* הוד (Glanz). *Hod* ist die Sphäre des Merkurs, daher werden die Aktivitäten dieses Grades vom Bewusstseinszustand bestimmt, die Tarotschlüssel I, Der Magier, darstellt. Diesen Grad haben jene erreicht, die die theoretischen Studien beendet haben und nun zur experimentellen Arbeit übergehen, um sich von der Richtigkeit der Theorie zu überzeugen.

Diese Arbeit beruht vor allem auf geistigen Übungen. Sie ist die Kunst induktiven Denkens, bei dem ebenso logische Schlussfolgerungen aus Erfahrungen gezogen, wie allgemeine Wahrheiten entwickelt werden, die dann durch die Überprüfung von Ereignissen gesichert werden.

Diese experimentelle Arbeit wird in der achten These des *Meistermodells* angedeutet: »Voller Vertrauen erwarte ich die vollkommene Verwirklichung des ewigen Glanzes des grenzenlosen Lichtes.« Der Practicus arbeitet mit den Werkzeugen auf dem Tisch des Magiers: mit dem Stab des Willens, dem Kelch der geistigen Vorstellungskraft, dem Schwert der Tat und mit der Münze als physische Bedingung.

Dieser Grad entspricht auch dem achten Pfad der Weisheit, der die »Vollkommene Intelligenz« genannt wird und von dem geschrieben steht: »Aus ihm geht die Vorbereitung der Prinzipien hervor.« Es wird ferner gesagt, dass seine Wurzeln in den Tiefen der Sphäre der Herrlichkeit liegen, d.h. in den Tiefen von Chesed, dem vierten Kreis auf dem Lebensbaum, der dem Grad des Adeptus Exemptus, dem höchsten Grad des zweiten Ordens, entspricht.

Bei der Arbeit des Practicus geht es um den Umgang mit Prinzipien und darum, sie auf eine Weise miteinander zu verbinden, dass im voraus festgelegte Ergebnisse erzielt werden. Doch die Wurzeln dieser Arbeit liegen noch höher auf dem Baum und werden in der Tiefe der Sphäre gefunden, die *Chesed,* Gnade, genannt wird. *Chesed* stellt das göttliche Wohlwollen dar. Die Hauptidee von *Chesed* ist Empfänglichkeit, wie wir in Kapitel 18 noch sehen werden. Diese *Empfänglichkeit* wird durch Tarotschlüssel I deutlich symbolisiert, denn der Magier streckt seine Hand nach oben, um auszudrücken, dass die wichtigste Aufgabe des Selbstbewusstseins darin besteht, den Kontakt mit den überbewussten Ebenen herzustellen. Die logische Schlussfolgerung aus diesen Erfahrungen ist folglich die Erkenntnis, dass sowohl die Persönlichkeit als auch das Selbstbewusstsein nur Instrumente und Werkzeuge einer höheren Macht sind. Deshalb besteht die erste Aufgabe der okkulten Praxis darin, willentlich die Haltung einer Empfangsbereitschaft für die Führung von oben einzunehmen.

DIE LEHREN DES GRADES

Das Adjektiv, das im Titel des achten Pfades mit »vollkommen« übersetzt wird, heißt auf hebräisch שלם, *schalom*, was unter anderem »gut, friedlich, glücklich« bedeutet. Es ist die Wurzel des hebräischen Eigennamens *Salomo*, שלמה, *schelomo*. Die drei Hauptlehren des Grades des Practicus entsprechen den drei Buchstaben ש, ל und מ, sowie deren Tarotschlüsseln. Es sind dies:

1. DAS URTEIL

Schlüssel 20 (ש)

Menschliches Leben erstreckt sich schon jetzt weit über die Begrenzungen der physischen Welt hinaus.

Bereits jetzt leben wir in dem, was einige als vierte Dimension kennen. Nur wenige Menschen haben davon eine intellektuelle Vorstellung. Aber sie ist eine Tatsache, die auf jeden Menschen auf Erden zutrifft. Schon jetzt sind wir Unsterbliche, obwohl uns unser falsches Verständnis vom Tod und der unvollkommene Zustand gewisser Hirnzentren daran hindern zu erkennen, dass wir niemals geboren wurden und niemals sterben werden.

2. DIE GERECHTIGKEIT

Schlüssel 11 (ל)

Alle Aktivitäten des Universums werden im Gleichgewicht gehalten.

Vielen fällt es schwer, das zu verstehen. Ungleichheit und Ungerechtigkeit *scheinen* überall zu herrschen, doch die esoterischen Lehren sagen klar, dass dieser Schein trügt. Es wird nicht gesagt, dass es in ferner Zukunft einmal Gerechtigkeit geben wird.

Es wird ausdrücklich darauf hingewiesen, dass das vollkommene Gleichgewicht ständig aufrecht erhalten wird. Die Lehre besagt, dass auf jede Aktion sofort eine Reaktion erfolgt, und dass das Gesetz der Kompensation immer wirksam ist. Wenn wir also die gesamte Vergangenheit überblicken könnten, würden wir auch nicht die geringste Abweichung von einer absoluten Gerechtigkeit in allem, was sich ereignet hat, erkennen.

3. DER GEHÄNGTE

Schlüssel 12 (מ)

Der Mensch als Person ist niemals der Denkende, Sprechende oder Handelnde. Jeder Gedanke, jedes Wort, jede Tat ist Ausdruck der Summe aller kosmischen Gesetze und Kräfte, die in Zeit und Raum durch das Vehikel eines Menschen oder durch ein anderes Instrument des kosmischen Lebens Gestalt annehmen.

Solange die Bedeutung dieser dritten Wahrheit nicht verstanden wird, erscheint sie uns wie Fatalismus. Es sieht so aus, als ob der Mensch zur Marionette gemacht würde. Aber alle Weisheitslehrer wiederholen diese Wahrheit. Sie beharren darauf, dass sie nicht im geringsten etwas mit Fatalismus zu tun habe. Der Grund dafür ist, dass die Menschen in Wirklichkeit nicht wissen, was sie meinen, wenn sie »Ich« sagen. Wenn diese Unwissenheit durch wahres Wissen korrigiert wird, liegt das Zentrum des Bewusstseins nicht länger in der Persönlichkeit. Es wird auf das wahre Selbst verlagert, und das Selbst wird als identisch mit dem Ursprungsprinzip des Universums erkannt. Das persönliche Leben geht verloren, aber das kosmische Leben wird gewonnen. Eine Illusion wird für eine Wirklichkeit eingetauscht. Eine falsche Freiheitsvorstellung wird aufgegeben, um sich wahrer Freiheit zu erfreuen.

Der Practicus muss sich befleißigen, den geistigen Gehalt, der durch diese Wahrheiten ausgedrückt wird, zu erfassen. Um das zu erreichen, muss er ständig wachsam sein. Achtsamkeit ist eine wichtige Aufgabe des Selbstbewusstseins und wird der Sphäre des Merkur zugeordnet.

Das Ziel ist die Bildung neuer Denkgewohnheiten. Niemand wird jemals wirklich verstehen, dass seine Persönlichkeit ein Vehikel des universellen Lebens ist, solange er sich diesen Gedanken nicht ständig klar vor Augen führt und mit all seinem Einfallsreichtum, den er aufbringen kann, versucht, Wege zu finden, um sich an diese Wahrheit immer wieder zu erinnern.

Die Anerkennung der Abhängigkeit vom kosmischen Gesetz und die völlige Hingabe an sein Wirken benötigt ebensoviel Übung wie das Erlernen von Singen, Schreiben oder Tanzen. Nur gelegentlich zu sagen, »ich übe Hingabe«, führt nicht zum gewünschten Ergebnis. Viele geduldige Wiederholungen werden benötigt, ehe wir in der »Trennung der Erde vom Feuer, des Zarten vom Groben« Erfolg haben, d.h. ehe wir bewusst zwischen dem physischen Vehikel des Lebens und dem Leben selbst unterscheiden können. Vor allem aber müssen wir darauf achten, dass keine dieser Wiederholungen bloßes Nachsprechen ist. Geist und Zielsetzung müssen unsere Anstrengungen durchweben. Wir dürfen Worte und Formulierungen nicht mechanisch herunterplappern. Dies alles benötigt, wie bereits gesagt, größte Achtsamkeit.

Eine der Bedeutungen von Tarotschlüssel 11, Die Gerechtigkeit, ist »Gleichgewicht«, das nur durch Übung erreicht werden kann. Einige oberflächliche Entspannungsübungen können keine ausgewogene Persönlichkeit aufbauen. Natürlich müssen wir uns zu bestimmten Zeiten entspannen, den größten Erfolg aber bringt die gewohnheitsmäßige Achtsamkeit, durch die wir schon den Beginn von Spannungen und Ängsten erkennen. Wiederholtes Überdenken der Lehren der Zeitlosen Weisheit, die besagen, dass alle Ereignisse dem Gesetz unfehlbarer Gerechtigkeit unterworfen sind, ist von grundlegender Bedeutung, um persönliche Ausgeglichenheit zu erreichen. Anfänger haben oft große Schwierigkeiten mit dieser Lehre, aber auf keine legen die Lehrer so viel Gewicht wie auf diese. Der Practicus wird angehalten, über sie zu meditieren und sich ständig darum zu bemühen, in all seinen Erfahrungen stets das Wirken des Gesetzes des Ausgleichs zu sehen.

Auch muss er sich mit dem Gedanken vertraut machen, dass ein Teil seines Bewusstseins schon jetzt »vierdimensionale Erfahrungen« besitzt. Dies versteht man leichter, wenn man weiß, dass jeder Mensch auch Körper von feinstofflicher Beschaffenheit besitzt. Der physische Körper ist die äußerste Trägersubstanz des ICH BIN. Die Schwingungen seiner Energie sind langsamer und gröber als die der höheren Körperformen. Er wird überdies durch die Irrtümer des kollektiven Bewusstseins negativ beeinflusst und ist deshalb noch weit davon entfernt, sich für die Übertragung der subtileren Aktivitäten der Lebenskraft zu eignen.

Der physische Körper benötigt die richtige Angleichung. Ein Teil der rosenkreuzerischen Arbeit besteht in der Methode, sich der feinen Schwingungen unserer subtilen Körper bewusst zu werden und schon jetzt die höheren

Existenzebenen zu erfahren. Jeder Mensch, und sei er noch so unentwickelt, hat ein vierdimensionales Bewusstsein. Aber die Wahrnehmung dieses Bewusstseins auf der physischen Ebene erfordert eine besondere Art physiologischer Entwicklung. Hierauf spielt die *Fama* an, wenn sie vom Aufenthalt des Bruders C. R. in Damaskus und von seiner daran anschließenden Ausbildung im Tempel zu Damcar berichtet. Sie weist darauf hin, dass diese Ausbildung subtile chemische Veränderungen im Blutstrom und mikroskopisch feine Veränderung der Zellstrukturen im Gehirn und im sympathischen Nervensystem bewirkt.

Vielleicht kann hier ein einfacher Vergleich Klarheit bringen. Im Zimmer, in dem diese Seiten gelesen werden, gibt es zweifellos eine große Anzahl ätherischer Schwingungen, die gerade jetzt von den verschiedensten Radiostationen ausgesendet werden. Doch nur, wenn man einen Radioapparat besitzt, der richtig gebaut und eingestellt ist, nimmt man diese Schwingungen wahr. Trotzdem sind sie auch jetzt vorhanden, und man kann sie hören, sobald man den Radioapparat auf sie einstellt. Der physische Körper ist ein weitaus empfindlicheres Empfangsgerät als jedes Radio. Gegenwärtig jedoch sind einige Teile in uns für den Empfang noch nicht »gerüstet«, doch können sie durch die okkulte Praxis richtig angepasst werden. Wenn diese Arbeit beendet ist, wird es möglich sein, Schwingungsfrequenzen wahrzunehmen, die jetzt noch für nicht existent gehalten werden.

Alles, was hier gesagt wurde, ist Teil einer »Vision der Möglichkeiten«, für deren Vollendung der Practicus arbeitet. »Wo keine Offenbarung ist, wird das Volk wild und wüst«, sagt die Bibel. Visionen kann man erarbeiten. So, wie Pflanzen von einem Gärtner gehegt werden, so kann man Vorausschau und Vertrauen in die Zukunft durch entsprechend intelligente Übungen entwickeln. Es ist ein großer Irrtum anzunehmen, dass uns die Gabe der Vision nur zufällig mit der Geburt gegeben wird. Jeder Mensch trägt eine angeborene seherische Fähigkeit in sich. Wir alle sind potentielle Propheten.

Die Entwicklung dieser Funktionen unterscheidet sich in keinem wesentlichen Punkt von der Entwicklung anderer Funktionen, wie z. B. gehen oder sprechen. Am Anfang werden Versuche unternommen, um das Gewünschte zu erlangen, die zunächst immer wieder fehlschlagen. Und doch bringt uns jeder neue Versuch dem Erfolg näher.

Wie oft sind wir als Kinder hingefallen, ehe wir laufen lernten! Auf jedem Gebiet gehen zahlreiche, fruchtlose Bemühungen jedem erfolgreichen Versuch voraus. So gibt es nicht wenige, die okkultes Interesse vorgeben, die Arbeit jedoch aufgeben und die esoterischen Lehren dann als unsinnig verurteilen, weil sie nach den ersten zehn oder zwanzig Konzentrationsversuchen nicht sofort in Berührung mit der Inneren Schule gekommen sind.

Mancher Schüler arbeitet länger als zehn Monate konzentriert, zweimal eine halbe Stunde täglich, ehe er das leiseste Anzeichen eines Ergebnisses bemerkt. Unter den Brüdern des Wahren und Unsichtbaren Ordens gibt es einige, die sich ein Leben lang darum bemühten, die Fähigkeiten, die sie jetzt ausüben, zu entwickeln. Einige der besten Ergebnisse, um die je gerungen wurde, entstanden, wenn Menschen schwer um ihr tägliches Brot kämpfen mussten und nur wenig oder gar keine Zeit für okkulte Arbeit hatten.

Deshalb kann die Entschuldigung, »ich habe keine Zeit für Studium und Übung«, niemanden überzeugen, der weiß, was okkulte Arbeit wirklich bedeutet. Wir alle haben viel Zeit, doch die trägen Gewohnheiten des kollektiven Bewusstseins führen uns vom rechten Weg ab. Es ist unsinnig zu behaupten, dass wir nicht üben können, weil wir zu beschäftigt sind, denn in Wirklichkeit tun wir lieber etwas anderes.

Das einzige Versagen besteht darin, dass wir es nicht immer und immer wieder versuchen. Unsere Bemühungen werden jedoch erfolgreicher, wenn wir eine klare Vorstellung von unserem Ziel und eine gewisse Kenntnis von den Gesetzen und Kräften haben, die wir gebrauchen wollen. Deshalb folgt an dritter Stelle in der Reihe der Rosenkreuzer-Grade, nach dem der Theorie gewidmetem Grad, der Practicus.

Bei allen mentalen Übungen muss man wissen, dass man mit einer wirklichen Kraft umgeht. Eliphas Levi nennt sie das »Astrallicht« und beschreibt sie folgendermaßen:

»In der Natur gibt es eine Kraft, die mächtiger ist als Dampf. Mit ihrer Hilfe kann ein einziger Mensch, der sie beherrscht und der sie zu lenken vermag, die Welt durcheinanderbringen und ihr Gesicht umgestalten. Sie verströmt sich seit unendlichen Zeiten; sie ist die Substanz des Himmels und der Erde. Wenn sie Strahlung erzeugt, wird sie Licht genannt. Sie ist Materie und Bewegung zugleich; sie ist Flüssigkeit und ewige Schwingung. Im unendlichen Raum ist sie Äther oder ätherisches Licht; sie wird zum Astrallicht, das die Sterne magnetisiert, während sie in organischen Lebewesen zu magnetischem Licht oder Fluidum wird. Der Wille intelligenter Wesen wirkt unmittelbar auf dieses Licht ein und dadurch auf alles in der Natur, was durch die Intelligenz zum Gegenstand der Veränderung gewählt wird.«[7]

Eliphas Levi gibt auch wertvolle Hinweise zur Arbeit, die in diesem Grad getan werden muss, wenn er sagt: »Jedes Individuum ist unendlich vervollkommnungsfähig, da die ethische Ordnung analog zur physischen ist. In der physischen Welt können wir uns keinen Punkt vorstellen, der sich nicht ausdehnen könnte, um in einen imaginären unendlichen Kreis auszustrahlen. Was über die vollkommene Seele ausgesagt wird, gilt auch für jede ihrer Kräfte. Das Verstehen und der Wille des Menschen sind Instrumente, die in ihrer Kraft und Fähigkeit unbestimmbar sind.«[8]

Dieser Gedanke wird auch im *Sepher Jetzirah* ausgesprochen. Dort wird von der Wiedereinsetzung des Schöpfers auf seinen Thron gesprochen. Menschliches Verstehen, menschliche Untersuchung und Forschung, menschliches Wissen, menschliches Schrifttum und menschliche Berechnungen sind die Mittel, durch die der Schöpfer wieder auf seinen Thron eingesetzt werden kann. Ist er denn jemals entthront worden? Nicht wirklich, doch durch falsches Verständnis wurde er auf einen mythischen Sitz im Himmel statt auf seinen wahren Thron im Mittelpunkt der menschlichen Existenz eingesetzt. Das Studium der zehn Aspekte der Einen Wirklichkeit berichtigt diesen Irrtum, und das ist der wahre Grund, warum wir uns mit diesen Rosenkreuzer-Graden beschäftigen. Dem Menschen wird das Wissen zurückgegeben, dass die schöpferische, kontrollierende Macht des Universums im Herzen des Menschen anwesend ist.

Weil diese Anwesenheit wirklich ist, weil »alle Kraft, die je war und sein wird, jetzt und hier ist«, müssen die Vehikel, durch die sich diese Allmacht manifestiert, grenzenlos vervollkommnungsfähig sein. Diese Zeilen erregen bei dem Menschen Aufmerksamkeit, in dessen Entwicklung die Zeit gekommen und der bereit ist, zu dieser Wahrheit zu erwachen. Niemand, der hierfür nicht reif ist, wird jemals diese Zeilen lesen.

Das bedeutet jedoch nicht, dass jeder Leser dieses Buches die darin beschriebenen Vorstellungen sofort annehmen wird. Im Gegenteil, einige werden sich über diese Lehren lustig machen und sie von sich weisen. Doch selbst der Spötter wird sie nur dann lesen, wenn er für sie bereit ist. Die geistige Haltung seines Selbstbewusstseins ist nicht der entscheidende Richter.

Wer auch immer diese Zeilen liest, wisse: Von nun an wird er nicht mehr ganz derselbe sein. Er ist mit etwas in Berührung gekommen, das mächtiger, bleibender und weitreichender ist, als er es erträumen kann. Etwas in ihm wird lebendig, das schließlich reifen wird, um sich zu verwirklichen. Wenn er heute auch noch spottet, so schauen doch die kosmischen Meister auf ihn, denn sie wissen, dass das Leben bittere und schmerzhafte Lektionen für ihn bereit hält, um seinen Unglauben zu brechen, der auf der Vorstellung von einem getrennten Ich beruht und den Ausdruck seiner höheren Kräfte noch begrenzt. Wenn jedoch beim Lesen dieser Zeilen ein Echo sein Inneres berührt, als ob sich längst Vergessenes in der Tiefe seiner Seele regt, so freuen sich die kosmischen Meister mit ihm, denn sie wissen, dass das Glück seiner Erlösung nahe ist.

Vom Grad des Practicus führen drei Pfade zu den höheren Graden, doch von diesen steht nur der 27. Pfad des Buchstabens Pe offen, der zum Grad des Philosophus führt, doch kann dieser Pfad erst betreten werden, wenn der 29. und der 28. Pfad durchschritten wurden.

Der 26. Pfad von Ajin bleibt verschlossen, bis der Aspirant den Grad des Philosophus vollendet hat, und der 23. Pfad von Mem steht erst offen, wenn der Grad des Adeptus Minor erreicht wurde. Diese beiden Pfade beginnen jedoch im Grad des Practicus, denn was der Aspirant in diesem Grad gelernt hat, befähigt ihn, sie zu durchschreiten. Dieses Können wird durch ständige Übung der intellektuellen Wahrnehmung dessen entwickelt, was man als Ergebnis des schöpferischen Prozesses erwartet. Dies wird in der achten These des *Meistermodells* so ausgedrückt: »Voller Vertrauen erwarte ich die vollkommene Verwirklichung des ewigen Glanzes des Grenzenlosen Lichtes.«

Drei andere Wahrheiten, die auf der esoterischen Bedeutung des Wortes *Hod*, הוד, beruhen, werden im Grad des Practicus gelehrt. Es handelt sich um:

4. DER KAISER
Schlüssel 4 (ה)

Die ursprüngliche schöpferische Kraft, das rationale Leben, welches das Universum entwirft, baut und zusammensetzt, leitet jede Einzelheit der kosmischen Manifestation, denn es gibt nichts Zufälliges. Nichts geschieht durch Zufall. Demnach ist jede einzelne persönliche Erfahrung eine besondere Manifestation dieser lenkenden Kraft, eine besondere Note in der Symphonie des Universums. Diese lenkende Kraft ist der wahre Seher all dessen, was wir sehen, der wahre Wissende all dessen, was wir wissen, die höchste Autorität über die gesamte Schöpfung. Sie allein ist das unteilbare Selbst.

Wir haben es hier mit einer Lehre zu tun, die leicht als Fatalismus missverstanden werden kann und deshalb jegliche Initiative lähmen müßte. Doch der Schlüssel zum rechten Verständnis liegt in der Rosenkreuzer-Lehre, die besagt, dass sich die höchste Autorität nicht außerhalb des Menschen befindet, sondern eine Wirklichkeit ist, die in der Persönlichkeit selbst inthronisiert ist. Sie ist in allen Menschen gleichzeitig gegenwärtig und alle beziehen sich auf sie, wenn sie von sich selbst reden oder denken. Dass die Mehrheit hiervon keine Vorstellung hat, ändert nichts an dieser Tatsache.

5. DER HIEROPHANT
Schlüssel 5 (ו)

Das Selbst thront über der Ebene des persönlichen Bewusstseins, und aus dieser erhabenen Höhe lenkt es mit seinem unfehlbaren Wort alle, die Ohren haben zu hören.

Das *Buch der Sprüche* legt diese Worte in den Mund der Weisheit: »Oh, ihr Männer, euch rufe ich und erhebe meine Stimme zu den Menschenkindern. Merkt, ihr Unverständigen, auf Klugheit, und, ihr Toren, nehmt Verstand an. Hört, denn ich rede, was edel ist und meine Lippen sprechen, was recht ist.« (Sprüche 8: 4-6). Von ähnlicher Bedeutung ist folgendes Versprechen: »Und der Herr wird euch in Trübsal Brot und in Ängsten Wasser geben, und dein Lehrer wird sich nicht mehr verbergen müssen, sondern deine Augen werden deinen Lehrer sehen. Deine Ohren werden hinter dir das Wort hören: Dies ist der Weg, den geht weder zur Rechten noch zur Linken!« (Jesaja 30:20,21). Eine direkte Vision der Lehrer, der Brüder des Unsichtbaren Ordens, ist eine Erfahrung, die vielen in diesen Tagen widerfährt, und viele haben gelernt, dass die Stimme oder das Wort des unteilbaren Selbst immer zu gegebener Zeit bereitsteht.

6. DIE KAISERIN

Schlüssel 3 (ד)

Jede Substanz ist geistiger Natur, daher sind alle Formen geistige Bilder. Die Erzeugung dieser geistigen Bilder ist die Funktion des universellen Unterbewusstseins, und in dieser Funktion haben alle Formen auf allen Ebenen unmittelbar ihren Ursprung.

Diese Lehre entspricht der östlichen Weisheit. Der Mensch hat die Herrschaft über die Natur, weil das, was uns als »materiell« erscheint, in Wirklichkeit geistig ist. Das Material eines Felsens ist von seiner Substanz her nicht anders als die Substanz, aus der unsere Gedanken geformt sind. Hier kommen wir der alchemistischen Lehre der *Prima Materia* sehr nahe, die in einem Lehrsatz des Hermes wie folgt zum Ausdruck kommt: »Alle Dinge entstehen aus dem Einen durch Meditation des Einen, und alle Dinge werden durch Angleichung aus dem Einen geboren.«[(9)]

→ KAPITEL 15 ←

PHILOSOPHUS

4 = 7

Drei Pfade führen zum Grad des Philosophus. Der 29. Pfad des Buchstabens Kuf ist der erste. Er beginnt im Grad des Zelators. Der 28. Pfad ist der Zweite, der im Grad des Theoricus mit dem Pfad des Buchstabens Tsadi seinen Anfang nimmt. Der 27. Pfad des Buchstabens Pe ist der dritte. Er beginnt im Grad des Practicus.

Dies ist ein Hinweis darauf, dass jeder, der die Rosenkreuzer-Philosophie verstehen will, erkennen muss, dass er innerhalb einer kosmischen Ordnung lebt. Außerdem muss er in den Grundlagen der Rosenkreuzer-Theorie mündlich belehrt worden sein, und schließlich muss er, im Vertrauen auf die sichere Vollendung des Großen Werkes, auch an sich selbst gearbeitet haben.

DER NEUNUNDZWANZIGSTE PFAD

Der neunundzwangzigste Pfad wird die Körperliche Intelligenz genannt. Er formt alle Körper, die in allen Sphären Gestalt angenommen haben, und fördert ihr Wachstum.

Sepher Jetzirah

Es ist der Pfad des Körperbewusstseins, der Pfad koordinierter Zusammenarbeit der dreißig Trillionen Zellen des physischen Organismus. Knut Stenring sagt, dass in der Schwarzen Magie der Magier über diesen Pfad zu seinem Opfer *in Beziehung tritt.* Dieses pseudo-okkulte Schreckgespenst sollte nicht beunruhigen. Es ist zwar wahr, dass in der Schwarzen Magie eine physische Verbindung zwischen Magier und Opfer bestehen muss, doch wirkt das gleiche auch auf entgegengesetzte Weise: In der Weißen Magie ermöglicht der gleiche Pfad dem Ausführenden einer magischen Handlung, Verbindung zu einem Leidenden herzustellen, um ihm zu helfen und ihn zu heilen. Jeder Magier, ob weiß oder schwarz, kann durch die Schwingungen der Zellen eines physischen Körpers die subtilen Energieströme höherer Ebenen herunterstufen, um sie für die Veränderung physischer Formen zu nutzen. Der Schwarzmagier gebraucht die gleichen Kräfte und arbeitet nach dem gleichen zugrundeliegenden Gesetz wie der weiße Magier. Was in der Magie aber schwarz von weiß unterscheidet, ist die Absicht des Ausführenden einer magischen Handlung und der Zweck, für den die subtilen Kräfte eingesetzt werden. Wir finden hierzu in der Physik eine gute Analogie. In der weißen Magie würde die Sprengkraft dazu benutzt, um einen Weg frei zu machen, während in der schwarzen Magie die gleiche Sprengkraft dazu benutzt würde, im Krieg Menschen zu vernichten.

Wenn es im Text heißt, dass dieser Pfad die Körper formt, so wird dieses Verb im Sinne von »Form geben, modellieren, anordnen« gebraucht. Körperliche Intelligenz ist daher das Bewusstsein, das die Körper bildet, und wird durch den Buchstaben Kuf mit dem Hinterkopf verbunden, weil der Hinterkopf der Sitz eines bestimmten Organs der körperbildenden Intelligenz ist, der Medulla oblongata. Sie reagiert auf unsere Bemühungen, unseren Körper zu kontrollieren, seine chemische Zusammensetzung zu verändern und seinen Neuaufbau zu gestalten.

Wenn wir zur Beherrschung des Astrallichtes und der Kräfte des Unterbewusstseins okkulte Methoden benutzen, werden Bewegungen in Gang gesetzt, die die Zellen umstrukturieren können, doch erst dann, wenn wir in den Theorien des zweiten Rosenkreuzergrades unterrichtet worden sind. Auch werden wir keinen Erfolg haben, wenn wir uns nicht für einige Zeit mit den Übungen des dritten Grades befasst haben. Aus diesem Grunde kann der 29. Pfad erst beschritten werden, wenn der Aspirant ein Practicus geworden ist.

Als Zelator lernt der Aspirant, dass sein Körper Träger des kosmischen Lebens ist, als Theoricus, dass jede Funktion seines Körpers unter der unmittelbaren Kontrolle des Unterbewusstseins steht. Aber erst, wenn er klare, bestimmte Vorstellungsbilder davon aufgebaut hat, was er in Zukunft erreichen will, beginnt er, seinen Körper so zu transformieren, dass dessen Chemie und inneres Gefüge ihm ermöglichen, die Philosophie der Rosenkreuzer zu erfassen.

Es genügt nicht, lernen zu wollen. Man muss die richtigen Gehirnzellen und die richtige Chemie des Körpers entwickeln. Durch eine gewöhnliche Lebensführung werden keine Gehirnzellen aufgebaut, sondern der Körper wird vergiftet. Genauso, wie es unmöglich ist, dass ein Betrunkener die tiefere Bedeutung seiner Erfahrungen wahrnimmt, so wenig kann dies der Durchschnittsmensch. Ein vergifteter Körper kann wahre Philosophie nicht begreifen.

DER ACHTUNDZWANZIGSTE PFAD

Der achtundzwanzigste Pfad wird die Natürliche Intelligenz genannt. Durch ihn wird die Natur von allem, was in der Sphäre der Sonne existiert, vervollständigt und vollendet.

Sepher Jetzirah

Eine der ersten Lektionen der wahren Rosenkreuzer-Philosophie besagt, dass alles natürlich ist. Nichts ist übernatürlich. Zwar gibt es einige Ebenen, die oberhalb der menschlichen Ebene zu liegen scheinen, wenn wir das Adjektiv *menschlich* nur auf die Persönlichkeit beziehen. Alle Ereignisse und Phänomene sind aber Teil der Natur, und wenn die esoterische Philosophie zeigt, dass die Essenz dieser Natur die Gottheit selbst ist, kann sie die Existenz von etwas Übernatürlichem nicht akzeptieren.

Der achtundzwanzigste Pfad, dargestellt durch Tarotschlüssel 17, ist der Pfad der Meditation. Das Bild dieses Schlüssels zeigt eine nackte Frau, das Symbol der unverhüllten Wahrheit. Sie gießt aus zwei Vasen Wasser aus, und diese Symbolik stimmt mit der Definition der Meditation der Hindu-Psychologie Patanjalis überein: »Meditation ist ein ununterbrochener Wissensfluss über einen bestimmten Gegenstand.«

Der Aspirant, der auf dem Weg der Rückkehr voranschreitet, glaubt zu meditieren. Die esoterischen Lehren sagen jedoch ausdrücklich, dass die Persönlichkeit nur das Mittel ist, und dass der natürliche Prozess des Wissensflusses über einen bestimmten Gegenstand durch sie seinen Ausdruck findet. Von diesem Standpunkt aus ist der Mensch das Instrument, das die Natur sowohl selbst entworfen als auch vollendet hat. Der menschliche Körper mit dem Gehirn ist das Instrument, das vom Einen Leben entworfen wurde, um die Meditation in natürlicher Weise weiterzuführen. Dieses Instrument ermöglicht es dem universellen Bewusstsein, Formen anzunehmen, was ohne es nicht möglich wäre.

Wenn die Lebenskraft diese Formen annimmt, vervollständigt und vollendet sie die Natur von allem, was sich in der »Sphäre der Sonne« befindet. Die »Sphäre der Sonne« ist der Bereich der Sonnenaktivität, also das Sonnensystem. Der kosmische Prozess von Involution und Evolution wirkt in allen Königreichen der Natur, um das Instrument mit dem Namen »Mensch« zu vervollkommnen. Sobald dieses Instrument bis zu einem gewissen Grad herangereift ist, macht der natürliche Meditationsprozess das Bewusstsein dieses Instrumentes zum Mittler, durch den die Lebenskraft das Wissen über ihre eigene Natur und ihre eigenen Möglichkeiten zum Ausdruck bringt. Somit sind es die Gedanken und Tätigkeiten des Menschen, durch die die kosmischen Kräfte die Gestalt annehmen, die sie auf andere Weise nicht verwirklichen könnten.

Der Mensch als integraler Bestandteil des kosmischen Prozesses wird von Thomas Troward als der »persönliche Faktor« bezeichnet. Troward stand unter der direkten Leitung des Unsichtbaren Ordens, was sich durch seine

Arbeiten über die Geisteswissenschaften offenbart. In seinem Buch *Der Schöpferische Prozess im Individuum* sagt er:

»Die Funktion des persönlichen Faktors besteht darin, in der schöpferischen Ordnung durch Kräfte der Auswahl und der Initiative ganz besondere Bedingungen zu schaffen – eine Wahrheit, die durch die Maxime ausgedrückt wird: ›Wenn der Natur nicht geholfen wird, scheitert sie.‹ Wenn aber die gesamte Weltbevölkerung höhere Kräfte entwickeln würde, ohne eine gemeinsame Grundlage für deren Anwendung zu haben, würde dies durch den unkontrollierten Gebrauch dieser Kräfte nur chaotische Verwirrung und die Zerstörung der ganzen Menschheit zur Folge haben. Die schöpferischen Kräfte des Individuums zu nutzen und gleichzeitig zu verhindern, dass sie zu einer zerstörerischen Überflutung führen, ist die große Schwierigkeit beim Übergang vom Vierten zum Fünften Königreich. Aus diesem Grunde ist es notwendig, einen Maßstab für den persönlichen Faktor zu finden, der unabhängig von allen individuellen Konzepten ist, so wie es für uns notwendig war, dass es für jeden individuellen Geist einen universellen Geist als allgemeine Grundlage gab, um Selbstbewusstsein zu entwickeln. Doch nur im Hinblick auf die allgemeinen Kriterien des Geistes besteht Übereinstimmung notwendigerweise automatisch. In Bezug auf den Spezialisierungsprozess dagegen macht die Tatsache, dass das Wesen dieses Prozesses Auswahl und Initiative ist, eine automatische Übereinstimmung mit dem Maßstab der Persönlichkeit unmöglich, denn die Natur dieses Vorganges ist eine Sache individueller Auswahl.

Dieser Maßstab, der unabhängig von individuellen Konzepten sein soll, muss die *Essenz* der Persönlichkeit sein, die sich von ihrer individuellen Eigenart unterscheidet. Er kann deshalb nichts anderes sein als Leben, Liebe, Schönheit usw. Die Persönlichkeit muss als eine göttliche Individualität ansehen werden, denn wenn wir uns mit dieser identifizieren, vermeiden wir jeden Konflikt mit anderen Menschen, die nicht die gleichen Erkenntnisse als Grundlage haben. Gerade die Universalität dieses Maßstabs erlaubt all unseren Eigenarten freies Spiel, während er die Persönlichkeit gleichzeitig davor bewahrt, gegen fundamentale Prinzipien zu verstoßen, von denen wir erkannt haben, dass sie durch die Selbstbetrachtung des Urgeistes hervorgerufen werden. Auf diese Weise erhalten wir einen Maßstab für unsere eigenen Kräfte. Wenn wir einen solchen Maßstab nicht anerkennen, würde die Entwicklung unserer spirituellen Kräfte und die Entdeckung unserer immensen Möglichkeiten, die in den inneren Gesetzen der Natur und in uns verborgen liegen, nur zur Heimsuchung für uns und andere werden. Aus diesem Grunde werden diese Geheimnisse so eifrig von denen gehütet, die sie kennen. Deshalb stehen über dem Eingang des Tempels die Worte: *Eskato Bebeloi,* εσχατο βεβηλοι, ›Geh hinweg, Gottloser‹.

Wenn wir aber diesen Maßstab anerkennen, brauchen wir uns niemals davor zu fürchten, verborgene Kräfte in uns oder in der Natur zu entdecken, denn auf dieser Basis ist es für uns unmöglich, sie zu missbrauchen. Deshalb beginnt jede systematische Belehrung über diese Dinge mit der Anweisung, die schöpferische Ordnung des Kosmos zu betrachten, um dann die gleiche Ordnung im Menschen zu erkennen. Dadurch, dass individuelle Auswahl und Initiative eingeführt werden, erhält man einen neuen Standpunkt für den schöpferischen Prozess. Dies ist die Lehre vom Makrokosmos und Mikrokosmos. Der Übergang vom generellen Wirken des schöpferischen Geistes im Kosmos zu seinem spezifischen Wirken im Individuum ist mit der Lehre von der Oktave gemeint.«[(10)]

Wenn der persönliche Faktor als das Agens des Einen Lebens richtig verstanden wird, kann sein Wirken nur zum Besten führen. Wenn man aber irrtümlich glaubt, ein unabhängiges Dasein zu führen, das eigene Macht und eigenen Willen hat, dann entspringen diesem Denken, Sagen und Tun alle schmerzbringenden Bedingungen. Der Unwissende glaubt, dass schmerzliche Bedingungen von Übel seien. Die okkulte Lehre aber sagt, dass die Suche nach Schmerzlinderung letztlich zur Entdeckung der Wahrheit führen wird, denn die Leiden im menschlichen Leben werden zum Baumaterial für große Resultate. Deshalb heißt es in der *Confessio*: »Gleich wie aber gemeiniglich an eben demselben Ort, da etwa eine neue ungewöhnliche Krankheit entstanden ist, die Natur auch eine Arznei für diese entdecket, so erzeigen sich auch bei so mancherlei Krankheiten der Philosophie die rechten und unserm Vaterland genugsam verträglichen Mittel, wodurch sie wiederum gesund werden und gleichsam ganz neu der Welt, so jetzt soll erneuert werden, vorkomme und erscheine.«

DER SIEBENUNDZWANZIGSTE PFAD

Der siebenundzwanzigste Pfad wird die Erregende Intelligenz genannt, denn durch ihn wurde der Geist jeder Kreatur der höchsten Sphäre erschaffen, sowie die Bewegung, der diese unterworfen sind.

Sepher Jetzirah

Dieser Pfad, der durch Tarotschlüssel 16 symbolisiert wird, entspricht dem hebräischen Buchstaben He, dessen Name bedeutet: »Der menschliche Mund als Organ der Sprache«. In Bezug auf das dazugehörige Tarotbild, auf dem der Blitz einen Turm zerstört, heißt es im *Sepher Jetzirah*: »Zehn unaussprechliche Sephiroth: ihr Erscheinen gleicht einem Blitzstrahl, ihr Ziel ist unendlich. Sie tragen in sich Sein Wort, wenn sie ausstrahlen und wenn sie wieder zurückkehren; auf Sein Geheiß eilen sie wie ein Wirbelwind dahin.«

Bemerkenswert ist die Bildsprache. Die unmittelbare und gleichzeitige Manifestation der zehn grundlegenden Aspekte der Lebenskraft geschieht durch einen Blitz. Sobald sich die Lebenskraft manifestiert, treten sämtliche zehn Aspekte in Erscheinung. Die Sprache und das schöpferische Wort sind mit dem Symbol des Blitzstrahls und mit dem Satz verbunden: »Sie tragen in sich Sein Wort.« Die Vorstellung, dass die gesamte kosmische Schöpfung, von Anfang bis Ende, ein fortlaufender Ausdruck dieses Wortes ist, wird durch den Satz übermittelt: »...wenn sie ausstrahlen und wenn sie wieder zurückkehren.« Außerdem wird ihr Ausstrahlen und ihre Rückkehr mit dem Wirbelwind verglichen, bzw. »mit einem wirbelnden Atemzug«. Letzteres ist von besonderem Interesse, denn die moderne Wissenschaft hat bewiesen, dass der Blitz eine wirbelnde, spiralförmige Bewegung ist. Es wird noch entdeckt werden, dass diese wirbelnde Bewegung doppelter Natur ist, denn sie besteht aus einem herunterfahrenden und einem zurückkehrenden Strom.

Wenn die *Bibel* immer wieder sagt: »Der Mund Jehovas hat gesprochen« und es im gleichen Buch in der *Genesis* heißt: »Elohim sagte«, wird auf diese Schöpferkraft, die sich durch das Wort offenbart, hingewiesen.

Daher weiß der Okkultist, dass der 27. Pfad, der zum Grad des Philosophus führt, eine klare Verbindung zwischen dem Bewusstsein, das sich zu Sprache formt, und der elektrischen Energie, welche die Substanz jeder physischen Form ist, herstellt. Der Okkultist akzeptiert alles, was der Physiker über den elektrischen Aufbau des physischen Universums zu sagen hat, aber er fügt hinzu, dass die wahre Natur der geheimnisvollen Energie, die der Physiker »Elektromagnetismus« nennt, *Bewusstsein* ist. Die okkulte Philosophie behauptet, dass jede Aktivität, jede Bewegung und jede Energie im Grunde die Aktivität, Bewegung und Energie des Bewusstseins ist. Sie sieht im Universum eine ununterbrochene Äußerung des lebendigen Wortes.

Diese Interpretation aller Erfahrungen widerspricht der üblichen Meinung. Deshalb stellt Schlüssel 16 einen Blitzstrahl dar, der den Turm des falschen Wissens zerstört. Diesem falschen Wissen liegt die Auffassung zugrunde, dass Formen aus einer besonderen Substanz, »Materie« genannt, gebildet sind, die durch »Kraft« bewegt und mit dem »Verstand« wahrgenommen wird. Okkultes Wissen besagt, dass die »Materie« oder die Substanz aller Dinge die Bewegung einer Energie ist, die ihrem Wesen nach sowohl geistig als auch bewusst ist. Diese Energie, die aus sich selbst heraus wirkt, bringt alle Dinge aus sich – oder besser gesagt – *in sich selbst* hervor. *Materie, Energie* und *Geist* sind drei Aspekte der Einen Wirklichkeit.

Die Eine Wirklichkeit ist die Erregende Ursache aller Manifestationen im gesamten Universum. Aus ihr entsteht der Geist oder die innere Essenz aller Lebewesen und jede ihrer Bewegungen. Hier wird also behauptet, dass es nirgends im gesamten Universum eine Existenzform oder ein Geschöpf gibt, das nicht vom Ursprungsprinzip abhängig wäre. Der Geist jedes Geschöpfes ist ein ganz bestimmter Ausdruck dieser einen Aktivität. Die unterschiedlichen Funktionen der vielen Geschöpfe hängen vollständig von der Einen Bewegung ab, die durch den ganzen Kosmos wie ein wirbelnder Atemzug kommt und geht.

Es gibt sechs Lehren im Grad des Philosophus, die von den Buchstaben des Wortes *Netzach,* נצח (Sieg, dem Namen des siebenten Kreises auf dem Lebensbaum) und von *Nesether,* נסתר, *nistar* (okkult), abgeleitet werden. Hiermit wird eine besondere Bewusstseinsart bezeichnet, die von den Kabbalisten der siebten Sephirah zugeordnet wird. Obwohl beide Wörter aus sieben Buchstaben bestehen, gibt es nur sechs Lehren, weil beide, *Netzach* und *Nesether,* mit dem gleichen Buchstaben, Nun, beginnen.

Die Buchstaben von *Netzach,* נצח, umfassen die drei großen Wahrheiten okkulter Philosophie. Netzach, als Begriff, zeigt klar, dass es sich um eine Philosophie des Erfolgs handelt, die darauf basiert, dass das kosmische Wort stets erfolgreich ist. Man beachte, dass der vorhergehende Satz in der Gegenwart geschrieben steht. Denn die okkulte Philosophie hält daran fest, dass die Arbeit in jedem Entwicklungsstadium des Großen Werkes fehlerfrei verläuft. So wie sie in diesem Augenblick erfolgreich ist, so wird sie es immer sein. Was uns als Misserfolg erscheint, ist das Ergebnis unserer falschen Interpretationen und unseres Teilwissens.

Vor allem aber ist der kosmische Schöpfungsvorgang ewig. Er hat weder Anfang noch Ende. Doch hat er gewisse festgelegte Zyklen, die zur Verwirklichung eines bestimmten Ziels führen. Wir stehen mitten in einem solchen Zyklus, und nur wenige wissen, auf welches Ziel sich die gegenwärtige Entwicklungsstufe des Großen Werkes hin bewegt. Wir stehen inmitten eines Vorgangs, der voranschreitet. Das endgültige Ergebnis ist aber noch nicht erreicht.

Die gegenwärtige Entwicklungsphase schreitet in einer vollkommen geordneten Folge von der Vergangenheit in die Zukunft, die jetzt vorbereitet wird. Der Große Erbauer des Universums ist die Allmacht selbst. Der Gedanke jedoch, dass diese Allmacht möglicherweise an irgendeinem Punkt oder auch nur im kleinsten Detail versagen könnte, steht im Widerspruch zur wahren Bedeutung des Wortes Allmacht. Wegen fehlender Kenntnis des zugrunde liegenden Planes und weil die Vorgänge, durch die dieser Plan vollendet wird, missverstanden werden, interpretiert sie der unentwickelte, menschliche Geist irrtümlich als ein »Versagen«, das jedoch bei höherer Einsicht als Erfolg erkannt wird.

DIE LEHREN DES GRADES

Mit diesen Gedanken wollen wir jetzt die Lehren dieses Grades des Philosophus betrachten:

I. DER TOD

Schlüssel 13 (נ)

Die Auflösung der Form ist ein grundlegender Vorgang des kosmischen Prozesses. Alles verändert sich. Alle Bedingungen schwinden dahin. Keine Form hat jemals Bestand. Das Dasein ist ein Strom, eine Reihenfolge von Wellen, eine immerwährende Bewegung.

Wer die Rosenkreuzer-Philosophie verstehen will, muss sich von dem irrationalen Wunsch nach beständigen, konkreten Formen lösen. Wir stehen mitten im Zentrum eines fließenden Universums. Um das Große Werk, zu dem wir berufen sind, zu vollenden, müssen wir die Wahrheit der alchemistischen Maxime erfassen: »Auflösung ist das Geheimnis des Großen Werkes.«

Die Tatsache des physischen Todes ist ein wiederkehrendes Phänomen in unserer Erfahrung, doch die meisten Menschen verstehen ihn völlig falsch. Das Abnehmen der physischen Kräfte mit fortschreitenden Jahren und der Tod des Körpers, der oftmals zu einer Zeit eintritt, in der man noch viel vom

Leben erwartet, erscheint vielen als ein ausgesprochenes Übel. Der Wunsch zu leben ist sehr stark in uns. Der Instinkt der Selbsterhaltung ist elementar. Es ist daher kein Wunder, dass der Tod normalerweise als Feind des Menschen angesehen wird, der die Versprechungen des Lebens Lügen zu strafen scheint. So erstaunt es nicht, dass viele, die an den Tod denken, bereit sind, dem Verfasser von *Der Prediger Salomo* zuzustimmen: »Alles ist vergeblich und dem Geist ein Ärgernis.«

Die meisten Menschen auf der Welt tun ihr Möglichstes, um den Tod zu ignorieren. Sie streichen den Gedanken an den Tod aus ihrem Gedächtnis. Sie weigern sich, an ihn zu denken. Wenn sie darüber sprechen müssen, weichen sie aus und benutzen ein abmilderndes Wort. Trotzdem liegt der Schatten der nahenden Auflösung über ihnen, der ihr unterbewusstes Leben auf vielfältige Weise beeinflusst.

Andere wiederum sehen dieser Tatsache mutig ins Auge. Sie nehmen das allen gemeinsame Schicksal hin und üben sich in dem Gedanken, dass sie früher oder später an der Reihe sind, das geheimnisvolle Tor zu durchschreiten. Heutzutage vertrauen nur wenige der sogenannten »Gebildeten« auf ein Leben jenseits der physischen Existenz. In unseren Tagen gibt die Erziehung eher eine negative Antwort auf die Frage: »Lebt ein Mensch nach dem Tode weiter?« Man kann sich nur über den seltsamen Mut wundern, mit dem moderne Menschen ihrem Auslöschen entgegenblicken. Es ist jedoch ein großartiges Zeugnis für die Größe des menschlichen Geistes, aus keinem anderen Grund zu leben und zu arbeiten, als die Lebensbedingungen für die kommenden Generationen erträglicher zu machen.

Eine solche Geisteshaltung verdient mehr als Hoffnungslosigkeit. Doch paradoxerweise bietet die Rosenkreuzer-Philosophie keine Hoffnung an. Der Hindu *Vairagyastaka* sagt: »In der Hoffnung liegt das größte Elend, in der Hoffnungslosigkeit die höchste Glückseligkeit.« Hoffnung beinhaltet ein Element der Ungewißheit, eine Spur von Zweifel. Millionen Menschen *hoffen* auf ein Weiterleben. Im Religionsunterricht hören sie die kühne Behauptung, dass es nach dem Tode ein Weiterleben gibt. Es wird ihnen gesagt, dass das Leben nach dem Tode unvergleichlich viel besser sei als dieses Leben. Aber trotz dieser Hoffnung tun sie alles, um hier zu bleiben, und die Lehre, dass der Tod eine Tür zur ewigen Glückseligkeit sei, lässt die Anwesenden am Sterbebett keine Loblieder singen, noch verwandelt sie Beerdigungen in Freudenfeste.

Nein, die Rosenkreuzer-Philosophie bietet wirklich keine Hoffnung an. Sie erzeugt einen Gemütszustand, den der Hindu-Schriftsteller subtil mit »Hoffnungslosigkeit« beschreibt. Es gibt deswegen keine Hoffnung, weil an die Stelle der Hoffnung Gewissheit getreten ist. Die Lehren der Rosenkreuzer behaupten ausdrücklich, dass dem Menschen ein eindeutiges Wissen aus erster Hand darüber möglich ist, dass sein bewusstes Dasein nicht auf das Leben im physischen Körper beschränkt ist. Sie bieten uns keine Hoffnung an, aber sie zeigen uns, was wir *lernen* können.

Zunächst sollten wir uns klar machen, dass die natürlichen Vorgänge, deren Endergebnis der Tod ist, keine Feinde des Menschen sind. Es heißt: »Lerne, die physische Auflösung als einen Prozess zu sehen, welcher der Menschheit und dem Individuum Vorteile bringt. Du irrst, wenn du den Tod für deinen Feind hältst. Erkenne, was Tod wirklich bedeutet, und du wirst ihn als einen Freund erkennen.«

Diese Abkehr von der gewohnten Denkweise ist so radikal, dass viele diesen Gedanken sofort verwerfen. Ihrer Meinung nach ist diese Lehre zu absurd, um auch nur einen Augenblick lang bedacht zu werden. Mit solch einem festgefahrenen Vorurteil kann nichts erreicht werden. Doch für Menschen mit offenen Sinnen fährt die Rosenkreuzer-Philosophie folgendermaßen fort:

»Wir sagen, dass der physische Tod den Menschen nutzt. Tod ist das, was dem menschlichen Leben auf Erden Platz schafft.« Unbehindert durch den Tod würden die Nachkommen eines einzigen Kabeljaupaares die Meere ersticken. An einer amerikanischen Universität wurde eine niedere Lebensart, das Pantoffeltierchen, kultiviert. Es vermehrt sich so schnell, dass, wenn der Tod nicht die Fortpflanzungskräfte dieser winzigen Kreaturen ausbalancieren würde, sie in weniger als 25 Jahren den Raum zwischen der Erde und der Sphäre des Planeten Neptun ausfüllen würden. Der Tod zahlloser Organismen muss also stattfinden, um auch nur ein einziges Menschenleben zu ermöglichen. Auch unsere eigenen organischen Prozesse sind Todesprozesse, denn wir können nichts tun, ohne dass unsere Körperzellen zerstört werden. In einem östlichen Buch steht der weise Satz: »Der Tod ist das Gesetz des Seins. Der Weise beschreibt es als Leben.«

Der Tod ist für die Menschheit also von Vorteil. Die Erde kann eine zu hohe Bevölkerung nicht tragen. Die Gesundheit eines Volkes hängt vom Ausscheiden ihrer schwächsten Glieder ab. Menschen, die zu starr geworden sind, um ihre Ideen und Gewohnheiten zu ändern, verhindern den Fortschritt der Menschheit.

Die Rosenkreuzer-Philosophie geht sogar noch weiter. Sie besagt, dass die gleichen Kräfte, die den physischen Tod verursachen, zu zwei wichtigen Ergebnissen führen, wenn sie verstanden und richtig gelenkt werden:

1. Sie bewirken eine Veränderung des Körpers, die den experimentierenden Menschen befähigt zu erkennen, dass sein physischer Körper nur einer unter den verschiedenen Vehikeln seiner selbstbewussten Existenz ist. Diese Veränderung besteht darin, dass sich bestimmte Gehirnzellen entwickeln, die beim Durchschnittsmenschen noch nicht arbeiten. Die Aufgabe dieser Zellen ist es, dem Menschen eine Gedächtnisaufzeichnung seiner persönlichen Erfahrungen zu ermöglichen, während er sich »außerhalb des Körpers« aufhält. Aus diesen Erfahrungen gewinnt er aus erster Hand das Wissen, dass die Kontinuität seines Selbstbewusstseins nicht vom physischen Leben abhängt. So lernt der Mensch, dass er nicht stirbt, was auch immer mit seinem physischen Körper geschehen mag.

2. Eine sich schrittweise vergrößernde Herrschaft über bestimmte subtile Kräfte auf der physischen Ebene befähigt den Adepten, einen ausgewogenen Zustand zwischen den Kräften, die den Körper zerstören, und denen, die ihn wieder aufbauen, herzustellen. Hierdurch kann die physische Existenz weit über die durchschnittliche Lebensdauer verlängert werden. Den Okkultisten ist sehr wohl bekannt, dass heute, sowohl im Osten als auch im Westen, Menschen leben, die bereits hier waren, als die Rosenkreuzer-Manifeste zum ersten Mal veröffentlicht wurden. Die exoterische Wissenschaft weiß nichts von ihnen und verspottet die Behauptung, dass es Methoden zur Verlängerung der Lebenszeit in einem physischen Körper gibt. Die Welt bezweifelt sowohl den Geisteszustand als auch die Aufrichtigkeit eines Menschen, der ernsthaft über die Möglichkeit einer solchen Lebensverlängerung spricht, doch wie auch in anderen Fällen irrt sich die Welt, und die Okkultisten haben recht.

Als eine der ersten Früchte der Rosenkreuzerpraxis gelangt der Aspirant zur Erkenntnis, dass er nicht stirbt und auch *nicht sterben kann*. Die Fähigkeit, sich daran zu erinnern, was der Persönlichkeit widerfährt, während sie sich »außerhalb des Körpers« aufhält, ist keineswegs ein Zeichen für Meisterschaft oder Adeptenschaft. In einem richtig geleiteten Übungskurs kann man schon sehr früh die Gehirnzellen aufbauen, die diese Erfahrungen registrieren können. Für solche Menschen existiert der Todesstachel nicht mehr, denn sie wissen, dass der Tod nichts anderes ist, als das Ablegen der äußersten Hülle der Persönlichkeit. Durch ihre Erfahrungen »außerhalb des Körpers« können sie sich selbst die Frage beantworten: »Was geschieht, wenn ich sterbe?« Deshalb ist für sie sowohl die Angst vor dem Sterben als auch der Gedanke, der Tod sei ein Feind, beendet.

2. DER STERN

Schlüssel 17 (צ)

Der kosmische Prozess ist eine Meditation. Die Lebenskraft ist bewusste Energie, die durch eine Reihe von Formen fließt, die an einen bestimmten Zweck gebunden sind. Jeder Zyklus des Selbstausdrucks der Lebenskraft hat ein ganz bestimmtes Ziel. Vom Anbeginn eines Zyklus bis zu seiner Vollendung gibt es keinen Augenblick, an dem dieses Ziel je vergessen oder auf irgendeine Weise verborgen ist.

Das Eine Leben hält einen »ununterbrochenen Wissensfluss über einen bestimmten Gegenstand« aufrecht, den wir Universum nennen. Seit Beginn dieses Zyklus bis zu seiner Vollendung gibt es keinen einzigen Augenblick des Vergessens. Deshalb heißt es in den verschiedenen Schriften, dass Gott niemals schläft.

Gerade weil Meditation das tragende oder aufrechterhaltende Element allen Seins ist, führt die Meditationspraxis im Leben eines Aspiranten zu solch wunderbaren Ergebnissen. Wer wirklich meditiert – und nur wenige meditieren wirklich – nimmt aktiv am Geschehen des Kosmos teil. Durch richtige Meditation erkennt der Meditierende außerdem, dass das Große Werk immer erfolgreich ist, sowohl im kleinsten Detail als auch in seinen größten Operationen. Daher erkennt er folgerichtig, dass die jeweilige Situation im jeweiligen Augenblick genau die richtige und notwendige ist, gleichgültig, was geschieht.

3. DER WAGEN

Schlüssel 7 (ח)

Die Lebenskraft ist in jedem Augenblick des kosmischen Prozesses vollkommen erfolgreich. Jeder Hauch von Misserfolg ist eine Täuschung. Die Eine Identität ist der Sieger, noch ehe die Schlacht begonnen hat.

Das wahre ICH BIN ist in vollkommener Ruhe und genießt die Glückseligkeit eines vollkommenen Friedens, wie auf Schlüssel 7 abgebildet ist. Die gleiche Lehre kommt in der *Bhagavadgita* der Hindus und in vielen anderen Schriften klar zum Ausdruck.

Das dritte Element der Rosenkreuzer-Philosophie ist die logische Folge der ersten beiden Wahrheiten, die denen übermittelt werden, die diesen Grad erreicht haben. Für den Philosophus gibt es keine Schlacht zu gewinnen und keinen Sieg zu erringen. Er weiß, dass das Selbst bereits der Sieger ist. Er weiß, dass alles, was ihm wie ein Versagen erscheint, eine Täuschung ist. Er fängt an zu verstehen, dass das Große Werk zu diesem kosmischen Erfolg nichts beiträgt, sondern vielmehr diesen Erfolg sichtbar manifestiert.

4. DIE MÄßIGKEIT

Schlüssel 14 (ס)

Jeder Mensch steht unter der unmittelbaren Führung der Einen Identität. Jede persönliche Handlung ist ein besonderer Ausdruck der überschattenden Gegenwart der Einen Identität. Dieses Wissen ist das Geheimnis der vollkommenen Freiheit des wahren Weisen.

Diese Führung wird zum Bestandteil der täglichen persönlichen Erfahrung. Auf keinen Fall darf sie nur als ein Glaubensartikel angesehen werden. Der Aspirant für den Grad des Philosophus muss immer wieder ganz bewusst eine empfangende Haltung üben und sich für diese Führung öffnen. Er muss sich auch darin üben, die menschliche Persönlichkeit als Vehikel und Instrument der Einen Identität zu betrachten. Diese Unterordnung kann schließlich zur voll bewussten Erkenntnis der Wahrheit dieser vierten Lehre führen.

5. DIE WELT

Schlüssel 21 (ת)

Jede Form ist eine Begrenzung der unendlichen Energie der Lebenskraft. Die ursprüngliche Ursache dieser Begrenzung ist die bilderzeugende Kraft des universellen Geistes. Jede menschliche Imagination ist in Wirklichkeit ein besonderer Ausdruck dieser Kraft durch ein persönliches Zentrum. Deshalb ist sie in ihrer Art – aber nicht in ihrem Ausmaß – die gleiche, wie die Imagination, die das Universum formt.

Wenn die ganze Tragweite dieser Lehre verstanden wird, erkennen wir, dass wir die Verwalter der Gesetze der Lebenskraft sind und uns der formgebenden Kräfte des Universums bedienen. Dies meint Eliphas Levi, wenn er sagt, dass ein Mensch, der gelernt hat, die Ströme des Astrallichtes, die auch »die Imagination der Natur« genannt werden, zu beherrschen und zu lenken, zum Verwalter der Kraft Gottes wird. Durch den Menschen können die Kräfte und Gesetze in einer Weise angewendet werden, die ohne ihn als Instrument nicht möglich wäre. Der Tanz des Lebens ist ohne unsere Teilnahme unvollständig. Der achte Psalm bringt zum Ausdruck, dass wir erschaffen wurden, um Herrschaft auszuüben. In der Kabbalah ist diese Idee der Herrschaft vor allem mit dem Buchstaben Tav verbunden, wie es Tarotschlüssel 21 illustriert.

6. DIE SONNE

Schlüssel 19 (ר)

Die menschliche Persönlichkeit ist eine Synthese aller kosmischen Prozesse. Folglich ist der Mensch eine Zusammenfassung all dessen, was ihm vorausgegangen ist. Er ist der Ausgangspunkt für die Manifestation einer Neuen Kreatur. Der natürliche Mensch ist der Keim für den geistigen Menschen.

Daran dachte Thomas Troward, als er vom fünften Königreich schrieb. Das erste Königreich ist das der Minerale; das zweite Königreich ist das der Pflanzen; das dritte Königreich ist das der Tiere; das vierte Königreich ist das des natürlichen Menschen; das fünfte Königreich ist das des geistigen Menschen. Diese fünf Königreiche werden durch die fünf Abschnitte der aufsteigenden Hypotenuse des pythagoräischen Dreiecks symbolisiert.

Wenn der natürliche Mensch unter dem Einfluss jener, die ihm auf dem Weg der Rückkehr vorangegangen sind, beginnt, die Prozesse zu verstehen, die das Leben aus dem dritten in das vierte Königreich getragen haben, wird er fähig, diese Prozesse bewusst und zweckbestimmt anzuwenden, um in seiner Entwicklung weiterzugehen. Dies spielt sich schon seit Jahrtausenden in der Menschheit ab, lange bevor es historische Aufzeichnungen gab. Wer erfolgreich in das fünfte Königreich eingetreten ist, wird zum »Erneuerten« oder »zweimal Geborenen«. Für den natürlichen Menschen ist diese Erneuerung der nächste Schritt zum großen Ziel. Dieses Ziel ist die Vereinigung des Sohnes mit dem Vater bzw. die Verbindung des Endpunktes der Hypotenuse des pythagoräischen Dreiecks mit dem Anfangspunkt der Linie des Osiris, des Vaters. Dies ist der Stein oder **אבן**, *`'even*, mit dem Zahlenwert 53, der Gradzahl des Winkels im pythagoräischen Dreieck, dort, wo sich die Hypotenuse mit der vertikalen Linie verbindet.

Aus diesen Feststellungen darf man nicht schließen, dass der Philosophus bereits ein Stadium erreicht hat, in dem er seine persönlichen Bemühungen aufgeben kann, denn noch ist er nicht frei von der Täuschung, er habe eine eigenständige Existenz.

Es gibt noch sehr viel für ihn zu tun. Auch sieht er noch Zeichen scheinbaren Versagens. Er fühlt noch den Drang des Wünschens. Was im Grad des Philosophus erreicht wurde, ist lediglich eine intellektuelle Erkenntnis, die etwas oberhalb des Durchschnitts liegt. Dadurch verfügt der Philosophus über eine klarere Sicht. Er besitzt ein eindeutigeres Verständnis vom Sinn der menschlichen Existenz. Man kann ihn mit einem Menschen vergleichen, der gelernt hat, die Pläne eines Architekten zu lesen. Das Haus aber muss noch erbaut werden.

Der Grad des Philosophus ist mit der Wunschnatur des Menschen verbunden, die die kabbalistische Psychologie dem siebenten Kreis auf dem Lebensbaum zuordnet. Das bedeutet, dass jede Philosophie einem Wunsch entspricht. Wir interpretieren das Leben so, wie wir es wünschen. Unsere Philosophie ist so, wie wir sie haben möchten, und das betrifft nicht nur die Rosenkreuzer-Philosophie. Sie formuliert den Herzenswunsch eines jeden Mitglieds des Wahren und Unsichtbaren Ordens.

Folglich haben die Rosenkreuzer die philosophische Wahrheit erkannt, dass sich der Mensch das Leben immer in Übereinstimmung mit dem erklärt, was er für wahr halten möchte. Daher sagen sie: »Wenn die Wünsche des Menschen in Harmonie mit den Absichten des kosmischen Prozesses stehen, wird das, *was er sich wünscht, auch wahr werden.*« Dies ist ein Geheimnis des Symbols des Rosenkreuzes.

Das Kreuz hat den Grundriß eines Würfels, wie schon erklärt wurde. Deshalb stellt es die Struktur des Kosmos dar, denn seit unendlichen Zeiten ist der Würfel ein Symbol für das, was physisch existiert.

Als Blume der Venus steht die fünfblättrige Rose in der Mitte des Kreuzes für unsere Wünsche. Wenn menschliche Wünsche, wie die Rose, aus dem Zentrum des Seins erwachsen, dann sind diese Wünsche vollständig mit den wahren Gesetzen und Absichten des Kosmos verbunden. Mit einfachen Worten gesagt heißt das: Ein wahrer Rosenkreuzer wünscht das, was die Lebenskraft wünscht. Er hat keine anderen Wünsche als die, welche der kosmischen Ordnung entsprechen. Eine Philosophie, die diese Wünsche zur Grundlage hat, muss daher jede Erfahrung richtig deuten.

Die Grundlage der Philosophie der Rosenkreuzer ist die Lehre, dass alle Dinge im Fluss sind. Nichts in diesem Universum kann verstanden werden, wenn nicht erkannt wird, dass sich alles im fließenden Prozess der Umwandlung befindet. Dies ist von fundamentaler Bedeutung, wenn man lernt, Wünsche zu formulieren.

Wenn unser Herz nur an Greifbarem hängt, säen wir die Saat des Elends. Diesen Fehler machten die Erbauer des Turmes zu Babel, und er wurde seitdem oft wiederholt. Die Beständigkeit der Form ist eine Unmöglichkeit in diesem Universum. Es gibt nichts Vergeblicheres als die Sehnsucht nach Beständigkeit. Hier liegt ebenfalls ein Schlüssel zum Verständnis der Rosenkreuzer-These, kein Mitglied zu zwingen, eine bestimmte Kleidung zu tragen.

Die Identifizierung mit dem Fluss der Lebenskraft von einer Form in eine andere ist für uns aber erreichbar. Wir dürfen an der großen Meditation, die das Universum erschafft und in Ewigkeit erhält, teilhaben. Wir dürfen auch zu bewussten Trägern des Einen Willens werden, der sich unwiderstehlich auf sein Ziel zu bewegt. Unser Leben steht nicht nur unter einer Führung, sondern wir können uns dieser Führung auch bewusst werden. Dann wird unser tägliches Tun zur Erfahrung freudiger Teilhabe an der Verwaltung kosmischer Gesetze. Die Bedeutung des Lebens liegt für einen Rosenkreuzer darin, dass der Mensch eine Synthese aller Kräfte des grenzenlosen Lichtes ist. Er ist dazu bestimmt, mit seinem Bewusstsein und seinem Organismus von der Ebene des natürlichen Menschen zu der des geistigen Menschen voranzuschreiten, der, obwohl er sagt: »Aus mir heraus kann ich nichts tun«, auch sagen kann: »Alle Kraft ist mir gegeben. Alles was mein Vater hat, gehört auch mir.«

Zwei Pfade führen von diesem Grad zu den höheren Graden, aber nur einer steht dem Philosophus offen, nämlich der des Buchstabens Nun. Doch kann er diesen nicht eher betreten, als er nicht die Pfade von Ajin und Samech, die unmittelbar vorausgehen, durchschritten hat. Ersterer führt vom Grad des Practicus, der zweite vom Pfad des Theoricus nach oben.

Der Grad des Philosophus beendet die Grade des ersten oder äußeren Ordens der Rosenkreuzer-Bruderschaft. Es folgen ihm die drei Grade des zweiten oder inneren Ordens. Dies sind die drei Grade der Adeptenschaft: (1) der Grad des Adeptus Minor oder des Kleineren Adepten, 5=6; (2) der Grad des Adeptus Major oder des Größeren Adepten, 6=5; (3) der Grad des Adeptus Exemptus oder des Befreiten Adepten, 7=4.

Ehe der Aspirant die Kapitel, die diesen Graden gewidmet sind, liest, tut er gut daran, sorgfältig das zu wiederholen, was bis hierher gesagt wurde. Er sollte sich auch mit der Beschreibung des Gewölbes vertraut machen, von dem die *Fama* berichtet, und die Kapitel, die das Gewölbe erklären, wiederholen *(siehe Band I)*.

Diese Empfehlung sollte nicht vernachlässigt werden! Wer dieses Buch überfliegt, hat nur wenig davon. Wer es aber sorgfältig liest, wird allmählich wahre Initiation und Fortschritt erfahren. Was hier geschrieben steht, entstammt den gleichen Quellen, aus denen auch die *Fama* und die *Confessio* hervorgegangen sind. In Übereinstimmung mit dem Versprechen, das vor 300 Jahren gegeben wurde, ertönt jetzt die Trompete des Unsichtbaren Ordens uneingeschränkt. Eine vollständige Erklärung der praktischen Mysterien kann noch nicht gedruckt werden, doch was hier veröffentlicht wird, wurde einst streng gehütet und nur den vereidigten Initiierten der Bruderschaften, die dem rosenkreuzerischen Weg folgten, zugänglich gemacht. Ihre führenden Geister waren Menschen, die einen wirklichen Kontakt mit dem Unsichtbaren Orden hergestellt hatten.

Solche Bruderschaften arbeiten noch heute in der Welt. Keine von ihnen – dies wird noch einmal betont – erhebt den Anspruch, eine historische Verbindung zu den »ursprünglichen« Rosenkreuzern zu haben. Wenn solch ein Anspruch in irgendeinem Dokument einer Bruderschaft, die sich selbst Rosenkreuzer nennt, auftaucht, ist dies schon Beweis genug, dass die Leiter dieser Organisation entweder irregeführt sind oder sich des Wortes »Rosenkreuzer« frei bedienen, um daraus Vorteil zu schlagen.

→ KAPITEL 16 ←

ADEPTUS MINOR

5 = 6

Der Grad des Adeptus Minor entspricht der sechsten Sephirah des Lebensbaumes, *Tiphereth,* תפארת, *tif 'eret,* (Schönheit). Im *Meistermodell* (siehe Seite 6) entspricht ihr folgender Satz: »In allen Dingen, ob groß oder klein, sehe ich die Schönheit des göttlichen Ausdrucks.« In der kabbalistischen Psychologie ist die Imagination ein Attribut von Tiphereth. Daher hat die Arbeit des Adeptus Minor mit kontrollierter, geistiger Vorstellungskraft zu tun.

Die sechste Sephirah wird auch die »Intelligenz des Vermittelnden Einflusses« genannt. Sie ist ebenfalls als *Ben,* בן, der Sohn, als *Melech,* מלך, (der König), als *Adam,* אדם, (der Mensch als Gattungsbegriff) bekannt, sowie als *Isch,* איש, (der Mensch als Persönlichkeit). Die größten Geheimnisse dieser Sephirah haben jedoch mit dem hebräischen Ausdruck *Zaïr Anpin,* אנפין זעיר, (das Kleinere Antlitz oder Mikroprosopos), zu tun.

In der Kabbalah wird gesagt, dass *Ben,* der Sohn, der Gemahl der Braut, *Kallah,* כלה ist. Die Braut ist das Königreich oder die zehnte Sephirah. Ben, der Sohn, wird auch das Kind von *Aima,* אימא, (die Mutter), genannt. Die Mutter wird auf dem Lebensbaum durch die dritte Sephirah, Verstehen, dargestellt. Der Vater (Ab, אב) des Sohnes entspricht der zweiten Sephirah des Lebensbaumes, Weisheit. In der kabbalistischen, okkulten Nummerierung ist deshalb 6 der Sohn von 2 und 3 und der Gemahl oder Bräutigam von 10.

Tiphereth ist der Sitz des Vermittelnden Einflusses des inkarnierten Christus. Deshalb sagen uns die Kabbalisten, dass das Kleinere Antlitz, oder das Mikroprosopos, die Spiegelung des Größeren Antlitzes, oder des Makroprosopos, ist. Das Größere Antlitz ist Kether, die Krone, oder die Zahl 1, in der das kosmische Selbst, *Jechidah,* יחידה, (das Unteilbare), seinen Sitz hat. *Jechidah* ist das universelle ICH BIN, dagegen ist das Kleinere Antlitz das Selbst im Herzen des Menschen, wie es die *Bhagavadgita* ausdrückt. *Tiphereth* wird also dem Herzen zugeordnet.

Was das bedeutet, müsste dem nachdenklichen Leser klar sein. Die Sephirah *Tiphereth* ist der Mittelpunkt des Lebensbaumes, auf halbem Wege zwischen *Kether* und *Malchuth.* Durch diese Position wird Vermittlung, Anpassung, Ausgewogenheit und ähnliches mehr angedeutet. Dort ist das Zentrum des Gleichgewichts der kosmischen Ordnung, die der Lebensbaum symbolisiert.

Die Sephirah wird »König« genannt, weil sie eine königliche Autorität ausübt. Sie trägt die Namen der Gattung Mensch, *Adam,* sowie der Persönlichkeit, Mensch, *Isch,* weil in Wirklichkeit beide ein und dasselbe sind. Weil Jesus sich völlig mit dieser Einen Wirklichkeit identifizierte, konnte er sagen: »Ich und der Vater sind Eins«, und nannte sich aus dem gleichen Grund

»Jesus, der Menschensohn«. Es ist seltsam genug, dass das Neue Testament diese Bezeichnung, Menschensohn, genau 37 mal benutzt. 37 ist die Zahl von *Jechidah*, יחידה, dem hebräischen Namen für das kosmische ICH BIN, das sich in *Adam* und *Isch*, den beiden Aspekten des königlichen Sohnes, spiegelt.

Bei den Zeremonien der Rosenkreuzer in Zusammenhang mit dem Grad des Adeptus Minor wird die Allegorie des Bruders C.R. erklärt und durchgespielt. Der fortgeschrittene Aspirant betritt rituell das Gewölbe, so wie es in der *Fama* beschrieben wird, und wird mit Bruder C.R. gleichgesetzt. Wie der ägyptische Osiris wird er »erschlagen« und »ersteht« mit ihm »wieder auf«. Dieser Grad hat eine Beziehung zum Dritten Grad in der Zunft der Freimaurer, der mit dem Tod und der Auferstehung des Hiram Abiff zu tun hat.

Die Bedeutung dieses Grades wird besser verständlich, wenn man sich bewusst wird, dass wahre Schönheit immer mit Eignung und Kraft zu tun hat. Was auch immer wirklich einem Zweck dienen mag, ist in den Augen derer, die diese Eignung wahrnehmen können, Schönheit. Schönheit muss nicht immer hübsch bedeuten. Oft wird von einem ungeübten Auge verworfen, was der Weise zutiefst bewundert.

In Mittelamerika wurde vor einigen Jahren ein Aquädukt erbaut, um Wasser viele Meilen durch den Urwald zu befördern. Der Ingenieur zeigte einem Künstler das Bauwerk, und sein geschultes Auge war von der Symmetrie in dieser Bogenkonstruktion entzückt.

»Wie schade«, rief er aus, »diese Vollkommenheit an einem Platz zu verschwenden, an dem sie niemand sehen kann. Wie gelang es Dir, so wunderbare Bögen zu entwerfen?«

»Sind sie wirklich so schön?«, fragte der Ingenieur. »Wir haben gar nicht darüber nachgedacht. Wir benutzten Bögen, die unsere Berechnungen als die stärksten und belastbarsten auswiesen.«

Wenn man eine Segeljacht mit einem Bunker, eine moderne Lokomotive mit einer alten aus dem Jahr 1860, ein modernes Gebäude mit einem der ersten Wolkenkratzer vergleicht, oder den Körper eines Athleten mit dem eines gewöhnlichen Mannes, erkennt man, dass Schönheit eine Folge zunehmender Wirkung ist. »Je richtiger der Maßstab ist«, sagte Albrecht Dürer, »desto besser ist die Komposition.« Und Eliphas Levi sagt dazu: »Die zielgerichteten Leben sind die schönen Leben, und die Großartigkeit der Natur besteht aus einer Algebra aus Anmut und Pracht.«

Hier gibt es keinen sentimentalen Ästhetizismus, wie ihn Gilbert und Sullivan geistreich verspotteten. Die Schönheit, die der Adeptus Minor erschaut, wurzelt in Kraft und Ausgewogenheit.

DER SECHSUNDZWANZIGSTE PFAD

Der 26. Pfad wird die Erneuernde Intelligenz genannt, weil durch ihn der Heilige Gott all das erneuert, was in der Schöpfung der Welt neu begann.
Sepher Jetzirah

Es handelt sich um den ersten der drei Pfade, die zum Adeptus Minor führen. Er beginnt im Grad des Practicus. Ihm wird Tarotschlüssel 15, Der Teufel, zugeordnet.

Das Adjektiv »erneuernd« heißt מחודש, *mechudasch,* und entstammt einer hebräischen Wurzel mit der Bedeutung *frisch, neu, jung sein, erneuern, aufs Neue errichten.* Die Zahl dieses Adjektivs ist 358. Die gleiche Zahl gehört zu גשנה, *g'schena* (Scham). Es ist auch die Zahl von *Jaba Schiloh,* יבא שילה (Friede wird kommen); *Messias* משיח, *ma`schiax; Nachasch,* נחש (die Schlange der Versuchung und – mit anderen Vokalzeichen – Kupfer), sowie von חשן, *`xoschen* (die Brustplatte des Hohepriesters).

Scham hat mehr mit der Erneuerung des Bewusstseins zu tun, als es auf den ersten Blick scheint. Mit diesem Verständnis haben die evangelischen Kirchen so viel Wert auf die »Verurteilung der Sünden« gelegt, denn demjenigen, der durch und durch von sich selbst und seinen Lebensumständen angewidert ist, fällt es leichter, den erforderlichen Neubeginn zu vollziehen.

Auch die anderen Wörter dieser Reihe sind von Bedeutung. Jaba Schiloh wird traditionsgemäß mit der hebräischen Messias-Erwartung in Verbindung gebracht. In diesem Zusammenhang ist es interessant zu wissen, dass die »Schlange«, die Eva in die Mysterien von gut und böse einweihte, als Wort den gleichen Zahlenwert hat wie der von *Messias,* משיח, und dass der Name dieser Schlange mit den gleichen Buchstaben geschrieben wird, die manchmal für das hebräische Wort »Kupfer«, das Metall der Venus, verwendet werden.

Schließlich fügt das Wort חשן, *`xoschen,* die Brustplatte des Hohepriesters, noch ein mathematisches Element hinzu. Die Brustplatte war ein vollkommenes Quadrat und so in zwölf Felder unterteilt, dass jede Unterteilung ein Rechteck von dreimal vier Einheiten bildete. In dieser Anordnung ist eine geometrische Formel verborgen, die mit der Zahlenreihe 0, 1, 2, 3, 5, 8, 13, 21, 34, 55 zu tun hat. Die Zahl 358 setzt sich aus der vierten, fünften und sechsten Zahl dieser Reihe zusammen. Wie dies mit der Brustplatte zusammenhängt, ist zu kompliziert, um hier erklärt zu werden.

Wichtiger ist jedoch, dass die Reihe der Wörter, die zur Zahl 358 gehören, Nachasch, »die Schlange« mit einschließt, die im Mittelalter das Monstrum personifizierte, das auf Schlüssel 15 dargestellt ist. Die gleiche Zahl repräsentiert aber auch den Messias. Man kann diese Bedeutung nicht übergehen, die um so eindrucksvoller wird, wenn man sich daran erinnert, dass die bronzene Schlange des Moses, die an einem T-Kreuz emporstieg, von den ersten Christen als eine Vorahnung der Kreuzigung Jesu verstanden wurde.

Diesem Pfad wird der Buchstabe *Ajin* zugeordnet, und der Name dieses Buchstabens bedeutet sowohl »das Auge als Organ des Sehens« als auch der sichtbare Teil eines Gegenstandes, die Oberfläche, die Erscheinung. So steht das Wort Ajin für das Phänomen im Gegensatz zum Noumenon. Die Wahrnehmung durch Sinneseindrücke steht im Gegensatz zu rationaler Überprüfbarkeit. Das Auge ist deshalb das natürliche Symbol aller äußeren Wahrnehmungen, welche die Wirklichkeit verbergen. Es ist das Zeichen der endlichen Erfahrung des Menschen, wie die Dinge zu sein scheinen, im Gegensatz zur Wirklichkeit des verborgenen Wesens, das durch ihre Form verschleiert ist.

Mit Hilfe der Augen nehmen wir das Blendwerk der Welt der Erscheinungen wahr, das Shakespeare »dieses dürftige Schauspiel« nannte. Das ungeübte Auge ist der große Betrüger. Deshalb wird der Buchstabe *Ajin* dem Tarotschlüssel zugeordnet, dessen Titel auch »der Verleumder« heißt.

Weil es das Ziel eines Verleumders ist, den Ruf eines Menschen durch Lügen zu untergraben und ihn an der Ausführung seiner Pläne zu hindern, erzählt das, was durch Schlüssel 15 personifiziert ist, dem Menschen Unwahrheiten über seine eigene Natur und seinen Platz im Rahmen der Manifestation.

Dennoch behauptet die Zeitlose Weisheit, dass die gleiche Kraft alle Dinge erneuert. Dies führt uns nahe an eine okkulte Lehre heran, der zufolge die Welt so, wie sie uns erscheint, keine Welt der Täuschungen ist. Täuschung entsteht allein durch unsere Neigung, Dinge nach ihrem äußeren Wert zu beurteilen. Außerdem erregt die Welt der Erscheinungen unsere Aufmerksamkeit, denn wie falsch wir sie auch verstehen mögen, unser Interesse wird durch sie angefacht. Wir sind über sie erstaunt. Was wir sehen, macht uns neugierig. Wohin wir auch blicken, immer gibt es etwas, das uns herausfordert, etwas, das uns verwirrt; es gibt Rätsel zu entziffern und Probleme zu lösen.

Die unerklärlichen Wunder dieser Welt versetzen das ungeübte Auge und den undisziplinierten Geist in Angst. Es steht geschrieben, dass die Furcht vor der Einen Wirklichkeit der Anfang der Weisheit ist. In jeder Generation gibt es nur wenige Menschen, die durch diese Wunder dazu angespornt werden, zu erforschen, was es ist, das ihren Zeitgenossen Angst einflößt.

Doch das, was der Mensch fürchtet, ist in Wirklichkeit das, was ihn belehrt und ihn letztlich zu seiner Befreiung führt. Denn es steht geschrieben:

»Der Teufel ist Gott, wie ER von den Gottlosen missverstanden wird.« Hier sei angemerkt, dass die Zahl des Pfades, den wir studieren, 26 ist, die Zahl des heiligen Namens *Jehova*, יהוה, und dass die Zahl des dazugehörigen Tarotschlüssels 15 ist, die Zahl des heiligen Namens *Jah*, יה, die Kurzform für *Jehova*, die von den Kabbalisten dazu benutzt wird, um Weisheit zu bezeichnen.

Die zentrale Gestalt von Schlüssel 15 symbolisiert die Verbindung falscher Interpretationen der Natur, die den Menschen auf seinem Weg ins Licht glauben lassen, sämtliche Kräfte hätten sich gegen ihn verschworen. Sie stellt das dar, was von okkulten Autoren »der Hüter der Schwelle« genannt wird.

Dem Primitiven erscheint alles Unbekannte feindlich. Er lebt umgeben von Teufeln und Dämonen, die in Bäumen, Steinen, Flüssen und Wolken hausen. Alles erschreckt ihn, alles scheint gegen ihn zu wirken.

Fortschreitend erfährt der Mensch aber, dass die Kräfte der Natur mit ihm zusammenarbeiten, wenn er ihre Gesetze kennt und befolgt. Der Konflikt zwischen seinem inneren Gefühl, geboren zu sein, um zu befehlen, und dem äußeren Anschein, dass alle möglichen Kräfte gegen ihn arbeiten, treibt den Menschen an, Mittel zu entdecken, durch die scheinbare Feinde zu Freunden werden.

Es gibt nur einen Feind: die Unwissenheit, und nur einen Gegenspieler: das falsche Verständnis von den verschiedenen Möglichkeiten, durch die sich die Lebenskraft unseren Sinnen offenbart. Bei oberflächlicher Betrachtung unserer Sinneseindrücke glauben wir, gegen unsere Mitmenschen kämpfen zu müssen. Wenn wir zulassen, von den äußeren Erscheinungen getäuscht zu werden, glauben wir, dass die Interessen des Nachbarn uns entgegenstünden. Wenn wir die Dinge nur äußerlich betrachten, scheinen wir von ihnen und den anderen Menschen physisch und psychisch getrennt zu sein. Unter dem Bann dieser Illusion halten wir an der Vorstellung fest, das Universum habe zwei gegensätzliche Ursachen. Wir glauben an einen Kampf zwischen Geist und Materie, an den uralten Krieg zwischen Gott und Teufel, in dem der Teufel die meisten Schlachten zu gewinnen scheint.

Ein Aspirant für den Grad des Adeptus Minor muss diesen Dualismus überwinden, und er beginnt damit, sobald er die Arbeit des Practicus aufnimmt. Wenn er durch Experimentieren gelernt hat, dass eine vertrauensvolle Erwartungshaltung reale Strukturen gestaltet, die sich tatsächlich als physische Formen und Bedingungen verwirklichen, hat er einen großen Schritt in Richtung Freiheit getan. Er erkennt, dass er seine Verhältnisse in dem Maße meistert, wie er geistige Bilder erschaffen kann. Auf diese Weise versteht er, dass nur die eigene Unwissenheit und das eigene Unvermögen gegen ihn gekämpft haben.

Um dieses Wissen zu erlangen, benötigt er Übung. Vor einigen Jahren besuchte eine junge Frau in Toronto eine öffentliche Vorlesung, in der die fundamentalen Prinzipien der Imagination erklärt wurden. »Versuchen Sie nicht, gleich zu Anfang Großes zu erreichen«, sagte der Vortragende, »denn die kleinen Erfolge bauen Ihr Vertrauen für größere Vorhaben auf. Beginnen Sie mit etwas Einfachem, sagen wir, einem Hut. Stellen Sie sich einen Hut vor, den Sie gern haben möchten. Wenn möglich, zeichnen Sie ihn. Fertigen Sie eine schriftliche Beschreibung an und machen Sie genaue Angaben über Material, Farbe, Gestalt, Größe und Preis – über alle Details. Erwarten Sie, dass Sie ihn bekommen. Stellen Sie sich vor den Spiegel und sehen Sie, wie Sie ihn aufsetzen. Sie werden ihn bestimmt bekommen, wenn Sie diese Reihenfolge einhalten.«

Die junge Frau war sehr beeindruckt und eines abends, gerade ehe der Unterricht begann, ging sie zu ihrem Lehrer und rief: »Ich habe den Hut bekommen!«

»Welchen Hut?«

»Na, den Hut, den Sie mich zeichnen ließen! Ich werde ihn morgen abend aufsetzen, wenn ich zum Unterricht komme.«

Sie hatte den Hut in einem kleinen Geschäft in einer Nebenstraße gefunden. Keines der anderen Hutgeschäfte hatte einen ähnlichen Hut, auch keines der großen Kaufhäuser. Sie fuhr jedoch fort, den Hut zu visualisieren, und eines Tages folgte sie dem Impuls, in eine Straße einzubiegen, die sie auf dem Heimweg überquerte. Bald stand sie vor einem schäbigen, kleinen Hutladen. Ein Hut, wie sie ihn sich wünschte, war nicht im Fenster. Auch als sie eintrat, konnte sie keinen entdecken. Doch als sie danach fragte, öffnete der Verkäufer eine Schublade und holte genau das Duplikat ihres geistigen Bildes heraus.

Der Hutmacher hatte ihn am Vortag fertiggestellt. Als sie mit ihrer Visualisation begann, gab es weder in Toronto noch anderswo einen solchen Hut. Seine Hände schnitten ihn zu und nähten ihn, doch in Wirklichkeit hatte ihn die Frau durch ihre Visualisation gemacht. Das Bild in ihrem Gehirn manifestierte sich durch seine Hände.

Bemerkenswert ist, dass keinerlei Druck ausgeübt worden war: Die junge Frau versuchte nicht, irgendeinen Hutmacher zu beeinflussen, diesen Hut anzufertigen. Sie schuf nur ein geistiges Bild und behielt dieses in vertrauensvoller Erwartungshaltung lebhaft im Sinn, und der Hutmacher fand bei der Herstellung des Hutes Zufriedenheit und Erfüllung.

Dies ist ein gutes Beispiel für den praktischen Gebrauch der mentalen Vorstellung. Solche Übungen führen zu der Erkenntnis, dass die Lebenskraft in uns wirklich einen vermittelnden Einfluss hat. Sie ist eine sich anpassende, verwandelnde Kraft, die auch auf Entfernung physische Veränderungen bewirken kann. Der Geist des Menschen ist schöpferisch, aber man muss vertrauensvoll erwarten, dass sich die Bildvorstellungen, trotz aller gegenteiliger Erscheinungen, verwirklichen.

DER FÜNFUNDZWANZIGSTE PFAD

Der 25. Pfad wird die Intelligenz der Prüfung oder des Versuchs genannt, weil er der erste Test ist, durch den der Schöpfer die Frommen prüft.

Sepher Jetzirah

Dies ist der zweite Pfad, der zum Grad des Adeptus Minor führt. Er beginnt beim Grad des Theoricus, weil auf diesem Pfad die okkulte Theorie der Prüfung unterzogen wird. Im Tarot wird dieser Pfad durch Schlüssel 14, Die Mäßigung, dargestellt.

Das hebräische Adjektiv, das mit »versuchend« übersetzt wird, ist נסיוני, *nisajuni,* und sein Zahlenwert 186 ist ebenfalls der von אבן נגף, *``even nagaf,* (ein Stein des Anstoßes) Jes. 8:14; מוסף, *musaf,* (Wachstum); ממונים, *mamonim,* (Verwalter, Präfekt); מקום, *makom,* (ein Platz, auf dem jemand geht oder lebt, ein Ort); und *Kuf,* קוף, (der Hinterkopf), der dem Buchstaben des 29. Pfades zugeordnet ist.

Die erste dieser Zahlenentsprechungen bezieht sich auf die Eine Identität (siehe das Zitat aus Jesaja). Hiermit wird angedeutet, dass alle, die sich dieser Identität im rechten Geiste nähern, ein »Sanctuarium«, einen Zufluchtsort finden werden, während diejenigen, die ihre Beziehung zu ihr falsch verstehen, sie als Ursache all ihrer Mühsal ansehen. Der gleiche Gedanke wird in Davids Siegeslied (2. Samuel 22: 27,28) und auch in Psalm 18: 26,27 wiedergefunden. Der Psalm ist eine leicht veränderte Version des Liedes in Samuel 2.

Thomas Troward hat diese Stelle in seinen *Edinburgher Vorlesungen* etwas länger ausgeführt. Er sagt:

»Deshalb ist es besonders wichtig, welche Eigenschaften wir dem universellen Geist zuordnen. Da unsere Beziehung zu ihm *rein subjektiver Art* ist, wird er *für uns* genau die Eigenschaften annehmen, die wir ihm geben, d.h. er wird für uns genau so sein, wie wir ihn uns vorstellen … Das ist die Bedeutung des beachtenswerten Satzes der Bibel: ›Gegen den Reinen zeigst du dich rein, gegen den Verkehrten verkehrt.‹ Der Kontext macht deutlich, dass diese Worte an das göttliche Wesen gerichtet sind. Das geistige Königreich ist *in uns*, und wenn wir es *dort* wahrnehmen, wird es für uns zur Wirklichkeit.«(11)

Wenn wir die Ängste und Täuschungen, wie sie auf Schlüssel 15 dargestellt sind, überwunden haben, müssen wir alles tun, um unsere Erkenntnis zu vertiefen, dass das Eine ICH BIN der wahre Handelnde und Wissende in unserem Leben ist. Der Engel auf Schlüssel 14 stellt das ICH BIN dar.

Das Hindernis zum rechten Verständnis der Einen Identität liegt in der falschen Interpretation unserer Sinneserfahrungen. Ehe unsere Sinne nicht verfeinert und ihre Wahrnehmungen nicht genau aufeinander abgestimmt sind, verleiten sie uns zu falschen Schlussfolgerungen über die Kräfte, die die Welt beherrschen (ממונים, *mamonim*, die Verwalter). Diese irrtümlichen Schlussfolgerungen ergeben sich aus dem falschen Verständnis der wahren Natur der Einen Wirklichkeit, durch die die Schöpfung erbaut wurde, und vom Platz des Menschen innerhalb der kosmischen Ordnung (מקום, *makom*, Platz). Der Grund für dieses falsche Verständnis ist ein Mangel in unserem eigenen Aufbau, der uns nur eine Teilerfahrung der Wirklichkeit erlaubt, weil er noch nicht vollkommen ist. Dies ist die Bedeutung der Beziehung von נסיוני, dem Namen des 25. Pfades, zu *Kuf*, קוף, dessen Buchstabenname der Körperlichen Intelligenz oder dem Körperbewusstsein zugeschrieben wird. Wenn wir das Gesetz des Wachstums und der Evolution verstehen, auf welches das Wort מוסף, *mussaf*, hinweist, das »wachsen« bedeutet, beginnen wir, unsere eigene Evolution in die Hand zu nehmen, und wir gehen Schritt für Schritt auf dem Pfade der Befreiung voran, der zur Vervollkommnung des Organismus führt. Dann können wir durch den Kontakt zum universellen Geist unser Teilwissen vervollständigen. Das bedeutet nicht, dass wir als Person allwissend werden, sondern dass wir die vollkommene Weisheit der Allwissenheit veranlassen können, die Probleme, die wir lösen müssen, zu übernehmen.

Es werden keine weiteren Tests gegeben, ehe nicht der erste Test, der im *Sepher Jetzirah* zitiert wird, bestanden wurde. Viele unter uns neigen dazu, ihr Missgeschick als »okkulte Tests« zu betrachten. Je schlechter es ihnen geht und je unerfreulicher ihre Lebensbedingungen sind, desto größer ist die Genugtuung aus ihrer närrischen Annahme, dass ihnen besondere Aufmerksamkeit von der »Hierarchie«, wie sie es nennen, geschenkt wird. Solch verdrehte Selbstüberhebung trifft man nicht selten an.

Wahr ist, dass solche Einstellung immer ein Zeichen dafür ist, dass der erste Test nicht bestanden wurde. Worin dieser Test besteht, lernen wir aus den Worten Jesu, wenn er seine Jünger davor warnt, das Wort nur zu hören, statt es zu tun. In der heutigen Zeit der vielen Bücher, der unzähligen Vorlesungen und Seminare, liegt die Versuchung nahe, sich mit einer Anhäufung esoterischer Informationen zufrieden zu geben. Okkultes Wissen kann nicht richtig aufgenommen werden, wenn es nicht in die Praxis umgesetzt wird. Wir müssen unseren Alltag der Lehre entsprechend leben.

Es ist nicht ohne Bedeutung, dass der 25. Pfad von den Kabbalisten dem Tierkreiszeichen Schütze zugeordnet wird, dessen Symbol der Pfeil ist. Wir müssen ein Ziel haben und darauf schießen. Auch wenn wir es verfehlen, haben wir dennoch geübt, Geschicklichkeit zu erwerben, die schließlich jedesmal ins Schwarze trifft. Genaue Unterweisungen im Bogenschießen allein machen noch keinen guten Bogenschützen; man muss den Bogen spannen und den Pfeil fliegen lassen.

Dies ist der erste Test: der Test der praktischen Anwendung. Wenn mit uns etwas falsch läuft, kommt es daher, dass wir nicht richtig gezielt haben. Die Wachstumskraft wird für uns zum Stolperstein, wenn wir keine Schritte unternehmen, die Wahrheit der Lehre der Zeitlosen Weisheit zu überprüfen. Sie besagt, dass jeder persönliche Ausdruck der Einen Identität durch die Eine Lebenskraft, die durch den Organismus *hindurch fließt* – dort aber nicht ihren Ursprung hat – bewusst oder unterbewusst denkt, fühlt, spricht und handelt.

Die Wahrheit dieser Lehre ist einfach und leicht zu beweisen, denn jede Schwierigkeit, die sich uns in den Weg stellt, entsteht durch Trägheit und Unachtsamkeit. Wer ein Adeptus Minor werden will, muss in seinem Tun ernsthaft sein. Er muss den hohen Anforderungen des Unsichtbaren Ordens gerecht werden, die in der *Fama* und in der *Confessio* sowie in allen anderen Schriften der Zeitlosen Weisheit zum Ausdruck kommen. Weil diese Ansprüche gerechtfertigt sind, kann nichts wichtiger sein, als sie klar zu erkennen. Nichts ist lohnender, als zu erfahren, dass es nur Eine Kraft gibt, die aber jedem Menschen für die Umformung seiner Persönlichkeit zur Verfügung steht. Er kann sie auf eine Weise nutzen, dass er zu einem bewussten Instrument der grenzenlosen, allmächtigen Schöpfungskraft und zu einem bewussten Kanal für das unerschöpfliche Wissen dieser Allmacht wird.

Wenn man das wirklich verstanden hat, ist die Arbeit verhältnismäßig leicht, obwohl anfangs Aufmerksamkeit und sehr viel Geduld erforderlich sind. Man muss sich immer wieder bewusst machen, dass wir unter dem Schatten der Gegenwart der Einen Identität stehen. Immer wieder muss man sich ins Gedächtnis rufen, dass man *nichts* aus sich selbst heraus tut. Stets muss man sich darüber im klaren sein, dass alles, womit man sich beschäftigt, *nur* ein äußerer Vorgang ist.

Mit der Zeit hinterlassen diese Wiederholungen einen starken Eindruck im Unterbewusstsein. Auf diese Weise werden wir für den Einfluss der Lebenskraft immer empfänglich sein. Zunächst handelt man so, *als ob* dieser Einfluss bereits bestünde. Man setzt einfach voraus, dass die eben mitgeteilte Lehre wahr sein *könnte*. So wendet man die Methode der Wissenschaft an, die bei allen Experimenten eine Hypothese überprüft. Da aber das hier Vorausgesetzte wahr ist, führt das dargelegte Vorgehen zu einem Wissen der Wahrheit aus erster Hand. Beständiges Üben dieser Methode verändert die Persönlichkeit, so dass sich die Richtigkeit dessen bestätigt, was zuvor gelehrt wurde. Ab hier wird der Pfad des praktischen Okkultismus zu einem aufregenden Abenteuer.

Beachtenswert ist die Aussage des Textes, dass dieser Test vom Schöpfer selbst und nicht von Menschen gestellt wird. Das liegt in der Natur der Sache und ist so zwangsläufig, wie jedes andere Naturgesetz. Wir können Elektrizität nur deshalb nutzen, weil wir uns bemühen, alle Voraussetzungen dafür zu erfüllen. In gleicher Weise können wir die göttliche Kraft auch nur dann empfangen, wenn wir uns auf den Einfluss der höheren Kraft vorbereitet haben.

Als »der Fromme« wird ein Menschen bezeichnet, der sich hingibt, aber nicht in dem engen Sinne, dass nur der gemeint ist, der nach außen hin religiös ist. Das hebräische Wort »*Chassidim*« deutet auf Hingabe und ist eine besondere Bezeichnung für alle praktischen Kabbalisten und daher auch für alle wahren Rosenkreuzer. Es leitet sich von dem Wort *Chesed*, חסד, (Gnade, oder Wohlwollen) ab. Dies ist der Name des vierten Kreises auf dem Lebensbaum. Es ist die Sphäre von Jupiter. Astrologisch gesehen repräsentiert Jupiter das Verstehen der Naturgesetze, Ausdehnung und Glück. Von *Chesed* heißt es jedoch auch, dass es der Sitz der Messenden Intelligenz ist. Darum erkennt ein Chassid, der seinen Standort in der kosmischen Ordnung richtig bemisst, dass der Mensch auf dem ewigen Fundament des Grenzenlosen Lichtes ruht. Er betrachtet sich als einen Kanal dieser unerschöpflichen Güte. Aus diesem Grund wird R.C. sein Zeichen und Merkmal.

Wir werden dazu angehalten, unseren Nächsten so zu lieben wie uns selbst, denn das Selbst des einen ist das Selbst von allen. Wir haben gelernt, dass die Religion von uns fordert, den Vaterlosen und Witwen in ihrer Not beizustehen und uns unbefleckt von der Welt zu bewahren. Die letzte Behauptung ist leider falsch verstanden worden. Man glaubte, man müsse sich von allen üblichen menschlichen Tätigkeiten zurückziehen und in mönchischer Abgeschlossenheit leben. Gemeint ist aber, dass wir uns nicht mit dem Halbwissen weltlich gesinnter Menschen zufrieden geben dürfen, und dass unsere Maßstäbe genau sein sollen. Das Wichtigste ist jedoch ein einfaches, brüderliches Leben voller Mitgefühl und Wohlwollen. Diese Haltung ist die Voraussetzung, und noch so viele okkulte Informationen sind ohne sie wertlos.

Hierfür gab es seit 1875 genügend Beweise. Der Unsichtbare Orden, der sich immer wieder darum bemüht, das Wissen vom Einfachen Weg zu erweitern, gründete eine Gesellschaft, deren erstes Prinzip es war, anzuerkennen, dass alle Menschen Brüder sind, und die dieses Prinzip auch praktizierte. Die wenigen, die die Wichtigkeit dieses Prinzips verstanden, konnten sich im Überfluss davon überzeugen, dass sich all die wunderbaren Möglichkeiten, die im menschlichen Leben verborgen liegen, auch manifestieren können. Die vielen, die sich von Phänomenen blenden ließen und versuchten, »Kräfte« zu entwickeln, dabei aber dieses erste Ziel der Gesellschaft missachteten, wurden okkulte Versager, wie es diejenigen vorausgesagt hatten, die um diese Dinge wussten. Die äußere Organisation hatte wenig erreicht und teilte sich in viele Splittergruppen auf. Die innere Bewegung wurde jedoch ein glänzender Erfolg. Mit ihrer Hilfe haben genügend Menschen den »ersten Test« bestanden und sich als Kanal zur Verfügung gestellt, durch den der Unsichtbare Orden grundlegende Veränderungen in den Gedanken der ganzen westlichen Welt bewirken konnte.

Wer ein Adeptus Minor werden möchte, muss sich einem Leben der Hingabe widmen. Er muss sich selbst und alles, was er geistig und materiell besitzt, freimütig hingeben. Knauserig zu sein ist ein Mangel an Verständnis. Daran werden wir in einem Anhang zu *Wasserstein der Weisen*, einem alchemistischen Text im *Hermetischen Museum*, ermahnt: »Wenn du, nachdem du dieses Wissen (vom Stein der Weisen) erhalten hast, unter dem Vorwand von Sparsamkeit und Klugheit Geiz und Stolz zulässt und dich dadurch schrittweise von Gott entfernst, wird sich das Geheimnis aus deinem Geist ganz bestimmt auf eine Weise zurückziehen, die du nicht verstehst. Das ist vielen widerfahren, die sich nicht warnen ließen.«[12]

Andererseits soll man aber auch nicht verschwenderisch sein. Unsere Gaben müssen den Bedürfnissen derer angemessen sein, denen wir geben. Zu viel Licht blendet. Wenn wir Wissen weitergeben, muss es dem Verständnis des Aufnehmenden angepasst sein. Das gleiche Prinzip gilt für all unsere Gaben.

Trotzdem müssen wir immer großzügig und fürstlich geben. Niemals dürfen wir etwas aus Angst davor zurückhalten, dass unsere Quellen versiegen könnten. Maßgeblich ist nicht das, was wir geben, sondern die Art und Weise, wie wir etwas geben, damit es zum Besten verwendet werden kann. Durch diese Einstellung zum Geben erweitern wir unsere Fähigkeit zu empfangen und verstärken unsere Kraft weiterzugeben. Je intelligenter wir geben, desto empfänglicher werden wir. Bedenke, dass die Eine Versorgungsquelle unerschöpflich ist.

DER VIERUNDZWANZIGSTE PFAD

Der vierundzwanzigste Pfad wird die Intelligenz der Schöpferischen Vorstellungskraft genannt. Er wird deshalb so genannt, weil er in den Mustern der Bilder geschaffener Wesen Frucht trägt.

Sepher Jetzirah

Dieser Pfad entspricht Tarotschlüssel 13. Er ist der letzte der drei Pfade, die zum Grad des Adeptus Minor führen und wird dem Tierkreiszeichen Skorpion zugeordnet. Deshalb hat er etwas mit der »geheimen Kraft« des praktischen Okkultismus zu tun. In der Astrologie regiert Skorpion die Fortpflanzungsorgane. Eliphas Levi weist ausdrücklich darauf hin, dass das Große Magische Agens das Instrument des Lebens ist, durch das jemand, der seinen Strom zu kontrollieren und zu dirigieren vermag, die Welt in Chaos stürzen und ihr Gesicht verändern kann. Er sagt: »Gott bringt es immerwährend hervor, und der Mensch, als Abbild Gottes, verändert und vervielfältigt es sichtbar, indem er seine eigene Art reproduziert.«

Ähnlich finden wir auch in der alchemistischen Literatur häufig »die Saat der Mineralien« erwähnt. Das Große Magische Agens ist in den Fortpflanzungsorganen von Mensch und Tier aktiv. Es beherrscht auch die Funktionen der Blüten, die die Fortpflanzungsorgane der Pflanzen sind. Hierin liegt ein weiterer Schlüssel für die Symbolik der Rose. Die gleiche Kraft wirkt auch in dem Prozess, durch den sich die Zellen unserer Körper vervielfältigen.

Symbolkundige wissen, dass keine okkulten Sinnbilder so zahlreich sind wie die, die sich auf die Zeugungskraft beziehen. Shiva, die Personifizierung der transformierenden Kraft bei den Hindus, wird durch das Bild eines Phallus dargestellt. Das gilt auch für den ägyptischen Gott Osiris. Das Schlangensymbol bedeutet das gleiche und gehört, ähnlich wie der Skorpion, ebenfalls zum achten Tierkreiszeichen. Auch der Fisch hat diese Bedeutung, die den frühen Christen, z.B. den Anhängern der gnostischen Sekte Ophites, bekannt war, die Christus mit der Schlange verbanden.

Wo immer sich gnostisches Christentum ausbreitete, wurde die Identität von Fisch, Schlange und Skorpion erkannt. Sie ist auch unterschwellig in den Lehren der *Fama* und der *Confessio* enthalten. Diese Manifeste geben das Alter von Bruder C.R. mit 106 Jahren an. 106 ist die Zahl des Namens *Nun*, נון, Fisch. Sie sprechen von C.R. als Reformer oder Umwandler. Besonders wird das Erscheinen neuer Sterne im Sternbild Schlange (Serpentarius) erwähnt. Serpentarius, oder Ophiuchus, ist eine Konstellation, die mit der ersten Dekade des Zeichens Skorpion zusammenhängt. Dieses Sternbild wird als Mann, der mit einer Schlange ringt, dargestellt. Damit wird jener Aspekt des Großen Werkes symbolisiert, der mit der Umwandlung der Zeugungskräfte zu tun hat. Die Manifeste sagen, dass die Bruderschaft von acht Personen gegründet wurde. Dadurch wird auch die magische Zahl acht hervorgehoben, die Zahl des Zeichens Skorpion.

Menschen, die Symbolkunde studieren, ohne deren innere Bedeutung zu verstehen, schrecken oft vor der Häufigkeit der »Sex-Symbole« zurück. Zu Beginn des 19. Jahrhunderts wurde von exoterischen Symbolkundigen auf dieses Thema immer wieder hingewiesen, um zu zeigen, dass Religion und Okkultismus »nichts anderes als verschleierter Sex« sind. Ein Beispiel für dieses periodisch auftretende Missverständnis ist die psychoanalytische Schule von Freud.

Wir betonen noch einmal, dass weder wahre Religion, noch wahrer Okkultismus, der durch die Religion verschleiert wird, in irgendeiner Weise mit sexueller Magie zu tun haben, obwohl bei der Fortpflanzung von Pflanzen, Tieren und Menschen mit Sicherheit magische Kräfte wirksam sind.

Sollte jemand auf »ganz mysteriöse Lehren« stoßen, die geheimnisvoll über die Funktion der Sexualität flüstern oder Hinweise geben, dass eine okkulte Anwendung dieser Funktion der Weg zu Erleuchtung und Macht sei, so muss er wissen, dass das Praktizieren solcher Lehren zu Perversion und Wahnsinn führt. Derartige Lehren gibt es vielfach auf der Welt, doch meistens werden sie daran erkannt, dass sie Wert auf größte Geheimhaltung legen und einem ganz normalen Leben und seinem Sinn auf irgendeine Weise widersprechen.

Die wahre rosenkreuzerische Lehre macht aus diesem wichtigen Thema kein Geheimnis. Auch ermutigt sie nicht zu irgendeiner Praxis, welche die Funktion der Fortpflanzungsorgane schwächt, pervertiert oder sogar verändern könnte. Sie sagt ganz offen, dass die Kraft, die in der praktischen Arbeit genutzt wird, die gleiche Kraft ist, die physische Formen erzeugt. Sie legt in diesem Zusammenhang Gewicht auf gesunde Körper und absolute Reinheit der Gedanken. Indem sie sagt, dass diese Kraft die gleiche ist, die die Welt bevölkert, hebt die wahre esoterische Lehre die Tatsache hervor, dass es sehr viel mehr von dieser Kraft gibt, als für diesen einen Zweck benötigt wird.

Um diese Kraft zu nutzen und für andere Zwecke einzusetzen, wird sie von bestimmten Nervenzentren abgezogen, die sonst die Geschlechtsorgane mit Energie versorgen. Die Methoden, durch die dies geschieht, haben nichts mit ständigem Zölibat zu tun und auch nichts mit der Suche nach »Seelengefährten«. In der praktischen Arbeit gibt es nichts, was den Vorstellungen einiger Kulte und Sekten Nahrung geben könnte.

Das Wort »*schöpferische Vorstellungskraft*«, das den 24. Pfad sowie die Position dieses Pfades auf dem Lebensbaum beschreibt, sagt aus, mit welchen Mitteln wahre Rosenkreuzer das Große Magische Agens kontrollieren. Die Ströme dieser Nervenkraft im physischen Körper werden durch mentale Vorstellung beherrscht, doch die benutzten Bilder haben nichts mit Sexualität zu tun. Alle Magie geschieht durch die Kraft des Geistes, der die inneren Bilder erzeugt, wobei die Imagination ganz bestimmte Muster von erwünschten Bedingungen erschafft. Das ist das Geheimnis des 24. Pfades.

Das Ziel dieser fortgeschrittenen Übungstechnik ist die Beherrschung der schöpferischen Vorstellung, die das Muster für einen unsterblichen »Sonnenkörper« erschafft, der durch die aufgehende Sonne im Hintergrund von Schlüssel 13 versinnbildlicht wird. Nur wenige Menschen wissen, dass es möglich ist, einen solchen Körper zu bauen. Noch weniger Menschen wissen, dass es schon jetzt einige Menschen gibt, die solch einen Körper gebildet haben. Aber die kollektive Ansicht, dass jeder Mensch sterben muss, behindert diese Möglichkeit.

Denn es ist nicht wahr, dass jeder Mensch sterben muss, und ein Hauptanliegen des Unsichtbaren Ordens ist es, den Saatgedanken von der Unsterblichkeit als Gegenmaßnahme zum Glauben an die Wirklichkeit des Todes in das kollektive Bewusstsein einzupflanzen. Deshalb erfährt man, nachdem man im dritten Grad der Freimaurer Zeuge eines Dramas wurde, das um den Tod und die Auferstehung von Hiram Abiff kreist, dass es etwas im Menschen gibt, das unsterblich ist.

Nur wenige Mitglieder dieser Zunft sind sich der Tragweite dieses dritten Grades bewusst. Jedesmal, wenn wieder ein Freimaurer-Meister eingesetzt wird, wird das alchemistische Werk der Verwandlung in verdichteter Form wiederholt. Allen, die dieser Zeremonie beiwohnen, wird diese Saatidee immer wieder eingeprägt. Doch sie können von dieser Wahrheit erst dann profitieren, wenn sie ihre volle Bedeutung verstehen. Sie fördern aber die Absicht des Unsichtbaren Ordens auf eine andere Weise, *denn jeder, der dieses Ritual sieht und die dazugehörenden Worte hört, ist ein Kanal, durch den die gro-*

ßen Wahrheiten, die hinter den Symbolen stehen, in das kollektive Unterbewusstsein einfließen.

Daher schließt jede Zeremonie dieser Mysterien den symbolischen Tod des Kandidaten ein. Er muss sterben, um wieder auferstehen zu können. Ob es nun Osiris ist, der erschlagen wurde und auferstand, der ermordete Hiram, der sich aus dem Grab erhebt, oder Bruder C.R., der nach dem Tod von P.A.L. seine Initiation empfing, die Mitteilung ist stets die gleiche. Der Sinn dieser Zeremonien, von den Mysterien in Eleusis bis zu unseren Tagen, ist, in das kollektive Bewusstsein den Saatgedanken einzupflanzen, dass sich der Mensch als Unsterblicher einen unsterblichen Körper selbst erbauen kann, einen Körper, der nie sterben wird.

Wenn wir in unsere Vorstellungen den Wunsch nach einem solchen Körper, in dem Integration und Desintegration für immer in einem ausgewogenen Verhältnis stehen, mit hinein nehmen, haben wir einen Schritt in die richtige Richtung getan. Dies ist der erste Schritt zur Kontrolle der geheimen Schlangenkraft, der einige Menschen in der Vergangenheit und auch heute dazu befähigt hat, das Große Werk »schon von dieser Seite des Lebens aus« zu vollenden.

Die Erkenntnis, dass dies eine auf Vernunft gegründete Erwartung ist, steht an erster Stelle. Auch wenn sie in unserem jetzigen Leben noch nicht verwirklicht wird, können wir doch durch Üben eine Saat in das Unterbewusstsein pflanzen, die den Tod des physischen Körpers überlebt und sich während unseres Aufenthaltes »auf der anderen Seite des Todesschleiers« weiter entwickeln kann.

Wer dies lernt, kann dem Tod mit Gleichmut gegenübertreten. Er schaut ihm ins Auge, um ihn zu studieren und zu erkennen, welchem Zweck er in der kosmischen Ordnung dient. Er geht geistig und symbolisch *durch* den Tod, und auf der anderen Seite des Todes findet er das ewige Leben.

Auf diese Weise vorbereitet, kann er weiter voranschreiten, denn der Adeptus Minor muss frei von Todesangst und auch frei von Feindschaft dem Tod gegenüber sein, weil beides verhindert, ihn zu verstehen und zu überwinden. Er muss auch frei sein vom Glauben an Glück, Zufall, Schicksal und Beschränkungen, die ihm von seiner Umgebung auferlegt wurden. Er muss durch sein eigenes Experiment wissen, dass das Große Magische Agens wirklich »die starke Kraft aller Kräfte ist, die alles Subtile und alles Feste durchdringt«. Er muss auch von Egoismus frei sein, denn einige Tests prüfen sein Vertrauen in die Allmacht, die hinter seiner Persönlichkeit steht.

Er muss bereit sein, seinen Weg bis zum Tode und darüber hinaus zu gehen, denn keine feigen Kompromisse, durch die er seine physische Existenz um jeden Preis behalten will, sind dem zu eigen, der einen der Adeptengrade erreicht hat.

Im Grad des Adeptus Minor übt der Aspirant die Beherrschung seiner geistigen Bilderwelt. Während seiner Arbeit weiß er, dass er physisch und psychisch mit der Einen Identität verbunden ist, deren besondere Ausdrucksform für uns die Sonne ist. Ein Adeptus Minor gewöhnt sich daran, alles in seiner Umgebung als geronnenes Sonnenlicht zu betrachten. Er sieht alle Dinge und Geschöpfe seiner Umgebung als besondere Manifestation der Strahlung unseres Tagesgestirns an. Er nimmt seine eigenen Gedanken, Worte und Taten als von dieser einen Quelle untrennbar wahr. So wird er zu gegebener Zeit den Inhalt der okkulten Worte verstehen: »Licht in Ausdehnung« und die Ermahnung des Meisters: »Laß dein Licht leuchten.«

Das bedeutet nicht, dass er sonst nichts um sich herum wahrnimmt. In diesem Entwicklungsstadium legt er jedoch besonderen Wert auf geistige Übungen, die die »Vielfalt«, an der die meisten Menschen festhalten, durch die gefestigte Vorstellung ersetzt, dass alle Dinge und Erfahrungen Formen der Einen strahlenden Sonnenenergie sind. Seine Arbeit als Adeptus Minor befähigt ihn, wahrzunehmen, dass das »Große Werk« in Wirklichkeit die Arbeit der Sonne ist, wie dies die *Smaragdtafel des Hermes* bestätigt. Deshalb führen die Übungen des Adeptus Minor zu folgender Geisteshaltung: »Die Eine Wirklichkeit, die gleiche von gestern, heute und für immer, tritt als strahlende Sonnenenergie in meine Erfahrung. Sie ist die wahre Substanz meines Körpers und aller anderen Dinge, die ich wahrnehme. Sie ist die Quelle jeder Art von Energie, der Ursprung jeder Kraft, ob ich sie kenne oder nicht. Sie ist auch die Quelle dessen, was in der Vergangenheit gewusst wurde; sie ist alles Wissen von heute und alles Wissen, das in Zukunft in das Licht der Welt treten wird, denn sie ist das *Etwas*, das in Ewigkeit in jeder Manifestation der Kraft und in jedem Ausdruck des Wissens Gestalt annimmt.«

Die Imagination ist die Anwendung dieser Einen Kraft. Durch geistige Vorstellung wirken intelligente Wesen direkt auf das Große Magische Agens ein. Ebenso wie die junge Frau, die durch ihre geistige Kraft einen Hut erschuf, wobei sich ihr Vorstellungsbild durch die Tätigkeit eines anderen Menschen verwirklichte, wird auch ein Adeptus Minor, der unaufhörlich daran arbeitet, seine Fähigkeiten zu verbessern, Erfahrungen über Erfahrungen machen, die ihm beweisen, dass seine geistigen Bilder Formen und Muster einer physischen Gestalt annehmen, die durch die Eine Kraft bestimmt wird.

Ein Adeptus Minor lernt, dass die äußere Welt der Leinwand eines Kinos gleicht. Das Licht ist die universelle bewusste Energie. Der Projektionsapparat ist der selbstbewusste Geist. Die Linse ist die Aufmerksamkeit. Die Bilder des Films sind das Werk seiner Imagination. Was er mit seinem geistigen Auge sieht, wird durch die Arbeit der Gesetze der Natur verwirklicht. In seiner Gegenwart ereignen sich Wunder, und Ereignisse finden statt, die dem Durchschnittsmenschen unerklärlich sind. Doch diese Wunder unterliegen einem Gesetz, es sind Wunder, die durch richtige Angleichung hervorgerufen werden, es sind mächtige Werke seiner schöpferischen Imagination.

Es sei daran erinnert, dass ein Adeptus Minor keine Kräfte benutzt, die nicht auch von allen anderen Menschen benutzt werden. Jedes menschliche Wesen projiziert durch die zuvor beschriebenen Prozesse geistige Bilder auf die Leinwand seiner Umgebung. Die meisten Menschen jedoch haben eine verzerrte Bilderwelt. Nur wenige wissen, dass sie diese Kraft besitzen. Ihr Licht brennt trüb. Die Linse ihrer Aufmerksamkeit ist unscharf eingestellt. Die Bilder sind verformt und hässlich. Deshalb entsprechen ihre Erfahrungen ihrer Unfähigkeit, klare Bilder zu erzeugen.

Die Arbeit des Adeptus Minor wird in der These zusammengefasst: »In allen Dingen, ob groß oder klein, sehe ich die Schönheit des göttlichen Ausdrucks.« Wenn man dieses geistige Muster als Suggestion an das Unterbewusstsein weitergibt, setzt man subtile Aktivitäten in Bewegung, so dass man schließlich die wahre Ordnung und Schönheit erkennt, die hinter den oberflächlichen Erscheinungen dieser Welt stehen. Weil Schönheit und Ausgeglichenheit, Symmetrie und Effizienz, Herrlichkeit und Strenge untrennbar sind, ist der beste Weg, seine Umgebung der eigenen Wunschvorstellung entsprechend zu gestalten, das Auge darin zu üben, wahre Schönheit wahrzunehmen.

Dem Aspiranten mögen zwar Übung und Können fehlen, um seine Welt zu verschönern, doch wenn er seine geistigen Bilder beständig aufrechterhält, werden sie sich mit Gewissheit verwirklichen, wenn nicht durch ihn, dann durch die Arbeit eines anderen. Hat jemand ein eindeutiges, klares Bild einer herrlichen Welt, werden sich Tausende von Händen regen, um ihr Gestalt und Form zu geben.

In der hebräischen Schreibweise des Aspektes der Wirklichkeit, dem der Grad des Adeptus Minor zugeordnet wird (תפארת, *tiph`'eret*, Schönheit), ist der erste Buchstabe Tav, der Tarotschlüssel 21 und der Verwaltenden Intelligenz zugeordnet ist. Ein Adeptus Minor beginnt mit der Annahme, dass jeder Mensch eine besondere Manifestation der Kräfte des gesamten Universums ist, d.h., dass ein einzelnes Leben nur ein besonderer Ausdruck allen existierenden Lebens ist. Das ist damit gemeint, wenn man den Menschen als *Mikrokosmos* oder *kleinen Kosmos* bezeichnet. Aus diesem Blick ist das Leben jedes Menschen eine Gestaltung kosmischer Gesetze, ob er es weiß oder nicht.

Erst wenn dies mit Nachdruck formuliert wurde, damit es auf das Unterbewusstsein einwirken kann, folgt das, was der Buchstabe Pe und Tarotschlüssel 16 ausdrückt. Weil jeder Mensch mit Gewißheit ein Gestalter der kosmischen Gesetze ist, und weil die Handlungen eines jeden Menschen besondere Formen des Zusammenspiels kosmischer Kräfte zu einer bestimmten Zeit und an einem bestimmten Ort sind, steht niemand allein da. Die verkehrte Philosophie der exoterischen Religion, die falschen Sprüche vom »gesunden Menschenverstand« und das falsche Wissen in den Gedanken der Mehrheit der Menschen betonen, dass jeder für sich allein dasteht. Der Adeptus Minor muss daher fleißig daran arbeiten, diese irrige Vorstellung von Getrenntheit zu vernichten.

Er identifiziert sich mit der kosmischen Vision, die Schlüssel 0, Der Narr, versinnbildlicht, und damit nimmt er auch die Bürde an, die ihm auferlegt wird, was dieser Schlüssel durch den Buchstaben *Alef,* der Ochse, symbolisiert. Ein Adeptus Minor ist sich als Wissender bewusst, dass er die Bürde der Manifestation trägt, die ihm vom *legis jugam,* dem Joch des Gesetzes, auferlegt wird. Es stimmt zwar, dass das Joch sanft und die Last leicht ist, doch stellt sie eine große Verantwortung dar. Wer sich dessen bewusst wird, dass ihm ein Teil des großen Schöpfungswerkes anvertraut wurde, für den hat das Leben einen neuen Sinn. Wenn er weiß, dass durch die Persönlichkeit, die seinen Namen trägt, der Ewige Pilger zum großen Jenseits aufwärts wandert, wird er schon in den geringsten seiner täglichen Erfahrungen etwas finden, das die meisten Erdenkinder niemals erwarten würden.

Dieses Wissen besitzt ein Adeptus Minor. Er erkennt sich selbst als die personifizierte Sonne. Das bedeutet, dass er weiß, dass seine persönlichen Aktivitäten in Wirklichkeit Umwandlungen und Umbildungen des Einen Bewusstseins und der Einen Kraft sind. Daher versteht er, warum auf Schlüssel 19, dem der Buchstabe *Resch* zugeordnet ist, die Sonne ein menschliches Antlitz trägt.

Andererseits weiß er auch, dass er als Mensch, der sich – wie jede Form der Einen Kraft – aus Sonnenenergie manifestiert, dazu bestimmt ist, das Große Werk zu vollenden. So erkennt er, warum sich die geöffneten Sonnenblumen hinter der Mauer den beiden Kindern zuwenden und nicht der Sonne über ihnen. Die Kinder und die Sonne sind keine verschiedenen und getrennten Wesenheiten. Sie sind verschiedene Aspekte des Einen Dinges. Das gilt auch für die Blumen, die Mauer und alles andere auf diesem Schlüssel.

Der Mensch, als Aspekt des Einen Dinges, ist der Meister und Verwalter der Gesetze und Kräfte aller anderen Aspekte dieser Wirklichkeit. Menschliches Bewusstsein ist wahrhaftig die Sammelnde Intelligenz, die Synthese aller Bewusstseinsformen. Doch ist es mehr als nur eine Synthese, denn der Mensch ist der Aspekt des Einen Dinges, durch den all die wunderbaren Angleichungsprozesse geschehen. »So wirst Du die Herrlichkeit der ganzen Welt erlangen, alle Dunkelheit soll von Dir weichen!«, sagt *die Smaragdtafel.*

DIE LEHREN DES GRADES

Das hebräische Wort für »Intelligenz des Vermittelnden Einflusses«, das dem 6. Kreis auf dem Lebensbaum zugeordnet ist, heißt שפע נבדל, *`schefa nivdal.* Deshalb gibt es zehn Lehren in diesem Grad des Adeptus Minor, die sich von den zehn verschiedenen Buchstaben der Wörter *Tiphereth,* תפארת, und שפע נבדל, *`schefa nivdal,* herleiten. Diese drei Wörter bestehen aus zwölf Buchstaben, da aber *Tav* und *Pe* je zweimal erscheinen, ergeben sich nur zehn Lehren aus den Buchstaben.

I. DIE WELT
Schlüssel 21 (ת)

Jeder Mensch lebt in der Welt, die er durch seine geistigen Bilder geformt hat. Je bessere Bilder er sich vorstellt, desto besser ist seine Welt. In diesem Zusammenhang bedeutet »besser«, dass sie mehr mit den fundamentalen Bildern des universellen Geistes übereinstimmen.

Jede Form ist eine Begrenzung der unendlichen Energie der Lebenskraft. Hauptursache dieser Begrenzung ist die bild-erschaffende Kraft des universellen Geistes. Jeder Akt der Imagination ist ein besonderer Ausdruck dieser Kraft des universellen Geistes durch einen Menschen. Daher ist die menschliche Imagination in ihrer Art, jedoch nicht in ihrem Ausmaß die gleiche, wie die universelle bild-erschaffende Kraft. Wenn der Adeptus Minor sich in dem Wissen schult, dass seine Aktivitäten Aspekte kosmischer Vorgänge sind, überwindet er die Illusion des Getrenntseins, die seine persönliche Übersetzung der Bilder des universellen Geistes stört.

2. DER TURM
Schlüssel 16 (פ)

Um richtig imaginieren zu können, muss man zuerst irrige Auffassungen über Bord werfen. Die verschiedenen falschen Vorstellungen von Getrenntheit müssen korrigiert werden. Diese Praxis führt zu der Einsicht, dass alle Aktivitäten innerhalb der persönlichen Erfahrungen in Wahrheit ein Umformungsprozess der Einen geistigen Energie sind.

Ein Adeptus Minor weist den Gedanken zurück, seine Handlungen getrennt vom Wirken der Einen Lebenskraft zu betrachten. Er mag noch so viele geniale Einfälle haben, er übt sich stets darin, zu erkennen, dass alles, was in seinem persönlichen Einflussbereich geschieht, eine Umwandlung der einzigen Energie ist, die im gesamten Universum tätig ist.

3. DER NARR
Schlüssel 0 (א)

Vom Gipfel der gegenwärtigen Verwirklichung aus können wir Visionen künftiger Möglichkeiten haben. Klare Bilder unserer Zielvorstellungen sind die Saatideen späterer Manifestationen. Doch müssen sie als lebendige Wirklichkeit in der Gegenwart gesehen werden.

Da der 6. Kreis des Lebensbaumes auch dem Lebensatem, auf hebräisch *Ruach,* zugeordnet wird, ist es natürlich, dass der Buchstabe Alef – der Buchstabe des Narren – hier eine besondere Bedeutung hat, denn der mittlere Buchstabe in dem Wort *Tiphereth,* תפארת, also das Herz dieses Wortes, ist Alef, dem die Kabbalah auch *Ruach* zuordnet.

Ein Adeptus Minor versucht, seinen Blick für die Dinge zu schärfen, die über die Höhen hinaus liegen, die der Mensch gegenwärtig erreichen kann.

Immer wieder erinnert er sich daran, dass das Prinzip nicht an einen Sonderfall gebunden ist. Er arbeitet mit seinen Bildvorstellungen am kosmischen Prozess mit. Dabei beschäftigt sich seine Imagination vor allem mit der Herstellung zielgerichteter Bilder, jedoch denkt er in diesem Entwicklungsstadium nicht über die Mittel und Wege zu ihrer Verwirklichung nach.

4. DIE SONNE

Schlüssel 19 (ר)

Da der natürliche Mensch die Saat für den geistigen Menschen ist, muss sich derjenige, der die Höhen der Adeptenschaft erreichen will, entschließen, mehr als nur ein Mensch zu sein. Die neue Weltordnung setzt sich aus Geschöpfen zusammen, die eine neue Art organischen Lebens bilden.

Der Grad des Adeptus Minor betont die Idee der Erneuerung. In einer rituellen Zeremonie dieses Grades gelobt der Aspirant: »Von diesem Tag an will ich mich, mit der Zustimmung Gottes, dem Großen Werk zuwenden; das bedeutet, dass ich meine geistige Natur reinige und erhebe, damit ich mit Gottes Hilfe erreiche, mehr als nur ein Mensch zu sein, um mich nach und nach zu meinem höheren göttlichen Geist zu erheben und mich mit ihm zu vereinigen.«

Sein Ziel ist es, zu einer neuen Kreatur, ja, sogar zu einer neuen Art von Organismus auf diesem Planeten zu werden. Er weiß, dass andere dies erreicht haben, und er versucht, dies ebenfalls zu erreichen. Er macht sich mit dem vertraut, was die Brüder vollbracht haben, die ihm auf dem Weg der Rückkehr vorangegangen sind, und er wendet sich ganz der Aufgabe zu, ähnliche Veränderungen in seinem eigenen Organismus zu erreichen. Dies ist die Neue Geburt.

5. DAS URTEIL

Schlüssel 20 (ש)

Die Neue Kreatur ist erstanden. Sie erhebt sich aus den Begrenzungen von Zeit und Raum in eine höhere Dimension. Sie hat sich von einem Sterblichen in einen Unsterblichen verwandelt. Die Neue Weltordnung ist eine Ordnung Unsterblicher, und ihr Grundstock ist schon jetzt auf diesem Planeten manifestiert.

Diese Neugeburt führt zu einer neuen Lebenserfahrung. Dies wird in den modernen esoterischen Lehren und Spekulationen über die vierte Dimension nicht klar verstanden. Etwas deutlicher wird es in den östlichen Lehren über die Erleuchtung als Folge der Yoga-Praxis beschrieben. Niemand kann einem anderen mitteilen, um was es sich bei diesen Erfahrungen handelt, doch alle, die sie erlebt haben, können sich durch verschiedene Symbole miteinander verständigen. Diese Symbole sind jedoch bedeutungslos für alle, die noch keine Erleuchtung erlebt haben. Deshalb wird im Grad des Adeptus Minor betont, dass Erleuchtung nur durch Wissen aus erster Hand erreicht werden kann, durch ein Wissen, das die Grenzen der spekulativen Philosophie überschreitet. Letztere beruht nur auf gewöhnlichen Sinneseindrücken. Die Erfahrung der Erleuchtung schließt bewusst erlebte Unsterblichkeit mit ein. Deshalb sprechen die anonymen Schreiber in der *Fama* und *Confessio* die Leser stets als Sterbliche an. Sie wollen damit zum Ausdruck bringen, dass die Brüder sich ihrer Unsterblichkeit bewusst sind.

6. DER TEUFEL

Schlüssel 15 (ע)

Jeder Aspekt des Bösen, mit dem der menschliche Geist konfrontiert wird, birgt in sich den Rohstoff für eine Verwandlung, die zu einem guten Ergebnis führt. Hinter allen möglichen Erscheinungen steht das Wirken eines vollkommenen Gesetzes,

dessen Grundlage Schönheit ist. Scheinbare Übel sind vorübergehende notwendige Phasen des kosmischen Prozesses.

Wir sehen Hässlichkeit nur deshalb, weil wir nicht richtig sehen. Das bedeutet aber nicht, dass die Rosenkreuzer-Lehren die Existenz relativer Übelstände leugnen. Es bedeutet auch nicht, dass wir nicht alles tun sollten, um solche Missstände zu beseitigen. Ein Adeptus Minor betrachtet sie jedoch als Notwendigkeit, anstatt von diesen hässlichen Erscheinungen erschreckt oder gelähmt zu werden. Er sieht, dass sie genauso aus der Einen Quelle stammen, aus der auch all die Dinge entstehen, die gut erscheinen. Er lernt und übt ständig, das scheinbar Böse mit Hilfe seiner geistigen Vorstellungskraft in offenkundig Gutes zu wandeln.

7. DER TOD
Schlüssel 13 (נ)

Wer die auflösenden Kräfte meistert, meistert jeden Wandel der Form. Auflösung ist das Gegenteil und die Ergänzung von Integration. Nur wer Formen auflösen kann, meistert die Kunst, Formen aufzubauen.

Ein Adeptus Minor, der den Pfad des Buchstabens Nun, נון, auf seinem Weg zu diesem Grad durchschritten hat, weiß sehr wohl, dass der physische Tod unvermeidbar, notwendig und segensreich ist. Er weiß, warum physische Körper sterben. Er weiß, dass der Tod des physischen Körpers nicht das Ende seiner individuellen Existenz ist. Er weiß, dass die Erfahrung des physischen Todes solange notwendig ist, bis der Mensch gelernt hat, einen Organismus aufzubauen, der seine Form auf der physischen Ebene solange behält, wie er diese Form benutzen möchte. Der Adeptus Minor weiß, dass das Wissen und die Geschicklichkeit, die dafür benötigt werden, auch das Wissen und die Fähigkeit einschließen, die physische Form augenblicklich aufzulösen, wenn sie ihrem Zweck gedient hat, und sie wieder zusammenzusetzen, wenn es erforderlich ist. Wer dies beherrscht, ist Meister des Todes.

8. DER MAGIER

Schlüssel I (ב)

Bewusste Umwandlung ist ein Akt des Selbstbewusstseins. Es ist die Anwendung geistiger Imagination, um Muster von Formen aufzubauen, durch welche Kräfte miteinander verbunden werden. Das Selbst des Menschen ist der Meister aller Formen.

Die Entwicklung zur Meisterschaft wird durch die Haltung des Magiers, wie auf Tarotschlüssel I dargestellt, unterstützt. Ein Adeptus Minor ist mittels geistiger Bilder ein bewusster Umwandler seiner Umgebung. Er plant als Instrument einer Kraft, die höher ist als er selbst, bewusst seine Gestaltungen, denn im Grad des Adeptus Minor hat er sich noch nicht völlig mit dieser Kraft identifiziert.

9. DIE KAISERIN

Schlüssel 3 (ד)

Geschicklichkeit in der geistigen Lenkung der Lebenskraft, die von der Ebene des Überbewusstseins durch die Ebenen des Selbstbewusstseins fließt, befähigt uns, die geistigen Bilder, die das Unterbewusstsein erzeugt, zu kontrollieren und zu verändern, denn es ist das Selbstbewusstsein, das kontrolliert.

Die kabbalistische Psychologie ordnet die Imagination dem 6. Kreis auf dem Lebensbaum zu. Daher ist es natürlich, hier eine Lehre zu finden, die Schlüssel 3 und den Buchstaben Dalet, die in diesem Grad einen besonderen Nachdruck erhalten, zur Grundlage hat.

Es sei auch daran erinnert, dass die Zeremonien dieses Grades die Erzählung von der Auffindung des Gewölbes beinhalten und gestalten, wodurch alle Venussymbole in den Vordergrund treten. Ein Adeptus Minor kann seine mentalen Bilder nach Belieben verändern. Durch Anwendung des Gesetzes, dass das Unterbewusstsein immer der Suggestion zugänglich ist, hat er erkannt, dass niemand von den Bildern seines Unterbewusstseins beherrscht zu sein braucht. Darüber sollte man nicht argumentieren, sondern damit experimentieren. Die meisten von uns sind Opfer der unterbewussten Erzeugung von Bildern. Ein Adeptus Minor lernt die Entstehung dieser geistigen Bilder zu kontrollieren und befreit sich dadurch nach und nach aus jeder Art von Knechtschaft.

10. DIE GERECHTIGKEIT

Schlüssel 11 (ל)

Jede Schwankung des Geistes kann durch das Gegenteil des ursprünglichen Gedankens überwunden werden. Dies ist das Geheimnis der Erhaltung geistigen Gleichgewichts und emotionaler Gelassenheit. Alles Böse kann durch das entsprechende Gute überwunden werden.

»Gleichgewicht ist die Grundlage des Großen Werkes.« Diese alte Lehre wird im Grad des Adeptus Minor ständig wiederholt. Wer in diesem Grad arbeitet, versucht niemals, einen negativen Gemütszustand zu unterdrücken. Statt dessen benutzt er seine Intelligenz, um die positive Gegenseite zu entdecken, und übt, das Gegenteil aktiv auszudrücken, anstatt nur in passiver Betrachtung dieses Gegenteils zu verweilen. Letztlich soll der Adeptus Minor durch seine Arbeit die Ausgeglichenheit und das Gleichgewicht seines Bewusstseins erreichen und seine höchste Auffassung von Gerechtigkeit in jeder Einzelheit seines persönlichen Verhaltens zeigen.

Zu Beginn anerkennt ein Adeptus Minor, dass er ein Verwalter des kosmischen Gesetzes (ת, Schlüssel 21) ist, und arbeitet zunächst daran, verschiedene Formen der Vorstellung des Getrenntseins (פ, Schlüssel 16) auszumerzen. Durch Imaginationsübungen kultiviert er seine Vorstellungskraft und identifiziert sich geistig mit der Einen Lebenskraft (א, Schlüssel 0). Diese Übung räumt verschiedene mentale, emotionale und physische Hindernisse beiseite und bewirkt in ihm die Wandlung, die man *Erneuerung* nennt (ר, Schlüssel 19). So gelangt er schließlich an einen Punkt, an dem das, was zuerst nur eine vage Annahme war, zur wirklichen Erfahrung wird. Nach wiederholten Versuchen hat er sich selbst bewiesen, dass er an der Herrschaft des Kosmos teilhat, und dass durch ihn die Kräfte fließen, die seine Umgebung verändern (ת). Nach diesem Beweis ist er bereit, zum nächsten Grad zu schreiten.

→ KAPITEL 17 ←

ADEPTUS MAJOR

6 = 5

Der Grad des Adeptus Major entspricht den Vorstellungen, die mit der Zahl 5 und dem fünften Kreis auf dem Lebensbaum verbunden werden. Dieser Kreis wird auch *Pachad,* פחד (Furcht), *Geburah,* גבורה (Strenge) und *Din,* דין (Gerechtigkeit), genannt. Die Art des Bewusstseins, das diesem Grad entspricht, ist die Wurzel-Intelligenz. Hebräisch heißt Wurzel נשרש, *n^e^scharasch.* Der Zahlenwert dieses Wortes ist 850, in dem die 0, Symbol der Absoluten Einheit, mit den Ziffern 5 und 8 verbunden ist, die in der Rosenkreuzer-Symbolik von so großer Bedeutung sind.

Zur Vorbereitung des Studiums dieses Grades betrachte man die Bedeutungen der Zahl 5, die in dem Buch *Der Tarot: Ein Schlüssel zur Ewigen Weisheit*[(13)] erklärt wird.

Die Zahl 5 steht für Vermittlung, da 5 die mittlere Zahl zwischen 1, Anfang, und 9, Vollendung ist. Sie steht auch für: Anpassung, Mittel, Tatkraft, Fortschreiten. Die Zahl 5 symbolisiert weiterhin das Gesetz der Dynamik, die von der Ordnung ausgeht, die durch die Zahl 4 repräsentiert wird, sowie die Vielfalt, weil sie die sich verändernden Aspekte des Einen Gesetzes zeigt, das in Unwissenden Furcht erregt und von Materialisten als unerbittliche Kraft, von Weisen jedoch als unfehlbare Gerechtigkeit erkannt wird. Sie symbolisiert auch das Mittel, durch das Energie in die Manifestation getragen wird.

Das Eine Gesetz, dargestellt durch die Zahl 5, ist die Wurzel aller Tätigkeiten der Lebenskraft und wird darum »Wurzel-Intelligenz« genannt. Dieses Wurzel-Bewusstsein, das sich durch die menschliche Persönlichkeit ausdrückt, ist das Wirkende in jeder Vermittlung und Angleichung. *Die Smaragdtafel* sagt: »Und wie alles aus Einem stammt, durch das Denken des Einen, rührt auch alles Gewordene durch Angleichung aus diesem Einen her.«

Ein Unwissender sieht in den unzähligen Manifestationen des Einen Gesetzes die Wirkung von Kräften, die gewaltiger sind als die des Menschen, und von denen zwar einige hilfreich sind, die meisten jedoch gegen ihn zu arbeiten scheinen. Er besänftigt diese Kräfte durch Opfer, mit denen die exoterische Religion ihren Anfang nimmt. Die gewöhnliche emotionale Reaktion auf dieses Gesetz kann mit dem Wort *Pachad,* פחד, (Furcht) bezeichnet werden.

Ein wenig weiter – aber nur ein klein wenig weiter – denken diejenigen, die in dem Einen Gesetz das Wirken unpersönlicher Kräfte sehen, die den Menschen völlig unbeachtet lassen und ihn nur als Zahn im kosmischen Räderwerk betrachten, wie es auch die Auffassung des »Naturalismus« war, der mit den Schriften von Francis Bacon begann. Später wurde er etwas abgeändert, doch eine lebendige Ordnung im Universum wurde geleugnet und alle Ereignisse dem Zufall zugeschrieben. Diese Interpretation der Kräfte, die den Menschen umgeben, machen aus ihm nur eine Marionette, hilflos gegenüber dem Zugriff der Mächte, die mit dem hebräischen Wort *Geburah*, גבורה, das sowohl »Kraft« als auch »Strenge« bedeutet, gut beschrieben werden.

Die dritte und höchste Interpretation des Einen Gesetzes wird uns von Menschen gegeben, die das Ziel der Rosenkreuzer, »mehr als ein Mensch zu sein«, erreicht und erfahren haben. Sie berichten übereinstimmend, dass die uns umgebenden Kräfte auf Schönheit und Symmetrie hinarbeiten, und dass in beiden Welten, der ethischen und der physischen, Gleichgewicht herrscht. Die wahre Bedeutung des Einen Gesetzes wird in dem hebräischen Wort *Din*, דין (Gerechtigkeit), zusammengefasst.

Die These des Meistermodells, die der fünften Sephirah und dem Grad des Adeptus Major entspricht, besagt: »Ich erkenne das Walten der unabänderlichen Gerechtigkeit in allen Umständen meines Lebens«. Hier ist das Verb bedeutungsvoll. Es sagt aus, dass alles, was uns widerfährt, ein Wiedererkennen, ein Wieder-Wissen ist. Die Rosenkreuzer-Lehre bietet uns keine Hoffnung auf eine kommende Gerechtigkeit an. Sie gibt weder ein Ideal noch ein Ziel der Gerechtigkeit vor. Sie erklärt eindeutig, dass uns nur unsere Hingabe an die Illusion der äußeren Erscheinungen, unser Mangel an Einsicht und unser Versagen im Erkennen der wahren Bedeutung unserer Erfahrungen an Ungerechtigkeit glauben lassen. Die Zeitlose Weisheit erklärt, dass die Selbstoffenbarung der Lebenskraft vollkommen gerecht, genau und in jedem Augenblick vollkommen ausgeglichen ist, dass dies immer schon so war und immer so sein wird. Sie mahnt uns zu Erkenntnis, Erinnerung und Vision. Den rosenkreuzerischen Graden zufolge ist ein Adeptus Major deshalb ein Mensch, der aus der täuschenden Vorstellung der Getrenntheit und der Ungerechtigkeit zur Erkenntnis dessen, was hier gesagt wurde, voll erwacht ist.

Zu dieser Erkenntnis kommt er, wenn er die Pfade der Buchstaben Mem und Lamed, den 23. und 22. Pfad des Lebensbaumes, durchschreitet. Er betritt den Pfad von Mem vom Grad des Practicus aus, doch erst dann, wenn er ein Adeptus Minor geworden ist. Den Pfad von Lamed betritt er unmittelbar vom Grad des Adeptus Minor aus, doch muss er zuerst den Pfad von Mem durchschritten haben.

DER DREIUNDZWANZIGSTE PFAD

Der dreiundzwanzigste Pfad wird die Beständige Intelligenz genannt. Er wird deshalb so genannt, weil er die Quelle der Beständigkeit zwischen allen Sephiroth ist.

Sepher Jetzirah

Im Hebräischen heißt das Adjektiv, das mit »beständig« übersetzt wird, קיים, *kajam,* mit der Bedeutung von »fest, schwer, konstant, dauerhaft«. (Die aramäischen Rabbiner buchstabierten das gleiche Wort קים.) Die dazugehörige Zahl ist 160 und Wörter mit gleichem Zahlenwert sind: כסף, `*kesef* (Silber); נעם, `*no'am* (Entzücken, Eignung, Freude, Gnade); נפל, *nafal,* ein Wort mit vielen Bedeutungen, hauptsächlich »fallen«, aber auch »geboren werden, wiederbeleben, resultieren, sich ereignen, sich zutragen«; סלע, `*sela* (Bürde, Gewicht, Stein, Fels); עץ, *'ets* (Baum) und צלם, `*tselem* (Abbild, Ebenbild).

Das Wort קיים ist also durch seinen Zahlenwert mit den Ideen von Werten wie Silber und Geld sowie mit dem lunaren Strom der geheimen Kraft verbunden, die durch Silber symbolisiert wird. Ebenso wird das Wort den Begriffen von Anmut, Freude und Eignung, Abstieg der kosmischen Energie in die Form, Gewicht oder Wägbarkeit physischer Manifestationen – symbolisiert durch einen Stein oder Felsen – sowie dem organischen Ausdruck der Lebenskraft zugeordnet, der von allen Völkern durch einen Baum symbolisiert wird.

All diese Ideen werden auf die eine oder andere Weise durch die subtile Symbolik von Schlüssel 12, Der Gehängte, angedeutet, eine der wichtigsten Karten des *Rota* der Rosenkreuzer. Dieser Schlüssel ist eine Zusammenfassung des gesamten Pfades der Rückkehr, den der chinesische Eingeweihte Lao-Tse *Tao* nannte und über den er schrieb: »Der Pfad des Tao ist rückwärts gerichtet. Das Kennzeichen des Tao ist Güte. Alles im Universum kommt aus dem Sein, und das Sein kommt aus dem Nicht-Sein.«

Dem Namen nach heißt dieses Kapitel des *Tao Te King* so viel wie »Werkverzicht«. Es hier zu zitieren erscheint seltsam, nachdem auf diesen Seiten bereits viel über die Bedeutung der Tätigkeit gesagt wurde. Auf Arbeit zu verzichten bedeutet jedoch nicht, mit dem Tätigsein aufzuhören. Untersuche das Verb »verzichten« bzw. »resignieren«. Die meisten Menschen signieren ihre Arbeit mit ihrem Namen, und oft ist die Unterschrift auffallender als die Arbeit selbst. Ein Adeptus Minor lernte bereits, diese übergewichtige persönliche Unterschrift auszulöschen. Seine Arbeit wird ein so vollkommener Ausdruck des Einen Künstlers, dass sie sich sozusagen selbst unterschreibt.

Da alles aus dem Sein und das Sein aus dem Nicht-Sein kommt, muss die wahre Quelle aller Tätigkeiten das unmanifestierte Licht sein. Wenn wir in Harmonie mit den kosmischen Rhythmen leben würden, bräuchten wir nicht unsere Namen auf die Meisterwerke des Lebens zu kritzeln wie Reisende, die ihren Namenszug töricht in die Wände alter Tempel kratzen.

Das ist die Idee, die der 23. Pfad des Buchstabens Mem darstellt. *Das Buch der Siegel* (14) sagt über diesen Buchstaben aus:

»Gehe ein in das GROSSE MEER des WASSERS des LEBENS,
Tauche tief hinab, bis Du Dich selbst verloren hast,
Und wenn Du Dich verloren hast,
Wirst Du Dich wiederfinden
Und Du wirst eins sein mit mir,
Deinem Herrn und König.
Dann wirst Du das Geheimnis erfahren,
Wie der König wieder seinen Thron besteigt.
Und auf diesem Pfad der Beständigkeit
Wird sich mein Wissen von den Wurzeln des Seins
Mit der Glorie des vollkommenen Wissens einen,
Das sich in den klaren Wassern
Von HOD widerspiegelt.
Denn wenn die Oberfläche dieses Wassers
Nicht der leiseste Gedanke mehr stört,
Dann wird Dir die Herrlichkeit meines Selbst,
Das Dein wahres Selbst ist,
gespiegelt.«

Diese Worte übermitteln das Geheimnis des Pfades von Mem. Auf ihm wird auf Arbeit verzichtet, denn sie wird vom Selbst durch die Persönlichkeit getan. Daher ist es der Pfad des völligen Auslöschens des illusorischen, persönlichen Selbst.

Wie groß ist unsere Angst, diesen Pfad zu betreten! Wie widerwillig setzen wir unseren Fuß auf ihn! Wir fürchten, etwas zu verlieren, das aber in Wirklichkeit ein Nichts ist. Eine Täuschung lässt uns glauben – wie eine östliche Legende erzählt –, dass wir reich an persönlichen Besitztümern sind, doch in Wahrheit enthält unsere Schatztruhe nur eine Handvoll welker Blätter. Der Tag wird kommen, an dem die Wahrheit wie ein Blitz im Geist aufleuchtet. Dann wird offenbar, dass alles Gerede von Opfer nur bedeutungsloser Lärm war. In Wahrheit wird der Aspirant aufgefordert, *nichts* aufzugeben, doch die meisten Menschen halten an diesem Nichtexistenten fest, als ob es sich um eine kostbare Perle handele.

Wer ist der König, der wieder auf seinen Thron eingesetzt werden muss? Es ist das wahre Selbst, das geduldig an der Tür wartet und sanft um Einlass anklopft. Aber der Lärm einer ungezügelten Menge, die töricht dröhnt: »Volkes Stimme ist Gottes Stimme!«, ertränkt die stille, leise Stimme, und der unbekannte König muss draußen warten. Er könnte seinen Weg nach innen erzwingen, er könnte die lärmende Menge beruhigen, er könnte ihr Schweigen gebieten und sie sogar für immer davonjagen, denn SEIN ist die Lebenskraft, von der wir völlig abhängig sind. Doch er harrt aus und wartet, bis wir uns Seiner erinnern, bis wir aus dem unsinnigen Traum des Getrenntseins erwachen.

Der Pfad von Mem führt von *Hod,* der achten Sephirah, aufwärts zu *Geburah,* der fünften Sephirah. Der Aspirant beginnt ihn voller Erwartung, mit begierigem, sehnsuchtsvollem Blick aufwärts, zur Quelle des Lebens. Dies wird durch den Satz ausgedrückt: »Voller Vertrauen erwarte ich die vollkommene Verwirklichung des ewigen Glanzes des Grenzenlosen Lichtes.« Jetzt bekennen nur unsere Lippen diese Erwartung. Wenn aber unser Herz diese Worte flüstert, betreten wir glücklich den Pfad der Selbsthingabe.

Noch kommen uns Zweifel über die unfehlbare Gerechtigkeit, die am oberen Ende dieses Pfades enthüllt wird, und so stehen wir zögernd vor dem Tor. Wir selbst sind ja gerecht! Die meisten von uns sind sich dessen ganz gewiss! Doch wir bezweifeln die Gerechtigkeit unseres Nachbarn. Einer der Hauptgründe dafür, dass es uns so schwer fällt, die Illusion eines persönlichen freien Willens aufzugeben, ist der, dass wir unterbewusst fühlen, dass wir dann vollständig damit aufhören müssen, andere Menschen für die »Missetaten«, die sie begangen haben, verantwortlich zu machen.

Doch gerade das war der Geist, der durch Jesus, wie auch durch andere Weisheitslehrer, wirkte. »Richte nicht«, ermahnen sie alle. Das bedeutet: »Maße dir nicht an, den Maßstab für andere festzulegen«. Wir brechen mit allen Bräuchen dieser Welt, mit allen Gewohnheiten unzähliger Lebenszeiten, wenn wir damit aufhören, unsere Nachbarn zu richten. Jesus und andere große Weisheitslehrer überbrachten die Botschaft, dass der Mensch aus sich heraus nichts tun kann, dass nur der Urwille der einzig wahre Wille ist, und dass der Mensch zu einem weit geöffneten Kanal dieses Willens werden kann, wenn er sich vom Trugbild der persönlichen Unabhängigkeit befreit. Die Meister zeigen uns, welche Fähigkeiten wir dann zu entwickeln vermögen. Der Weg, den sie gingen, steht auch uns offen, sobald wir den Mut finden, seinem Schrekken die Stirn zu bieten.

Doch das ist erst möglich, nachdem wir wenigstens ein Adeptus Minor geworden sind. Der Pfad des Gehängten ist nicht für Anfänger auf dem Weg der Rückkehr bestimmt. Jesus vollbrachte große Wunder, ehe er dazu berufen wurde, die Prüfung am Kreuz zu bestehen. Den Pfad von Mem nennen die Hindus *Samadhi,* ein langer Pfad vollkommener Konzentration, der uns zu bewusster Vereinigung mit dem Lebensgesetz führt und unsere Augen für die wunderbaren Auswirkungen dieses Gesetzes öffnet, das überall wirkt.

Ein Mensch, der getreulich die Aufgaben der Inneren Schule erfüllt hat, wird nun ein Adeptus Major, der erkennt, dass er ein Kanal für das Wirken des unfehlbaren Gesetzes des Kosmos ist. Er betrachtet seine Handlungen nicht mehr in einem persönlichen Licht. Er fühlt nicht nur, dass das Eine Gesetz durch ihn arbeitet, sondern er erkennt auch, wie es in jedem einzelnen Augenblick arbeitet. Er nimmt beides zugleich wahr, die Saat und die Frucht von allem, was durch ihn getan wird, und er kann in den Herzen der Menschen lesen.

Samadhi bedeutet nicht, in Trance zu fallen, denn wenn es sich nur um die niedere Persönlichkeit handelt, dann *ist* es Trance. Die Entrücktheit von Samadhi unterscheidet sich auch von der Trance der Hypnose. Sie darf auch nicht mit dem unbewussten Zustand verwechselt werden, den eine mediale Person hervorruft.

So schreibt Vivekananda: »Wenn wir jemanden sagen hören: ›Ich bin inspiriert‹, und er dann den größten Unsinn erzählt, so weise ihn von dir. Warum? Weil diese drei Bewusstseinszustände – Instinkt, Vernunft und Überbewusstsein oder die unbewussten, bewussten und überbewussten Phasen – ein- und demselben Geist angehören. Es gibt nicht drei Bewusstseinsarten in einem Menschen, sondern die eine entwickelt sich aus der anderen. Instinkt entwickelt sich zu Vernunft und Vernunft zu übernatürlichem Bewusstsein; daher widersprechen sie sich niemals. Folglich muss man wilde Behauptungen, die der Vernunft und dem gesunden Menschenverstand widersprechen, furchtlos zurückweisen, denn wahre Inspiration steht niemals zu ihnen im Widerspruch, sondern bringt Erfüllung. So, wie die großen Propheten sagen: ›Ich komme nicht, um zu zerstören, sondern um zu erfüllen‹, so kommt eine Inspiration, um der Vernunft Erfüllung zu bringen und sie stimmt immer mit ihr überein. Wenn sie der Vernunft widerspricht, muss man wissen, dass es keine Inspiration war.«[(15)]

Weil das Überbewusstsein nicht im Widerspruch zur Vernunft steht, wird von verantwortungsvollen Lehrern die intellektuelle Schulung für so wichtig gehalten, und über die Wahrheit sagen sie, dass die einzig wahre Interpretation der modernen wissenschaftlichen Entdeckungen auf dem Gebiet der Biologie und der Psychologie die Lehre vom Determinismus sei – von der Leugnung des persönlichen, freien Willens. Die führenden Denker dieser Welt akzeptieren diese Lehre, und die okkulte Weisheit vervollständigt die exoterische Sicht moderner Denker. Aus den Erfahrungen des Überbewusstseins geht das Wissen hervor, das die rationale Lehre des Determinismus dadurch vervollständigt, dass der Mensch die wahre Natur des Willensprinzips, das sich durch die Persönlichkeit ausdrückt, erfahren kann. Zweck der okkulten Ausbildung ist es, uns von der Knechtschaft einer Lüge zu befreien, die in der Annahme besteht, dass der Mensch einen eigenen persönlichen Willen hat, mit dem er die Gesetze des Kosmos umgehen könnte.

Der Weg des *Samadhi* ist schwer, aber er räumt schließlich mit der Vorstellung auf, dass es die Persönlichkeit ist, die handelt. Niemand kann den Pfad von Mem durchschreiten, der nicht die Prüfungen des 24. Pfades von Nun bestanden und damit den Tod überwunden hat, denn *Samadhi* beinhaltet alle Erscheinungsformen des Todes, und doch ist es mehr als der Tod. Es ist die Vernichtung der Illusion, dass es in der Sphäre des Seins *zwei* gäbe. Es ist das Auslöschen des Kerzenlichtes im Glanz der Sonne.

Samadhi ist nicht von langer Dauer, für gewöhnlich nicht länger als eine halbe Stunde. Für den Zeitraum einer halben Stunde gab es Schweigen im Himmel, heißt es in der Offenbarung, doch der Mensch, der von *Samadhi* zurückkehrt, ist für immer verwandelt. Er ist zu dem geworden, den Will Levington Comfort wie folgt beschreibt: »Einer von denen, die wissen, aber nicht darüber sprechen können.«

Ein solcher Mensch ist ein Adeptus Major. Von jetzt an nimmt er bewusst an der Verwaltung des kosmischen Gesetzes teil. Nachdem er den Irrglauben an eine eigenständige Persönlichkeit aufgegeben hat, macht er das, was Lao-Tse rät: »Nachdem du dich geleert hast, bleibe, wo du bist.« Er ist nun ein offener Kanal für das Eine Leben. Er achtet darauf, nicht wieder in die Illusion des Getrenntseins zurückzufallen und nicht daran zu glauben, obwohl er noch von diesem Glauben umgeben ist. Wenn dieser Mensch sagt: »sei geheilt«, so erfolgt Heilung, und wenn er sagt: »deine Sünden sind dir vergeben«, so spricht aus ihm das Wissen des Einen Lebens, das weiß, dass derjenige, zu dem es spricht, das Stadium geistiger Entwicklung erreicht hat, in dem er von den Konsequenzen früherer Verfehlungen befreit ist, um das wahre Ziel anstreben zu können. Ein Adeptus Major scheint Wunder zu vollbringen, doch er vollbringt sie nur, indem er sich selbst zurücknimmt.

Von diesem Punkt an wandelt sich das Wesen der Pfade, wie die Bilder des Tarot zeigen. Die Schrecken sind vergangen. Die letzte Täuschung von »mir und mein«, dem großen Hindernis der Liebe, wird auf dem Pfad des Gehängten aufgelöst. Danach identifiziert sich der fortschreitende Adept nacheinander mit einer Reihe aufsteigender Ziele, die von den verbleibenden Pfaden und Tarotschlüsseln dargestellt werden.

Die Älteren Brüder, die den Grad des Adeptus Major erreichten, haben bewusst an der Verwaltung des kosmischen Gesetzes teil. In dieser vorbereitenden Übersicht des Weges der Rückkehr können wir nur undeutlich verstehen, was diese Verwirklichung bedeutet. Sie kann nur aus einer Sichtweise beschrieben werden, die weit unter dem Grad des Adeptus Major liegt. Trotzdem sollten wir versuchen, die Belehrungen, die uns von jenen übermittelt werden, die diese hohen Grade des Unsichtbaren Ordens erreicht haben, so gut wie möglich zu verstehen, denn alles Wissen über diese Grade haben wir von ihnen empfangen.

Nachdem der Adeptus Major den Pfad von Mem durchschritten hat, muss er auch noch durch den zweiundzwanzigsten Pfad von Lamed gehen, um diesen Grad vollends zu verwirklichen, denn es genügt nicht, bewusst an der Verwaltung aller Dinge teilzuhaben. Man muss zwar wissen, aber man muss auch fähig sein zu lehren. Das Wissen, unsterblich zu sein, genügt nicht, um sagen zu können: »Ehe Abraham war, bin ich.« Man muss die Wahrheit erkennen, dass man das inkarnierte Gesetz ist, und man muss fähig sein, diese Wahrheit anderen weiterzugeben.

DER ZWEIUNDZWANZIGSTE PFAD

Der zweiundzwanzigste Pfad wird die Gläubige Intelligenz genannt, weil durch ihn die Kräfte des Lebensatems veranlasst werden, sich zu vervielfältigen, und weil alle Erdenbewohner unter seinem Schatten wohnen.

Sepher Jetzirah

Der Name des Buchstabens Lamed bedeutet als Substantiv »Ochsenstachel« und als Verb »lehren, unterrichten«. Der Adeptus Major lernt, den Lebensatem so zu lenken, dass sich seine Kräfte vervielfältigen. Er meistert sozusagen die Ströme, die die Yoga-Philosophie *Prana* nennt, und erschließt die Kräfte dieses großen magischen Agens. Außerdem vollendet er sein Wissen und seine Fähigkeiten dadurch, dass er zum Lehrer wird, oder besser ausgedrückt: dass er zum Vermittler des Einen Lehrers wird.

Für gewöhnlich tritt er nicht in der Öffentlichkeit auf, obwohl es Ausnahmen von dieser Regel gibt, doch mit Sicherheit haben die meisten Lehrer des Okkultismus den Grad des Adeptus Major noch nicht erreicht. Ein Adeptus Major lehrt durch subtilere Mittel als das gesprochene oder geschriebene Wort. Er erreicht seine ausgewählten Schüler durch ihr inneres Hören. Sie lauschen auf seine Stimme, die sie jedoch oft mit der Einen Stimme des schöpferischen Wortes in ihrem Inneren verwechseln. In einem bestimmten Sinne ist das nicht falsch, denn obwohl die Unterweisungen des Adeptus Major noch durch seine Persönlichkeit gefärbt sind, ist er doch nur das Vehikel, durch das das Eine Leben sein vollkommenes Wissen an die Lernenden geistig weitergibt.

Hier jedoch müssen wir auf etwas achten, obwohl wir noch nicht zum Aufstieg in den Grad des Adeptus Major zugelassen sind. Wir sollten uns aber schon jetzt darauf vorbereiten, indem wir uns daran erinnern, dass jeder von uns als ein Ebenbild des Einen Lehrers in der Welt steht. Irgend jemand, irgendwo, hält jetzt jeden von uns für einen Lehrer, ob wir es wissen oder nicht. Achten wir also darauf, dass wir nicht für Lehrer gehalten werden, die etwas lehren, das sie gar nicht lehren wollen! Wenn wir uns sorgfältig beobachten, können wir wenigstens eine kleine nützliche Aufgabe erfüllen. Unser tägliches Verhalten sollte dazu dienen, anderen zu zeigen, dass man sich für Okkultismus interessieren kann, ohne zum Sonderling zu werden, ohne die äußere Erscheinung und das Benehmen zu vernachlässigen, ohne zu versuchen, durch merkwürdige Reden und Taten oder fremdartige Kleidung aufzufallen.

Vor einigen Jahren traf ich einen Mann, den viele für einen Adeptus Major hielten. Er selbst erhob keinen Anspruch darauf. Er erhob in der Tat überhaupt keine Ansprüche. Doch so, wie ein anderer Lehrer vor ihm auch schon, erzählte er mir alles, was ich je in meinem Leben getan hatte. Er fiel überhaupt nicht auf. Kein Mensch sah ihm nach, wenn er durch die Straßen ging, und er konnte unbemerkt in einer Hotelhalle sitzen. Seine Kleidung entsprach der alten Rosenkreuzer-Regel, denn sie entsprach völlig dem gegenwärtigen Stil.

Es gibt gute Gründe zu glauben, dass die Zahl solcher Menschen beträchtlich größer ist, als allgemein angenommen wird. Sie verbergen sich, um ohne jede Störung lehren zu können. Man erkennt sie daran, dass sie immer dem

Ideal der Schönheit treu sind. Die Kleidung dieses Mannes war schön, er hatte eine gute Haltung, seine Stimme war angenehm, die Wahl seiner Worte und Bilder war wundervoll, seine Lebensauffassung war eine beständige Verehrung des Schönen und seine Unterrichtsstunden - Stunden, die ich niemals vergessen werde - waren eine Zeit in Schönheit.

Kommen wir auf den Pfad von Lamed zurück, den Pfad der Gläubigen Intelligenz. Das dazugehörige hebräische Wort ist *Amen,* אמן, was das gleiche bedeutet wie »so ist es«, am Ende eines Gebetes. Amen ist auch ein Name von Kether, dem Urwillen. Dadurch hängt Amen mit der Idee des ersten Willensimpulses zusammen, aus dem das Universum hervorgeht.

Für gewöhnlich wird der Zahlenwert von אמן mit 91 angegeben, der Summe der Zahlen von 0 bis 13. So gesehen steht אמן für den vollständigen Ausdruck der Begriffe von Einheit und Liebe, אחד, *'axad* und אהבה, *'ahava,* mit dem Zahlenwert 13. Doch manchmal wird das End-Nun verwendet, das der Zahl 700 entspricht und dann hätte אמן den Zahlenwert 741. Auch diese Zahl steht in Beziehung zur 13. 91 ist 7 x 13, 741 dagegen 3 x 13 x 19. Würden die Faktoren von 741 als hebräische Worte geschrieben, ergäben sie: אב (3) x אחד (13) x חוה (19), oder: Vater (אב) x Einheit (אחד) x Mutter (Eva, חוה). Wenn man für אמן die Zahl 741 zugrunde legt, ist seine okkulte Bedeutung deshalb die Kraft des Vaters, der die Eine Kraft darstellt und sich durch die Mutter manifestiert. Nimmt man jedoch 91 als Wert für אמן, so entspricht dieser Zahlenwert den Wörtern יהוה אדני, *Jehova Adonaji* (Gott der Herr).

All diese kabbalistischen Ausdrücke dienen einem einzigen Zweck. Sie deuten darauf hin, dass die Bewusstseinsqualität, die durch das Wort *Amen,* אמן, (gläubig), ausgedrückt wird, die Natur des Einen Willens und auch die wirkende Kraft ist, die die Formen manifestiert. Deshalb sagt Paulus, der von Rabbi Hillel ausgebildet wurde: »Der Glaube ist die *Substanz* der Dinge, auf die man hofft.«

In Zusammenhang mit dem Buchstaben Lamed wird Glaube außerdem mit Handlung verbunden. Glaube ist nicht blindes Vertrauen in die Worte einer Autorität. Der Glaube der Weisen gründet auf ihrer Erkenntnis, dass das kosmische Gesetz mit unfehlbarer Genauigkeit arbeitet. Glaube wird deshalb mit Handlung in Zusammenhang gebracht, weil die Kenntnis der Arbeitsweise des Gesetzes von Ursache und Wirkung im Innersten des Menschen nur durch gewissenhafte Schulung erworben werden kann, die erleichtert wird, wenn man Tarotschlüssel II betrachtet. Dieser Schlüssel hinterlässt im Unterbewusstsein des Betrachters bildhafte Symbole, die den lebendigen Glauben wecken. Das Betrachten dieses Schlüssels baut Glauben auf, denn auch das ist schon eine Tätigkeit, durch die die Gehirnstrukturen verändert werden.

Der Text sagt von diesem Pfad, dass »alle Erdenbewohner unter seinem Schatten wohnen«. Weil dies der Pfad ist, den östliche Lehrer mit Karma in Verbindung bringen, bedeutet »unter seinem Schatten wohnen«, den Folgen von Ursache und Wirkung unterworfen zu sein. Das bedeutet nicht, dass es kein Entrinnen gäbe. Der Ausdruck »Erdenbewohner« bedeutet mehr, als der flüchtige Leser zu erfassen vermag.

Es gibt zwei verschiedene Arten von Menschen. Die weitaus größere Anzahl wohnt tatsächlich auf Erden. Ihr Bewusstsein ist auf die physischen Bedingungen begrenzt, ihr Urteil beruht auf physischen Erscheinungen und ihre Erwartungen sind durch vergangene Erfahrungen bestimmt. Andererseits gibt es in jeder Generation wenige – obwohl in diesem Zeitalter ihre Zahl schnell wächst – die wissen, dass sie sowohl »im Himmel« als auch »auf Erden« leben. Sie verstehen, dass das wahre Selbst des Menschen das Kontrollzentrum der Welt der Ursachen und nicht nur ein Phänomen in der Welt der Wirkungen ist.

Weil sie sich mit diesem Kontrollzentrum und mit der vollkommenen Freiheit seiner innersten Essenz identifizieren, wissen sie, dass die Herrschaft des Gesetzes für sie keine Kette bedeutet, die sie fest an die Auswirkungen ihrer vergangenen Fehler bindet.

Sie haben daher den echten Glauben, der bis in die kleinsten Details ihrer täglichen Erfahrung hinein reicht. Sie leben in der wohlbegründeten Erwartungshaltung, dass sich ihr Innenleben und ihre äußere Umgebung ständig im Stadium fortschreitender Verbesserung befinden. Sie haben die unerschütterliche Überzeugung, dass alles, was den freien, glücklichen Ausdruck der Lebenskraft behindert, aufgelöst werden kann. Sie verstehen, dass nichts der unendlichen Kraft Grenzen setzen kann und dass keine Form eine Grenze darstellt, die nicht durch Entfaltung der grenzenlosen Macht der Lebenskraft überschritten werden kann. Deshalb wissen sie, dass eine Berichtigung immer möglich ist. Wie schlimm auch die Dinge aussehen mögen, wie verschroben und anormal eine Situation auch erscheinen mag, diejenigen, die in den Manifesten »Bewohner des Himmels« genannt werden, sind davon überzeugt, dass die Balance wiederhergestellt und das Gleichgewicht wiedergewonnen wird.

DIE LEHREN DES GRADES

Der Grad des Adeptus Major enthält zehn Lehren. Sie werden von den Buchstaben der drei Namen der fünften Sephirah: *Pachad, Geburah* und *Din* abgeleitet und mit ihnen in Verbindung gebracht. Es handelt sich um folgende:

I. DER TURM

Schlüssel 16 (פ)

Keine Form ist von Dauer, noch trennt irgendeine Form einen Teil vom Ganzen der Einheit ab. Die Wirklichkeit, die sich an jedem beliebigen Punkt im Raum manifestiert, ist identisch mit der Wirklichkeit, die an allen Punkten des Raumes existiert. Die Wirklichkeit der Gegenwart ist identisch mit der Wirklichkeit, die schon immer ununterbrochen in der Vergangenheit wirkte und die auch ununterbrochen in der Zukunft bestehen wird.

Im Zusammenhang mit dieser Lehre muss angemerkt werden, dass Pe der Buchstabe von Mars ist und dass der fünfte Kreis auf dem Lebensbaum als die Sphäre von Mars gilt. Mars ist der Planet der Tat, deshalb ist der zweite der beiden Pfade, die zum Grad des Adeptus Major führen, von Mars beeinflusst, obwohl der Buchstabe Lamed astrologisch dem Tierkreiszeichen Waage zugehört, das von Venus regiert wird. Dies ist einer der vielen Hinweise in der okkulten Literatur auf das Zusammenspiel von Imagination (Venus) und Tat (Mars).

Jede Handlung ist auflösend. Eine Illusion, durch die der Weise nicht getäuscht wird, lässt den Unwissenden glauben, dass etwas ins Dasein tritt, sobald eine Form sichtbar wird. Die Wissenden verstehen, dass etwas anderes verschwindet, wenn irgendetwas Form annimmt. Das kann man bei Kälte und Wasser beobachten. Die Flüssigkeit verschwindet, wenn sich Eis bildet. Wird das Eis in ein warmes Zimmer gebracht und schmilzt, kommt das Wasser wieder zum Vorschein. So ergeht es jeder anderen Erscheinungsform. Der Aufbau jeder spezifischen Form ist die Auflösung einer anderen Form, die in komplementärer Beziehung zu ihr steht.

2. DER WAGEN
Schlüssel 7 (ח)

Die Eine Wirklichkeit ist das Feld ihrer eigenen Manifestation, das Vehikel ihrer eigenen Existenz, und diese Eine Wirklichkeit ist im Menschen das richtungsweisende Prinzip, das mit dem Wort »Ich« bezeichnet wird.

Der Name des hebräischen Buchstabens Chet, der Tarotschlüssel 7 zugeordnet wird, bezeichnet ein »Feld« oder einen Zaun, der dieses Feld umschließt. Mit dieser Lehre wird gesagt, dass die Substanz, aus der alle Formen bestehen, die eigene Natur der Lebenskraft ist. Es ist nicht so, dass der Geist auf die Materie einwirkt, um Formen aufzubauen und aufzulösen. Die wahre Ursache aller Schöpfung und Formauflösung ist vielmehr, dass der Geist auf sich selbst einwirkt. Das reine Bewusstsein der Lebenskraft ist überall gegenwärtig, und dieses innerste, lenkende Prinzip erkennen wir als das Selbst, das sich durch die menschliche Gestalt manifestiert. Das gleiche Selbst ist zugleich die Substanz sowie die aufbauende und wieder auflösende Kraft, die sich uns als äußere Lebensbedingungen darstellt. Diese beginnen bei dem, was wir »unseren Geist« nennen, und erstrecken sich weiter nach außen (wie es uns erscheint) vom Geist bis hin zum Körper, und vom Körper zu den verschiedenen Formen, die unseren Körper umgeben, bis hin zu den entferntesten Galaxien.

3. DIE KAISERIN

Schlüssel 3 (ד)

Natur ist die sich manifestierende Kraft der Einen Identität. In der gesamten Natur widersetzt sich keine Kraft diesem Einen. Alle Naturkräfte, ohne Ausnahme, dienen als Instrumente, die den freien Willen dieser Einen Identität zum Ausdruck bringen. Was uns anders erscheint, beruht auf Einbildung, und wenn man diese Einbildung für Wahrheit hält, gibt man sich einer Selbsttäuschung hin, die den Unwissenden gefangen hält.

Dem Leser wird empfohlen, die Gestalten von Schlüssel 3 und 7 miteinander zu vergleichen. Der Wagenlenker auf Schlüssel 7 scheint männlich zu sein, doch hat er das gleiche blonde Haar wie die Kaiserin und trägt, wie sie, einen grünen Kranz auf dem Kopf. Sein Gesicht zeigt ähnliche weibliche Züge, wie die Gestalt von Schlüssel 3. Außerdem wird Schlüssel 7 das Zeichen Krebs zugeordnet, ein weibliches Zeichen, das die weibliche Brust als Nahrungsquelle regiert. Auch wird dieses Zeichen vom Mond beherrscht, der auf Tarotschlüssel 2 durch die Hohepriesterin dargestellt wird.

Man beachte, dass wir in unserer Erklärung des Gewölbes von Bruder C. R. von der Zahl 7 als einer Zahl der Venus sprachen. Das magische Quadrat der Zahl 7 wird seit Jahrhunderten mit Venus verbunden. Daher wird auch der siebente Kreis auf dem Lebensbaum, *Netzach,* die Sphäre der Venus genannt.

In der dualistischen Pseudophilosophie, auf der alle exoterisch, strenggläubige Kirchlichkeit beruht, ist die Natur (oder das Universum) das *eine* und Gott das *andere.* In der okkulten Philosophie und in der Philosophie der Rosenkreuzer ist das, was die Menschen Natur nennen, nichts anderes als die *Kraft* Gottes, die überall als Manifestation des Heiligen Geistes erkannt wird. Daher ist die Darstellung auf Schlüssel 7 voller Frieden. Es gibt keinen Kampf – der Sieg ist bereits errungen, und die Hauptbedeutung dieser Darstellung entspricht der Hauptbedeutung von Schlüssel 3.

3. DIE HOHEPRIESTERIN

Schlüssel 2 (ג)

Die sich manifestierende Kraft der Einen Identität gründet auf der vollkommenen Erinnerung der Lebenskraft an alles, was sie je erschaffen hat. Weil die Lebenskraft die zentrale Wirklichkeit jeder persönlichen Existenz ist, hat jeder Mensch Zugang zu dieser unvergänglichen und vollkommenen Aufzeichnung der Vergangenheit. Dieses vollkommene Gedächtnis der Einen Identität ist das Bindeglied, das alle Individuen vereinigt, genauso, wie die Kapitel eines Dramas im Bewusstsein seines Autors vereinigt sind.

Der Buchstabe Gimel bedeutet »Kamel«. Er ist deshalb ein Symbol für Transport, Handel und für alles, was einen Punkt im Raum mit anderen Punkten verbindet, ebenso wie für Informationen, die von einem Ort zum anderen eilen.

Im kabbalistischen System wird dieser Buchstabe auf dem Lebensbaum der Vereinigenden Intelligenz des 13. Pfades zugeordnet, der *Tiphereth*, den Sitz des persönlichen Ego-Bewusstseins, mit *Kether*, dem Sitz von *Jechidah*, dem universellen EGO-Bewusstsein, verbindet.

Der Buchstabe Gimel und Schlüssel 2, Die Hohepriesterin, werden auch mit dem Gedächtnis in Zusammenhang gebracht. Wir lesen im Werk von Philo Judaeus folgende Aussage über Gimel:

»Denn das Tier käut wieder, was es frisst, und wenn es sich niederbeugt, wird ihm eine schwere Last auferlegt. Doch mit großer Muskelkraft erhebt es sich leicht. Genauso ergeht es der Seele eines Menschen, der sich ernsthaft dem Lernen hingibt. Wenn ihr die Bürde auferlegt wird, über die Dinge nachzusinnen, wird sie ganz demütig, doch wenn sie sich erhoben hat, jubelt sie. Und wenn sie die erste Nahrung, die ihr vorgelegt wurde, zerkleinert und erweicht hat, erwacht in ihr die Erinnerung an jene Betrachtungen.«[16]

5. DER MAGIER

Schlüssel I (ב)

Das Selbstbewusstsein des Menschen, das sich zwischen einer Unendlichkeit oben und einer Unendlichkeit unten im Gleichgewicht zu befinden scheint, ist in Wirklichkeit ein Aspekt der Einen Identität. Dieses Eine sieht durch unsere Augen, hört durch unsere Ohren, spricht durch unsere Lippen. Scheinbar unausgeglichene Entwicklungen entstehen durch das Gesetz des steten Wandels der Formen. Die Lebenskraft, die sich in jeder gegebenen Form ausdrückt, kennt sich selbst und ihre Kräfte vollkommen. Sie weiß auch, dass eine unvollendete oder unvollkommene Form keine Fehlleistung ist. Der Mensch urteilt nach der äußeren Erscheinung und urteilt deshalb falsch, weil er nur einen Teil sieht. Die Eine Identität aber weiß die ganze Wahrheit, weil sie Anbeginn, Mitte und Ziel aller Geschöpfe ist und daher kennt.

Dieses Wissen sollte sorgfältig in Zusammenhang mit den Symbolen von Schlüssel I studiert werden, denn es ist eine Weiterführung der Lehre von der absoluten Nicht-Getrenntheit. Alle Dinge entstehen aus dem Einen. Alle Aktivitäten sind Funktionen dieses Einen. Nichts teilt auch nur für einen Augenblick die unzerbrechbare Einheit der Unteilbaren Einen Identität.

6. DER HIEROPHANT

Schlüssel 5 (ו)

Die Lebenskraft ist willens, ihr höheres Wissen jedem zugänglich zu machen. Immer wohnt sie im Zentrum des Tempels der menschlichen Persönlichkeit. Sie ist immer geneigt zu sprechen, wir müssen nur hinhören.

Die Rosenkreuzer-Manifeste besagen: »...die wir nicht euer Geld suchen, sondern euch unsere großen Schätze gutwillig anbieten.« Und an einer anderen Stelle steht geschrieben, dass derjenige, der wirklich will, großzügig vom Wasser des Lebens trinken darf.

Was wird aus denen, die diese Gabe zurückweisen? Die Zeitlose Weisheit erklärt, dass derjenige, der die Annahme verweigert, gar nicht anders handeln kann. Er ist noch nicht bereit. Die Bereitschaft, auf die Stimme des Lehrers zu hören, der im Tarot als Hierophant abgebildet ist, stellt ein ganz bestimmtes Entwicklungsstadium der menschlichen Persönlichkeit dar. Denen, die sagen: »So viel Leid könnte verhindert werden, wenn die Lebenskraft nur die Menschen zwingen würde, zuzuhören«, antwortet der Weise: »Nicht doch! Die wahre Freude der Erlösung besteht darin, dass die Tränen getrocknet werden und das Leid in Glück verwandelt wird.«

Man könnte genauso gut fragen: »Warum können nicht alle Äpfel auf einmal reif werden?« wie: »Warum wenden sich nicht alle Menschen sofort den Unterweisungen des Einen Lehrers zu?« Äpfel sind sauer, hart und bitter, ehe sie süß, zart und wohlschmeckend werden. Auch die Menschen sind in einem gewissen Entwicklungsstadium hartherzig und sauer aufgrund ihrer Unwissenheit. Doch schließlich reifen auch sie heran. In der kurzsichtigen Auslegung unserer Erfahrungen wünschen wir uns, dass es keine grünen Äpfel gäbe, und wir wundern uns darüber, dass Menschen so unwissend sein müssen. Darüber verlieren wir die Sicht für das wirklich Wunderbare. Früchte reifen nach ihren Entwicklungsgesetzen, und auch Menschen reifen nach ihren Entwicklungsgesetzen. Diese Gesetze zu finden und den Prozess der Reifung voranzutreiben, so wie ein weiser Gärtner das Reifen der Frucht beschleunigt, ist die wahre praktische Arbeit eines Okkultisten.

7. DIE SONNE
Schlüssel 19 (ר)

Die Eine Identität ist die Sonne des Lebens und des Lichtes. Sie ist die geistige Sonne, von der unser Tagesgestirn Symbol und äußere Manifestation ist. Wer das versteht, erfasst im Laufe der Zeit, dass seine Persönlichkeit außerhalb der Strahlung der geistigen Sonne nicht existieren kann.

Auf Schlüssel 19 ist die Sonne am Himmel die treibende Kraft, die alles durchdringt, was auf dem Bild gezeigt wird. Alles auf Erden ist verdichtetes Sonnenlicht. Die Sonne tanzt mit den Kindern im Feenring. Sonnenenergie formte die Steine der Mauer und wurde zur Arbeit der Steinhauer und Steinmetzen. Sie verursachte die Wetterwechsel, durch die der Boden entstand, in dem die Sonnenblumen und das Gras wurzeln. Sonnenkraft wird zum Wachstum jeder Pflanze benötigt.

Die physische Sonne am Himmel ist wie ein Dynamo, der die geistige Energie des Universums, die sowohl physische als auch metaphysische Formen annimmt, speichert und ausstrahlt.

8. DER KAISER
Schlüssel 4 (ה)

Die höchste Manifestation der geistigen Sonnenkraft ist die Konstituierende Intelligenz, die alles im Universum erschafft und gestaltet. Diese Intelligenz ist in jedem Menschen gegenwärtig. Jeder Mensch ist ein Ausdruckszentrum dieser Intelligenz. Dies ist die Wahrheit über den Menschen, die ein Adeptus Major vollkommen erkennt.

Der, der sagen konnte: »Ich und mein Vater sind Eins« und der auch erklärte: »Wer mich gesehen hat, hat den Vater gesehen«, behauptete genau das, was in dieser achten Lehre im Grad des Adeptus Major festgelegt ist. Denn er sagte auch: »Wahrlich, ich sage euch; was ihr getan habt einem von diesen meinen geringsten Brüdern, das habt ihr mir getan.« In diesem Zusammenhang sollte Kapitel 25 des Matthäus-Evangeliums ab Vers 31 gelesen werden.

Man beachte, dass die ursprünglichen Worte von Luther falsch übersetzt wurden, wenn vom «ewigen Feuer« gesprochen wird. Was Jesus über die Konsequenzen sagte, wenn seine Lehre nicht verstanden und daher falsch umgesetzt wird, wurde in Wilson's *Emphatic Diaglott* mit *Äonen währendem Feuer* und *Äonen währendem Getrenntsein* richtig übersetzt. Die wörtliche Bedeutung des griechischen Originaltextes lautet: »für die Dauer eines Zeitalters«. Und diese Bedeutung ist gewiß nicht schwer zu verstehen. Wenn jemand die Lektionen seiner Zeit nicht lernt, wird er in der kosmischen Schule einen Grad zurückgestuft. Das ist schmerzlich, denn man wird von seinen natürlichen Gefährten auf dem Lebenspfad getrennt.

Geradeso wie jene, die ihre Studien vernachlässigen und ihre Examina nicht bestehen, von ihren Mitschülern getrennt werden, so werden auch jene, die die Lebensgesetze nicht verstehen oder falsch anwenden, dazu gezwungen, die gleichen Lektionen zu wiederholen. Sie bleiben hinter ihrer Klasse zurück, und das ist Strafe genug. Es gibt weder eine *ewige* Bestrafung, noch ein *ewiges* Getrenntsein.

Man beachte, dass die Betonung hier auf dem *geringsten* meiner Brüder liegt. Dies steht in direktem Widerspruch zu allen volkstümlichen Meinungen und auch zu manchem okkulten Unsinn, der über die »Hierarchie« verbreitet wird. Wann werden Schüler des Okkultismus lernen, dass die »Hierarchie« eine Reihe von Stationen ist, die aus Ämtern mit wachsender Verantwortung und wachsenden Aufgaben des Dienens bestehen? Die höchste Position bringt auch den umfangreichsten und härtesten Dienst mit sich. Die Menschen gehen durch diese Stationen, wie sie die Grade einer Loge durchwandern.

Doch die, die wissen, sind sich dessen völlig bewusst, dass auch das geringste Mitglied dieser großen Bruderschaft der Menschheit eine Inkarnation der herrschenden und konstituierenden Kraft des Universums ist, die dazu bestimmt ist, irgendwann einmal auf dem Meisterstuhl zu sitzen, um die ganze Loge zu leiten. Deshalb sind alle weltlichen Auszeichnungen und Ehrungen nichts im Vergleich dazu, dass das regierende Prinzip des Universums die zentrale Wirklichkeit jedes menschlichen Lebens ist.

9. DER EREMIT

Schlüssel 9 (י)

Die gesamte Arbeit des Adeptus Major muss als bewusste Identifizierung mit dem Einen wahren Willen gesehen werden. Er erkennt die Nichtigkeit der falschen Vorstellung von einer getrennten Persönlichkeit. Seine klare Wahrnehmung von der Natur des wahren Selbst bringt ihm vollkommene Freiheit, weil er erkennt, dass die Eine Identität – der Meister von allem – frei und niemals unter Zwang handelt.

Das Gefühl der Gebundenheit ist Teil der Täuschung, die ihre Wurzeln in der Illusion der Getrenntheit hat. Alle Menschen sind grundsätzlich frei, auch wenn es so aussieht, als ob sie gebunden seien. Doch nur zu sagen: »Ich bin frei«, bedeutet nicht Erlösung. Es ist außerordentlich schwierig, dies in der gewöhnlichen Sprache zu erklären. Doch die Weisen stimmen darin überein, dass es wahr ist.

Im Tarot wird dies durch Schlüssel 9, Der Eremit, ausgedrückt. Er, der auf dieser erhabenen Höhe steht und zu denen herab schaut, die sich den Berg hinauf mühen, und der seine Laterne wie ein Leuchtfeuer für sie erstrahlen lässt, ist das Eine Selbst. Er kennt ihr Schicksal und weiß, dass sein eigenes Leben und Licht die treibende Kraft ist, die sie aufsteigen lässt, oder besser gesagt: Die Zeit wird kommen, da sie wissen werden, so wie er jetzt weiß, dass sie eins mit ihm sind, und dort stehen werden, wo er jetzt steht.

10. DER TOD
Schlüssel 13 (נ)

Ein solcher Mensch wird die Notwendigkeit erkennen, dass die äußeren Vehikel der Lebenskraft ständig umgeformt werden müssen. Er versteht die wirkliche Bedeutung der Erscheinung, die der Mensch Tod nennt. Er ist nicht mehr Opfer dieses Vorgangs, denn er hat sich mit der Kraft, die dahinter steht, identifiziert. Daher behält er während aller Umwandlungen seine selbstbewusste Identität. Er hat den Tod überwunden.

Diese letzte Behauptung darf nicht missverstanden werden. Der Adeptus Major hat durchaus noch nicht das Geheimnis der physischen Unsterblichkeit gelüftet, denn noch ist er nicht Meister des Tempels. Was er erreicht hat, ist eine ununterbrochene selbstbewusste Wahrnehmung. Das beinhaltet natürlich auch die Erinnerung an vergangene Leben.

Wer die *Fama* und *Confessio* sorgfältig liest, erfährt, dass die Autoren dieser Schriften nicht den Anspruch erheben, das Geheimnis der physischen Unsterblichkeit zu besitzen. Im Gegenteil, die *Fama* behauptet ausdrücklich: »...Und wiewohl ihre Leiber von aller Krankheit und Schmerzen befreit waren, konnten die Seelen den ihnen [von Gott] bestimmten Punkt der Auflösung doch nicht überschreiten.« Derselbe Abschnitt erzählt von Bruder I.O., der in England starb, so wie es Bruder C. ihm lange vorhergesagt hatte. Dies steht keineswegs im Widerspruch – wie Waite vermutete – zu der Behauptung, die einige Zeilen weiter im Buch M. aufgestellt wird: »Wiewohl wir der ganzen Welt *Imaginem* und *Conterfactur* [Bild und Gleichnis] vor Augen haben können – ist uns doch weder unser Unglück noch Sterbestündlein bewusst, das uns der große Gott vorbehält, weil ER uns in steter Bereitschaft haben will.« Wir behaupten, dass ein großer Unterschied zwischen der Vorhersage besteht, dass jemand an einem bestimmten Ort sterben wird, und der Prophezeiung der genauen Todes*stunde*. Leser dieser Seiten, die mit Astrologie vertraut sind, verstehen, wie wahr das ist.

Was der Adeptus Major erreicht, ist die Kraft, auf die die *Confessio* anspielt, wenn dort gefragt wird: »Wäre es nicht ein köstlich Ding, dass du alle Stunde so leben könntest, als wenn du von Anfang der Welt an bis hierher gelebt hättest und noch ferner bis ans Ende derselben leben solltest?« Diese

Kontinuität des Bewusstseins hat der Adeptus Major entwickelt. Wie wir sehen werden, verlängern die Meister des Tempels häufig ihr Dasein auf diesem Planeten, aber auch sie erreichen nicht das Stadium, das sich törichte Träumer als die endlose Fortdauer ihres gegenwärtigen physischen Körpers vorstellen. Was der Meister des Tempels erreicht, ist etwas Höheres und Besseres.

Sowohl Kontinuität des Bewusstseins, wie es der Adeptus Major erreicht hat, als auch die höheren Stufen eines Meisters des Tempels hängen von der Kontrolle einer Kraft ab, die in dem Teil des menschlichen Körpers aktiv ist, der astrologisch vom Zeichen Skorpion regiert wird. Von der Kontrolle dieser Kraft spricht die *Confessio*, wenn sie die Kräfte eines Adepten als die eines Menschen erwähnt, den sie so beschreibt: »...dass ihm keine Armut, Ungemach oder Krankheit schaden kann, ja, dass solch einer über alle Menschen erhaben ist und über all das herrscht, was andere Leute quält, ängstigt und peinigt...«

Der Adept meistert etwas, vor dem die Welt Angst hat und das sie hasst. Deshalb wird in einer alten alchemistischen Abhandlung der Rosenkreuzer über die *Prima Materia* gesagt: »Sie ist dazu da, viele zu ruinieren und einige zu retten. Für die Masse ist diese Materie abscheulich, verachtenswert und ekelhaft, dem Philosophen ist sie kostbarer als Gold und Edelsteine. Sie liebt alle, und dennoch ist sie beinahe ein Feind aller; sie kann überall gefunden werden, aber kaum einer hat sie je entdeckt.«

Ein Adeptus Major lernt durch viele Experimente, dass sein persönliches Handeln, dessen Ursprung die meisten in sich selbst vermuten, in Wirklichkeit eine besondere Manifestation eines ununterbrochenen Bewusstseinsstromes ist, der alle Menschen miteinander verbindet und jeden einzelnen mit dem Einen Ursprungsprinzip vereinigt. Seine erste Lektion besteht darin zu erkennen, dass seine persönliche Aktivität zu allen Zeiten durch die Vereinigende Intelligenz an den ursprünglichen Willen gebunden ist. Er lernt auch, dass seine wachen, selbstbewussten geistigen Aktivitäten nur ein besonderer Ausdruck des gleichen Ursprungsprinzips sind. Er entdeckt, dass sein Gehirn ein Instrument ist, das Ströme bewusster Energie herunterstuft, die sich über und jenseits seiner geistigen Ebene befinden. Tag für Tag überlässt er sein Leben der höheren Führung. Sein Organ für inneres Hören ist hoch entwickelt. So, wie er hört, urteilt er, und sein Urteil ist gerecht, denn es entspringt der Ewigen Intelligenz, die der Hierophant darstellt. Somit gehört er zu jener Gruppe, die man in China »Knaben« oder »kleine Kinder« nennt, ein Name, der den taoistischen Weisen gegeben wird, die das Geheimnis ewiger Jugend gefunden haben. Er hat das Geheimnis entdeckt, das mit der Kontrolle der

Sonnenenergie zu tun hat, die in einer besonderen Form Erneuerung bewirkt. Der »kleine Knabe« ist außerdem eins mit dem Vater, daher ist er das Vehikel der Konstituierenden Intelligenz, die alle Dinge im Universum ordnet.

Kurz gesagt: Ein Adeptus Major ist ein bewusster »Adapter« der kosmischen Kräfte, durch die die Welten entstehen. Er arbeitet mit stärkeren Kräften als die es sind, die der Adeptus Minor beherrscht, und er ist dazu in der Lage, weil er, als er den 23. Pfad durchschritt, die Illusion überwunden hat, eine von anderen getrennte Persönlichkeit zu sein. Zusätzlich hat er auf dem Pfad, der Schlüssel 11, Die Gerechtigkeit, zugeordnet wird, das Geheimnis des Ausgleichs gefunden.

Doch der wichtigste Schlüssel für die Bedeutung dieses Grades ist der Turm, das Tarot-Bild des Buchstabens Pe. Es ist der Grad der völligen Zerstörung der Empfindung, eine Einzelpersönlichkeit zu sein, wodurch der Adept wie durch einen Blitzschlag klar erkennt, dass er ohne die Eine Lebenskraft als Person absolut *nichts* ist. Diese Erkenntnis ist das Große Erwachen, und wer vollkommen erwacht ist, kann zum nächsten Grad weiter schreiten: dem Grad des Adeptus Exemptus.

→ KAPITEL 18 ←

ADEPTUS EXEMPTUS

7 = 4

Der Grad des Adeptus Exemptus entspricht den Vorstellungen, die mit der Zahl 4 und dem vierten Kreis auf dem Lebensbaum verbunden sind, der *Chesed,* חסד, genannt wird, ein hebräisches Wort, das unterschiedlich mit »Gnade«, »Herzensgüte« oder »Wohlwollen« übersetzt wird. Seine wörtliche Bedeutung heißt »Großzügigkeit«. Darum wird dieser Aspekt der Lebenskraft mit der Kraft des Planeten Jupiter in Verbindung gebracht. Im Hebräischen wird Jupiter צדק, *`tsedek,* genannt, was wörtlich »Rechtschaffenheit« bedeutet.

Dies ist der höchste der drei Grade, die den Zweiten Orden bilden. Sein Name, Adeptus Exemptus bzw. Befreiter Adept, ist genauerer Betrachtung wert. Befreit – wovon? Von der Selbsttäuschung der *persönlichen* Teilhabe an irgendetwas oder an irgendeiner Handlung, sowie vollkommene Freiheit ohne den leisesten Hauch der irrtümlichen Vorstellung von Getrenntheit. Wer diesen Grad erreicht hat, ist mehr als nur ein offener Kanal für das Gesetz, das nicht gebrochen werden kann, er ist mehr als ein Lehrer dieses Gesetzes. Er teilt die unerschöpfliche Gnade der Lebenskraft aus.

Gnade vermittelt eine höhere Würde als Gerechtigkeit. In der alten Gesetzgebung musste sich der Richter streng an das Gesetz halten und Täter, deren Schuld bewiesen war, verurteilen. Nur der König konnte das höhere Privileg der Gnade ausüben. Die Gerechtigkeit hält eine Waage in der Hand, und wo Buch geführt wird, da gibt es auch den Schatten der Getrenntheit. Gnade gibt rückhaltlos, obwohl die hebräische Weisheit darauf hinweist, dass sich dieses Wohlwollen in Übereinstimmung mit wohl bemessenen Rhythmen befindet: Die Kabbalah sagt, dass der Pfad von *Chesed* קבוע, *ka`vu'a,* genannt wird, was für gewöhnlich mit »messend«, »Einhalt gebietend« oder »empfangend« übersetzt wird. Im *Sepher Jetzirah* heißt es: »*Der vierte Pfad wird die Einhaltgebietende oder Empfangende Intelligenz genannt, denn er erhebt sich wie ein Grenzwall, um die Ausstrahlungen der höheren Intelligenzen aufzunehmen, die zu ihm herabgesandt werden. Aus ihm entspringen auf subtile Weise alle geistigen Tugenden; er selbst aber entspringt der Höchsten Krone.*«

Die Betonung liegt hier auf der Empfänglichkeit von *Chesed.* Der Grad, der Chesed zugeordnet wird, zeichnet sich daher durch Empfänglichkeit aus. Die geistigen Kräfte, die ein Adeptus Exemptus ausübt, empfängt er von oben. Er ist ein Zentrum der Ausstrahlung dieser Kräfte. Das Wirkende, durch das er sie ausstrahlt, wird דקות, *dakut,* wörtlich »Kleinheit, Zartheit, Feinheit,« genannt. Dieses Wirkende strahlt aus der höchsten Krone, also von *Kether* herab, dem ersten Aspekt der Lebenskraft. *Kether* ist der Sitz von *Jechidah,* dem unteilbaren, kosmischen Selbst.

Die Arbeit des Adeptus Exemptus ist also offensichtlich mit dem Ausgießen der Kräfte der höheren Intelligenzen verbunden. Das Wirkende, durch das diese Kräfte denen, die dafür empfänglich sind, übertragen wird, ist eine subtile Strahlung aus dem kosmischen Selbst. Das bedeutet, dass der Adeptus Exemptus diese subtile Strahlung auf ähnliche Weise verbreitet, wie ein Rundfunkansager den elektrischen Strom benutzt. Die benötigte Energie kommt aus einer höheren Quelle als die ausgestrahlten Kräfte.

In diesem Zusammenhang ist es bemerkenswert, dass das Wort דקות, *dakut*, mit der Zahl 510 dem Zahlenwert des hebräischen Buchstabennamens *Resch*, ריש, entspricht, der in der Astrologie der Sonne und im Tarot Schlüssel 19 zugeordnet wird. Mit *Dakut* (Zartheit) wird eine Kraft bezeichnet, die im praktischen Okkultismus genutzt wird. Sie ist eine Form der Sonnenstrahlung. Das Wort stammt aus der Wurzel דק, *dak* (fein, schmal, dünn). Das gleiche Wort bedeutet auch »Staub«. Im modernen Hebräisch bedeutet es »winzig, unendlich klein«.

Man versuche, sich ein geistiges Bild von diesen Hinweisen zu machen und erinnere sich daran, dass das, was wir besprechen, Wirklichkeit ist. Metaphysisch ist es die strahlende Energie von Kether, die auf Schlüssel 0, Der Narr, durch die weiße Sonne dargestellt wird. Doch ist sie nicht nur metaphysisch, denn es ist eine wirkliche Kraft, die durch den hebräischen Ausdruck, der auch »Staub« bedeutet, genau beschrieben wird, denn es ist der feinkörnige kosmische Staub, der in allen Dingen Gestalt annimmt. Die Arbeit des Adeptus Exemptus befasst sich deshalb mit der Kontrolle dieses subtilen Etwas, das gleichzeitig Substanz und Energie ist.

Drei Pfade führen zu diesem Grad. Der erste ist der einundzwanzigste Pfad von Kaf, der im Grad des Philosophus beginnt. Der zweite ist der zweiundzwanzigste Pfad von Jod, der im Grad des Adeptus Minor beginnt. Der dritte ist der neunzehnte Pfad von Tet, der im Grad des Adeptus Major seinen Anfang nimmt.

DER EINUNDZWANZIGSTE PFAD

Der einundzwanzigste Pfad wird die Intelligenz der Verlangenden Suche genannt. Er wird deshalb so genannt, weil er den göttlichen Einfluss empfängt, der in ihn hineinfließt und durch ihn auf alles, was existiert, Segen herabsendet.

Sepher Jetzirah

Dieser Pfad wird auch »die Belohnende Intelligenz derer, die suchen« oder »die Versöhnende Intelligenz« genannt. Das sehnende Verlangen, das zu ernsthafter Suche führt, hat seinen Ursprung in der vagen Erinnerung an die wahren Kräfte des inneren Lebens des Menschen. Dieses Sehnen veranlasst ihn, Nachforschungen anzustellen, um das Wissen zu finden, mit dem er die Höhen der Erkenntnis erklimmen kann. Der Antrieb, der aus den Tiefen der Unwissenheit und der Erfolglosigkeit herausführt, stammt aus dem beinahe vergessenen Wissen, das in der *Fama* »des Menschen Adel und Wert« genannt wird. Die intuitive Überzeugung, dass der Mensch nicht Sklave seiner Umstände ist – obwohl es oft so aussieht – ist die treibende Kraft, die hinter all seinen Bemühungen steht und ihn zu einer wirklichen Herrschaft führt.

Die verschiedenen Titel dieses Pfades bedeuten folgendes:

1. Die Arbeit, die zu den Höhen führt, ist eine Versöhnung mit der wahren Natur aller Dinge. Menschen sind einander fremd geworden. Wie der Verlorene Sohn sind sie weit weg von Heim und Erbe gewandert. Darum nennt Lao-Tse die Arbeit des Tao eine »Heimkehr« – daher der Titel »Versöhnende Intelligenz«.
2. Diese Arbeit ist nur für Suchende bestimmt. Es genügt nicht, das Wort von der Befreiung nur zu hören. Aktive und eifrige Nachforschungen sind notwendig.

Der Adept, der diesen Pfad betritt, bemüht sich nicht darum, irgendetwas zu erreichen. Auch hat er nicht den Wunsch, einem anderen Menschen, ja, nicht einmal den Naturkräften seinen persönlichen Willen aufzwingen, denn er hat gelernt, dass der *persönliche* Wille eine Selbsttäuschung ist. Sein Wissen hebt alle irrigen Wunschvorstellungen auf. Was der Adeptus Major sucht, wenn er sich dem Grad des Adeptus Exemptus nähert, ist *erhöhte Empfänglichkeit.* Er ist darum bemüht, sich mehr und mehr dem Einfluss des göttlichen Kraftstroms zu öffnen. Man könnte sagen, er bemüht sich darum, sich nicht zu bemühen. Lao-Tse schreibt: »Die größte Tugend gleicht dem Wasser, das sich allem anpasst. Es erreicht mühelos die unzugänglichsten Stellen. Deshalb ist es wie Tao. Es hat die Gabe, sich seinem Gefäß anzupassen.«

Kein Leben ist lebenswert, wenn es nicht zum Segen für andere wird. Glück ist keine Zielvorstellung; es ist das Nebenprodukt eines gesegneten Lebens. Ruhm, Vermögen und Erfolg haben keinen Reiz ohne Glück. Nur jene sind wirklich glücklich, die zu einem Instrument des Segens werden.

Dies ist kein frömmelndes Gerede. Es ist eine einfache Wahrheit, die nur deshalb von vielen zurückgewiesen wird, weil sie frei von Anmaßung ist. Sie wird auch darum zurückgewiesen, weil eine verkehrte menschliche Anschauung die Unterdrückung gesunder Lebensfreude mit »Gutsein« verwechselt. Ein falsches Verständnis der subtilen Lehre vom Verzicht ist weitgehend dafür verantwortlich.

Natürlich erklären die Weisen, dass wir »dieser Welt« entsagen müssen, um Befreiung zu finden. Diese Entsagung bedeutet jedoch keine Zurückweisung unserer Freude am Meer, am Himmel und an der Erde, und auf keinen Fall ein Verleugnen aller legitimen Sinnesbefriedigungen. Wir werden nur davor gewarnt, nicht zum Sklaven unseres Körpers zu werden. Doch nichts von dem, was von jenen, die wissen, zu uns gelangt, deutet darauf hin, dass wir unseren Körper misshandeln und unsere Sinne abstumpfen sollen.

Es ist aber wichtig, den Glauben an eine Welt aufzugeben, die man sich aufgrund ungenauer und oberflächlicher Überlegungen sowie fehlerhafter und unvollkommener Sinneserfahrungen *vorstellt:* die Welt der allgemein anerkannten Wertvorstellungen. Es ist die Welt jener, die glauben, dass der Mensch Sklave seiner Umgebung ist. Es ist die Welt voller Mühen und Konflikte, die Welt des persönlichen Getrenntseins, es ist die Welt des »jeder für sich, und der Teufel holt sich den Letzten«.

Diese falsche Welt gibt es *nicht,* – es hat sie nie gegeben. Sie hat keine wirkliche Existenz. Sie ist genau so fabulös wie jene Gegenden, wie man sie auf alten Landkarten findet und die von seltsamen Ungeheuern bewohnt sind. Es ist ein falsches Bild, das im kollektiven Bewusstsein verankert ist. Auf diese Lüge müssen wir verzichten, damit die Wahrheit an ihren Platz treten kann.

Die *wirkliche* Welt ist eine Welt der Freude, ein Tanz des Lebens. Sie ist eine Welt, in der es niemandem schwer fällt, das Mittel zu sein, um andere glücklich zu machen. Es ist eine Welt des Überflusses, eine Welt von Gesundheit und Wohlstand. Eine der Möglichkeiten, dies zu erfahren, besteht darin, in uns die Intelligenz der Verlangenden Suche voll wirksam werden zu lassen.

Das praktische Geheimnis dieses einundzwanzigsten Pfades wird in der Schlussfolgerung gefunden, mit der dieser Abschnitt begann. In der wirklichen Welt gibt es keinen Platz für Vorlieben und Begünstigungen, keinen Raum für Rivalität und auch keinen Anlass zu falschem Patriotismus, dem letzten Refugium für Gauner.

Wer zu den höchsten Gipfeln aufsteigen will, die der Mensch erklimmen kann, muss lernen, dass ihn dieser Weg zum Instrument des Segens für die ganze Menschheit werden lässt. Es ist ein Weg, der alle Schranken zwischen

Rassenzugehörigkeiten, Kasten oder Glaubensvorstellungen niederreißt. Wer diesem Weg folgt, segnet sowohl die Menschen, die glauben, seine Feinde zu sein, als auch jene, die ihn als Freund erkennen.

Dadurch wird aus ihm durchaus kein verweichlichter »Ja-Sager«, der seinen Mantel nach dem Wind hängt, um seiner Umgebung zu gefallen. Im Gegenteil, ein solcher Mensch ist frei von jeder Neigung zu Heuchelei. Er braucht nicht zu schmeicheln. Er wird das Böse genauso heftig bekämpfen, wie es andere tun, doch ohne in seinem Herzen die geringste Bitterkeit gegen den Übeltäter zu empfinden.

Dies ist der Pfad des Buchstabens Kaf und von Schlüssel 10, Das Glücksrad. Die grundlegende Eigenschaft dieses Pfades entspricht astrologisch dem Planeten Jupiter. Dieser Planet hat seinen Wirkungsbereich im vierten Kreis des Lebensbaumes, der dem Grad des Adeptus Exemptus entspricht. Im menschlichen Körper arbeitet sein Einfluss durch das »Gehirn des Bauches«, das Sonnengeflecht.

Das Sonnengeflecht ist das Organ für unsere psychologischen Beziehungen zu anderen Menschen. Es ist außerdem das okkulte Zentrum für unseren Kontakt zum Gedächtnis der Natur. Viel Unsinn ist hierüber geschrieben worden; ein großer Teil davon ist sogar gefährlicher Unsinn. Sich auf das Sonnengeflecht zu konzentrieren, um es zu »erwecken« - was immer man darunter verstehen mag - um erfolgreich und reich, im gewöhnlichen Sinn dieser Begriffe, zu werden, bedeutet, sich der Gefahr ernsthafter Konsequenzen auszusetzen.

Das Glücksrad zeigt den gegenwärtigen Entwicklungsstand der allgemeinen Menschheit durch das Symbol des aufsteigenden Hermanubis, einer menschlichen Gestalt mit einem Hunde- bzw. Schakalskopf. Es sind die »Hunde«, denen nichts Heiliges gegeben werden darf. Es sind menschliche Wesen, in denen die Gehirnfunktionen noch nicht über den Intellekt hinaus erwacht sind. Deshalb hat die Gestalt des Hermanubis eine rote Farbe, die Farbe des Mars und der Sexualität, um anzuzeigen, dass der Mensch in diesem Stadium mehr tierisch als geistig ist und noch vollkommen von den Gefühlen seiner animalischen Natur durchtränkt ist.

Über dem Hermanubis sitzt oben auf dem Rad eine Sphinx, die den beiden Sphingen ähnelt, die auf Schlüssel 7, Der Wagen, die Sinne darstellen. Auf Schlüssel 10 aber gibt es nur eine Sphinx. Sie ist blau, die vorherrschende Farbe von Schlüssel 2, Die Hohepriesterin. Die Sphinx ist eine Verbindung von Frau und Löwe, so, als ob die beiden Gestalten von Schlüssel 8 zu einem einzigen Symbol verschmolzen wären. Auch trägt diese Sphinx ein Schwert wie die Gestalt der Gerechtigkeit auf Schlüssel 11.

Die Sphinx stellt das ewige Rätsel dar, dessen Antwort »der Mensch« heißt. Sie weist auf das höchste erreichbare Ziel des praktischen Okkultismus, die Identifizierung des inneren Selbst der menschlichen Persönlichkeit mit dem kosmischen Selbst, *Jechidah*, das seinen Sitz in *Kether* hat. Durch diese Identifizierung werden alle irrtümlichen Vorstellungen über die Persönlichkeit durch das Schwert der Wahrheit zerschlagen. Außerdem ist diese Identifizierung der persönliche Ausdruck eines Bewusstseins, das im kosmischen Selbstbewusstsein ewig besteht. Für uns jedoch scheint er eine Erinnerung zu sein. Wenn wir uns aber daran erinnern, wer wir wirklich sind, werden wir von allen Täuschungen befreit.

Diese wahre Erinnerung darf aber nicht mit der Selbstbestätigung verwechselt werden, wenn jemand so töricht ist, diesen mächtigen Namen – ICH BIN – für diese Methode zu benutzen. Wenn jedoch solche Bestätigungen mit ICH BIN helfen, festsitzende, falsche und negative Eigenschaften, die mit diesem Namen verbunden werden, auszumerzen, sind solche Worte empfehlenswert.

Zu sagen »Ich bin krank« ist falsch, wie jede ähnliche Aussage. Es ist aber genauso falsch zu sagen »ich bin Erfolg« oder »ich bin Gesundheit«, wenn man diese oder ähnliche Aussagen einfach nur nachplappert, ohne wirklich eine *Erinnerung* daran zu haben, was mit ICH BIN gemeint ist.

Selbst das *Meistermodell*, das aus denselben Quellen empfangen wurde wie die Unterweisungen in diesem Buch, richtet mehr Schaden als Nutzen an, wenn es nur als eine Aufstellung von Thesen angesehen wird und von einem Menschen benutzt wird, der auf dem Weg der Rückkehr nicht weiter vorangeschritten ist als bis zu dem Stadium, das auf Schlüssel 10 als Hermanubis dargestellt wird. Es muss gesagt werden – und das ist hart – dass diese oder auch andere Aussagen mit »ICH BIN«, die benutzt werden, um *persönliche* Macht oder *persönliche* Vorteile jedweder Art zu erringen, ein schwerer Missbrauch dessen sind, was im Okkultismus als die »Macht des Wortes« bekannt ist.

Was der Adeptus Major sucht, wenn er den 21. Pfad betritt, ist die Verwirklichung dessen, was durch Schlüssel 10 symbolisiert wird. Es ist wahr, dass selbst die geringste Manifestation der Lebenskraft mit jeder anderen Manifestation im Zusammenhang steht. Nichts geschieht aus sich selbst heraus. Alles Vergangene ist im Ereignis dieses Augenblicks gebündelt und hat seinen Anteil an allen kommenden Ereignissen. Es gibt nicht die geringste Unterbrechung in Dauer, Kraft und Ausdruck der Lebenskraft.

Daher vergisst die Lebenskraft niemals etwas. Wir scheinen zu vergessen, doch das kommt daher, dass unser Leben Teil eines Entwicklungsprozesses ist. Die Aufzeichnungen gehen niemals verloren, obwohl wir noch nicht die Entwicklung erreicht haben, die uns befähigt, Einzelheiten wieder hervorzuholen. Auch können wir Ereignisse, die außerhalb der engen Grenzen unserer Sinneswahrnehmungen liegen, noch nicht wahrnehmen. Wenn wir dem Ziel menschlicher Evolution näherkommen, dehnt sich unser Wahrnehmungsfeld aus, und unsere Sinne, die jetzt nur auf grobe Reizformen reagieren, beginnen, die metaphysischen Entsprechungen zum gewöhnlichen Sehen, Hören etc. zu erfahren.

In dieser Hinsicht unterscheidet sich die okkulte von der akademischen Metaphysik. Sie unterscheidet sich auch von den verschiedenen unguten Systemen rationaler Betrachtungsweisen, die sich heutzutage unbesonnen metaphysisch nennen. Okkulte Metaphysik gründet *auf einer direkten Sinneserfahrung*, die die Grenzen der physischen Sinneswahrnehmung überschreitet. Der Begriff »jenseits physischer Erfahrungen« darf aber nicht mit unbewusster medialer Trance verwechselt werden, denn ein Mensch, der eine solche Sinneswahrnehmung direkt erfährt, behält zwar das ganze Ausmaß seines normalen Selbstbewusstseins, aber *die Reichweite seiner Wahrnehmung hat sich vergrößert*. Vor allem nimmt er die Manifestationen der Lebenskraft wahr, die jenseits der physischen Ebene liegen. Daher verkörpert die Sphinx auf Schlüssel 10 erweiterte Sinneswahrnehmungen, die das Ziel eines Adepten sind. Hier muss bemerkt werden, dass uns die metaphysischen Wahrnehmungen bloß das Material zur Verfügung stellen, das dann durch Vernunft und Intuition verarbeitet werden muss, geradeso, wie uns physische Wahrnehmungen intellektuell anregen. Einige Erscheinungen, die jenseits der physischen Ebene liegen, sind genauso Quellen der Selbsttäuschung, wenn sie für bare Münze genommen werden, wie die Erfahrungen, die wir durch physische Sinneseindrücke gewinnen. Es ist ein großer Irrtum anzunehmen, dass das Erwachen metaphysischer Sinne uns sofort Zugang zur unverfälschten Wahrheit gewähren würde.

Wenn zum Beispiel der metaphysische Sinn des Hörens erwacht, glaubt man vielleicht, »die Stimme« zu hören. Man hört in der Tat Stimmen, aber man muss lernen, sie von »der Stimme« zu unterscheiden. Stimmen sind hörbare Wahrnehmungen der Gedanken im Kopf. Dagegen ist »die Stimme« die hörbare Wahrnehmung eines Gedanken im Geist des Einen Selbst.

Nicht alle Stimmen sind falsch. Einige von ihnen überbringen uns die Gedanken sehr fortgeschrittener und weiser Persönlichkeiten. Einige von ihnen enthüllen uns sogar die Weisheit jener Ordnung nicht-menschlicher Wesenheiten, die oft Engel genannt werden. Aber alles, was wir von jeder dieser Stimmen empfangen, muss sehr kritisch geprüft werden.

Das gleiche Prinzip gilt auch für andere Formen metaphysischer Eindrükke. Weil wir gerade erst beginnen, hinter die Grenzen der physischen Ebene zu schauen, sind diese Eindrücke keine Garantie dafür, dass sie ein besseres Verständnis der Wahrheit vermitteln. Im Gegenteil: Wahrheit kann auch von Menschen erkannt werden, die noch nie eine metaphysische Erfahrung gemacht haben. Und wer noch keine wesentliche Wahrheit erkannt hat, kann leichter in die Irre gehen, wenn sich sein inneres Sensorium hellsehend öffnet, als wenn sich diese höheren Visionen niemals eingestellt hätten.

Ein Adeptus Major hat eine lange Ausbildungszeit im Gebrauch von Verstand und Intuition hinter sich. Deshalb wird auch die Erweiterung seiner Sinneswahrnehmungen von keiner der Gefahren begleitet, die in den vorangehenden Abschnitten beschrieben wurden. Außerdem entwickelt er seine metaphysischen Sinnesorgane für einen bestimmten Zweck. Es ist für ihn wichtig, dass er sich mit anderen Menschen verbinden kann, die räumlich von dem Ort weit entfernt sind, an dem sein physischer Körper weilt. Um zu einem Kanal für den göttlichen Einfluss zu werden, muss er anderen diesen Einfluss zuleiten können. Seine Hilfe muss sowohl besonderer als auch allgemeiner Natur sein. Darum entwickelt er die okkulten Kräfte seines Jupiter-Zentrums, um einer von jenen zu werden, die – wie die *Fama* erwähnt – auch die Geheimnisse von Menschen kennen, die an entfernten Orten leben.

Ein Adeptus Major, der zum Grad des Adeptus Exemptus voranschreitet, ist darauf bedacht, niemals ein okkulter Paul Pry(17) zu werden. Auch verletzt er nicht die Freiheit anderer. Es wird ihm jedoch bewusst, wenn jemand seine Hilfe benötigt, und er wird helfen, indem er die Kräfte, die er von höheren Ebenen empfängt, zu all jenen fließen lässt, die mit ihm durch ein verborgenes Band verbunden sind, das er dank seiner Arbeit als Adeptus Major wahrnehmen kann.

DER ZWANZIGSTE PFAD

Der zwanzigste Pfad wird die Intelligenz des Willens genannt. Er wird deshalb so genannt, weil er die Muster für alle Lebewesen bildet; und durch diese Intelligenz wird, wenn sie erkannt wird, die Weisheit entdeckt, die bereits vor allem existiert.

Sepher Jetzirah

Das hebräische Wort, das mit »Wille« übersetzt wird, ist רצון, *ratson*, was auch Gnade, Wohlwollen, Freude, Glauben, Erfüllung, Liebenswürdigkeit und guter Wille bedeutet. Der Zahlenwert dieses Wortes ist 346, gleichwertig mit מקור, *makor*, was wörtlich »etwas Gegrabenes«, also eine Quelle, ein Brunnen bedeutet. Ein anderes Wort mit der Zahl 346, צנור, *tsinor*, entstammt einer Wurzel mit der Bedeutung »hohl sein« und deutet damit auf eine Wasserleitung, einen Kanal oder ein Flussbett hin. Also haben beide Wörter mit der Idee des Auffindens von Wasser und seiner Weiterleitung zu tun. Dadurch sind sie mit der okkulten Theorie der Willenskraft verbunden, die viel mit der Entdeckung und Weiterleitung des »wässrigen« Aspektes der Einen Energie zu tun hat.

Die Buchstaben von רצון bzw. צנור beziehen sich auch auf eine kabbalistische Formel der vier Elemente. ר ist das alphabetische Symbol für das Feuer der Sonne; צ steht für Wassermann, das fixe Luftzeichen; ו für Stier, das fixe Erdzeichen; und נ für Skorpion, das fixe Wasserzeichen. Alle vier Buchstaben beziehen sich also auf die festen Tierkreiszeichen, die in den Ecken der Tarotschlüssel 10 und 21 durch die mystischen Gestalten des Hesekiel dargestellt werden, denn der erste Buchstabe, ר, kann dem Löwen zugeordnet werden, da dieses Tierkreiszeichen das Haus der Sonne und ר ein Attribut der Sonne ist (ר, Schlüssel 19).

Dahinter steht die Idee, dass das, was von den Kabbalisten »Wille« genannt wird, eine Synthese elementarer Kräfte ist. Diese Kräfte werden auch durch יהוה dargestellt, ein Wort-Symbol für die Eine Wirklichkeit, die war, ist und sein wird. Auf diese Synthese weist auch Schlüssel 9, Der Eremit, sowie der sechsstrahlige Stern in seiner Laterne. Dieser Stern ist ein Schlüssel für die alchemistische Symbolik der vier Elemente. Damit wird angedeutet, dass sich die kosmische Willenskraft auch in der strahlenden Energie der Himmelskörper manifestiert, wie aus den Entsprechungen der Buchstaben von רצון und צנור hervorgeht.

Es heißt, dass die Intelligenz des Willens die Muster für alle Lebewesen bildet. Die Ziele des Einen Lebens werden durch die Synthese elementarer Kräfte ausgearbeitet. Die Formen, die diese Kräfte annehmen, werden durch geistige Muster festgelegt, die im geistigen Raum während des ganzen Zyklus' kosmischer Aktivität vorhanden sind. Sie schwächen sich in der Ruheperiode ab, die bei den Hindus »die Nacht Brahmas« heißt, doch sie manifestieren sich wieder, wenn ein neuer Zyklus beginnt.

Daher verbindet der 20. Pfad *Tiphereth*, den Sitz der Imagination, mit *Chesed*, dem Sitz des Gedächtnisses und der Sphäre, die das Ausgießen des göttlichen Einflusses darstellt. Beim Herabsteigen auf dem Lebensbaum nimmt dieser Einfluss von *Chesed* in den Gedankenbildern, die in *Tiphereth* geformt wurden, Gestalt an. Auf dem Weg der Rückkehr, der auch der Weg des

Fortschreitens durch die Rosenkreuzergrade ist, beginnt jedoch der 20. Pfad in *Tiphereth* und endet in *Chesed.* Wer versucht, den Grad des Adeptus Exemptus zu erreichen, benutzt die Kraft der geistigen Imagination, die er als Adeptus Minor entwickelt hat. Doch jetzt schreitet er von den Bildern fort, um die Kräfte zu entdecken, die hinter ihnen stehen. Wer die Yoga-Sutras von Pantanjali studiert, liest im dritten Aphorismus in Buch III: »Wenn sich in dieser Meditation das erkennende Bewusstsein völlig hingibt, um die wesentliche Bedeutung des Gegenstandes der Betrachtung zu erfassen, und wenn es sich vom Gefühl des Getrenntseins und dem Gefühl der Persönlichkeit befreit, dann ist das Kontemplation (Samadhi).«[(18)]

Dabei richtet man zuerst seine Aufmerksamkeit auf irgend etwas, sei es ein Ereignis oder ein Gegenstand. Scheinbar ist dieses Etwas außerhalb von uns, doch wenn wir lernen zu unterscheiden, entdecken wir, dass der Gegenstand der Aufmerksamkeit immer ein Bild im Inneren des geistigen Raumes des Menschen ist, der sich darauf konzentriert. Durch Übung können wir dieses geistige Bild lange Zeit im Zentrum des Feldes unserer Aufmerksamkeit halten. Nach und nach befreit uns diese Übung von der täuschenden Vorstellung des Getrenntseins, und die innere Essenz des Bildes, das wir betrachten, enthüllt sich uns. Diese innere Essenz ist immer der göttliche Einfluss von oben, der in der Empfangenden Intelligenz von Chesed konzentriert ist.

Wer im Grad des Adeptus Exemptus voranschreitet, muss sich mit dem Einen Willen, der auf Schlüssel 9 durch den Eremiten dargestellt ist, identifizieren. Dann erkennt er, dass die einzige Willenskraft die göttliche Willenskraft ist. Dann zwingt ihn die Logik, wie Jesus zu sagen: »Ich suche nicht meinen Willen, sondern den Willen dessen, der mich gesandt hat.« Die autorisierte Übersetzung hat das Wort »Vater« in diese Verse eingefügt. Die wörtliche Übersetzung der ursprünglich griechischen Schrift lautet »der Wille des Einen, der mich gesandt hat.«

Diese Hingabe des persönlichen Willens ist kein Opfer, wie es sich Menschen vorstellen, die fälschlicherweise glauben, dass es so etwas wie ein Opfer gäbe. Man sieht einfach der Wahrheit ins Gesicht, das ist alles. Es geht dabei nicht um irgendwelche Gefühle. Man könnte genauso gut die Illusion aufgeben, dass am Fenster eines fahrenden Zuges Telegraphenmasten vorbeisausen.

Andererseits darf man nicht annehmen, dass ein Mensch, der Meisterschaft erreicht hat, kalt oder gefühllos wird. Zwar zeigt Tarotschlüssel 9 den Eremiten, wie er auf eisiger Höhe steht, aber man sollte auch bemerken, dass er warm und bequem gekleidet ist. Die Abstraktionen, durch die der Intellekt gezwungen wird zuzugeben, wie wenig er von dieser hohen Ordnung des

Wissens ausdrücken kann, sind sicherlich kalt genug. Die Erfahrung, die nur schwach in Worten ausgedrückt werden kann, ist alles andere als kalt. Man gerät nicht auf eine dramatische Weise außer sich, wenn man den persönlichen Willen aufgibt; doch die Tiefe des Gefühls, das bei der Wahrnehmung der wahren Natur des Einen Willens angerührt wird, drückt die östliche Bezeichnung dieser Wahrnehmung so aus: »absolute Glückseligkeit«. Denke an den glücklichsten Augenblick in Deinem Leben und multipliziere ihn ad infinitum. Aber auch dann kannst Du die Glückseligkeit der direkten Erfahrung des Einen Willens nicht erfassen.

Die Erkenntnis der wahren Natur des Willens setzt ihn mit der Urenergie gleich, aus der alle Dinge hervorgehen. Was wir in uns als Wille wahrnehmen, ist die Bewegung dieser Energie. Die Bedeutung dieser Wahrnehmung, die zuerst intellektuell, später auf andere Weise erfahren wird, liegt darin, dass sie ein vollkommen neues Verstehen der Natur und der Kraft des Willens erzeugt.

Eliphas Levi sagt sehr richtig, dass alle Magie im Willen liegt, aber weder Levi noch irgendein anderer Adept haben jemals angenommen, dass Willenskraft etwas nur Persönliches sei. Dadurch, dass ein Magier seinen Willen mit dem des Kosmos identifiziert, werden seine Worte zu »Worten der Kraft«. Seine Gedanken arbeiten im Stillen, um außergewöhnliche Ergebnisse zu erzielen, und seine Taten erscheinen wie Wunder.

Den Grundgedanken dieser magischen Einstimmung auf die Wirklichkeit findet man in der ursprünglichen Bedeutung des Wortes *ratson* (Entzücken, Zustimmung). Ein Magier versucht nicht, das Leben in irgendeiner Weise zu zwingen. Er hat auch nichts mit den absurden Bemühungen einiger moderner Bewegungen zu tun, die den von ihnen Betrogenen zusichern, dass sie die Lebenskraft in jede gewünschte Form zwingen könnten, die in der Phantasie eines Menschen auftaucht, der auf der Suche nach seinem persönlichen Glück ist. Ein wahrer Magier hat gelernt, das Leben anzunehmen, wie es wirklich ist, und es nicht nach seinem oberflächlichen Wert zu beurteilen. Gewiss, er arbeitet mit Formeln. Es gibt wahre Worte der Kraft, wahre magische Anrufungen sowie echte und sichere Methoden, um die verborgenen Mächte der Lebenskraft zu manifestieren. Ohne Ausnahme sind dies jedoch Methoden, deren Wirksamkeit darin gründet, dass der Magier der wahren Natur hinter dem Schleier der Erscheinungen vollständig und freudig gehorcht.

Die beiden Wörter *makor* und *tsinor*, die durch ihren Zahlenwert mit *ratson* verbunden sind, und die einerseits »Brunnen« und andererseits »Wasserlauf« bedeuten, zeigen das wahre Wesen echter magischer Praxis. Ein Magier gräbt ganz tief in den geheimsten Winkeln seines innersten Wesens.

Dort findet er eine unfehlbare Quelle des Wassers des Lebens, eine fließende Energie, die durch mentale Vorstellungskraft jede erdenkliche Form annehmen kann. Der Adept betrachtet sich nur als Kanal, durch den diese Energie ihren äußeren Ausdruck findet.

Er selbst tut nichts, denn es gibt für ihn nichts zu tun. Er ist im wahrsten Sinne des Wortes ein praktizierender Kabbalist, denn er übt sich darin, zu empfangen: Er öffnet sich rückhaltlos dem Einfließen des Einen Lebens in – und durch – den Kanal seiner Persönlichkeit. Er erkennt, dass er keinen anderen Willen hat als den der Einen Wirklichkeit. Es ist aber nicht so, dass er seinen eigenen Willen beiseite schiebt, damit ein höherer Wille diesen Platz einnimmt. Es ist vielmehr so, dass er erkennt, dass kein anderer Wille existiert als der Wille der Urenergie.

Er ist wie jemand, dem eine Summe Geld unter der Bedingung angeboten wird, dass er das Falschgeld aus seinen Taschen entfernt. Diese »Blüten« sind kein Geld. Es ist kein Verlust, wenn man sie fortwirft. Sie waren niemals das, was sie zu sein schienen. So ist auch die falsche Auffassung eines persönlichen Willens so etwas wie Falschgeld. Es ist kein Opfer, sich davon zu trennen. Es bedarf keiner falschen Demutsbezeugungen, die so oft durch den Satz »Dein Wille geschehe« ausgedrückt werden. Die meisten Menschen verteidigen mit diesen Worten ihre faule Unfähigkeit und drücken durch sie ihren Willen zu Misserfolg aus. Ein wahrer Magier freut sich an allem, wie es wirklich ist. Er akzeptiert freudig das Universum, aber nicht im Geist von Märtyrertum und falsch verstandener Resignation, denn er weiß, dass der Eine Wille in Ewigkeit geschieht und dass es keinen anderen Willen gibt.

DER NEUNZEHNTE PFAD

Der neunzehnte Pfad wird die Intelligenz des Geheimnisses aller geistigen Aktivitäten genannt. Er wird so genannt, weil sich durch ihn der Einfluss von den höchsten Segnungen und der höchsten Herrlichkeit ausbreitet.

Sepher Jetzirah

Die ursprüngliche Bedeutung des Wortes סוד, *sod,* hier mit »Geheimnis« übersetzt, ist »Sitz«. Deshalb könnte dieser Pfad auch als »Intelligenz des Sitzes aller geistigen Tätigkeiten« wiedergegeben werden. Das bedeutet, dass auf diesem Pfad die Grundlage aller Manifestationen des kosmischen Lebensatems enthüllt wird.

In der Bibel kommt das Wort, das mit »Einfluss« übersetzt wird, jedoch nur einmal vor und wird als »Reichtum« wiedergegeben. »Sie werden den Reichtum des Meeres gewinnen« (5. Mose 33.19). Wir finden dieses Wort noch einmal im Zusammenhang mit dem 18. Pfad. Dort werden wir erkennen, dass dieser Einfluss von den höchsten und innersten Quellen des Seins herabströmt.

Diese innersten Quellen werden mit den Worten *Segnungen* (oder *Segen*) und *Herrlichkeit* bezeichnet, die besondere Ausdrücke der Kabbalah sind. Das erste Wort bezieht sich auf *Chochmah,* den zweiten Aspekt der Wirklichkeit. Das zweite ist einerseits mit dem ganzen System der zweiunddreißig Pfade verbunden und andererseits steht es mit dem »Herzen« oder dem »Innersten« in Verbindung.

Das große Geheimnis des 19. Pfades besteht in der Verbindung der okkulten Elemente Feuer und Wasser. Denn dieser Pfad verbindet *Chesed,* das wässriger Natur ist und von dem regenspendenden Jupiter regiert wird, mit *Geburah,* das feurig ist und von Mars, dem feurigen Planeten, regiert wird. Das Wort סוד, *sod,* gibt einen ähnlichen Hinweis; denn sein erster Buchstabe, Samech, entspricht dem feurigen Zeichen Schütze; sein zweiter Buchstabe, Vav, ist das hebräische Bindewort »und«; sein dritter Buchstabe, Dalet, repräsentiert Venus, die aus dem Meeresschaum geboren wurde. In der Symbolik von Schlüssel 8, Die Kraft, ist die Frau ein Symbol für Wasser und der Löwe ein Symbol für Feuer.

Man muss wohl kaum betonen, dass es sich bei Feuer und Wasser nicht um die physischen Elemente handelt, sondern dass der okkulte Gebrauch dieser Worte auf der Ähnlichkeit ihrer Eigenschaften beruht.

Okkultes Wasser wird durch Flüssigkeit, durch wellenartige Bewegung, durch Ströme, Gezeiten und Strudel charakterisiert, sowie durch die Tendenz, abwärts zu fließen, also von höheren zu niederen Ebenen. Manchmal wird es »Astralfluidum«, manchmal »prima materia« genannt. Seine erste Darstellung im Tarot ist die fließende Robe der Hohepriesterin, obwohl es auch bereits durch die eisigen Berggipfel im Hintergrund von Schlüssel 0 angedeutet wird. Seine Gegenwart zeigt sich in der reichen Fruchtbarkeit des Gartens auf Schlüssel I, und auch das saftige Grün im Tal auf Schlüssel 8 könnte ohne Wasserreichtum nicht bestehen.

Dagegen ist das okkulte Feuer ein Aspekt der Einen kosmischen Energie, die ähnliche Eigenschaften wie Feuer besitzt und deren Kraft hauptsächlich darauf gerichtet ist, physische Formen zu zersetzen und zu verschlingen. Die Strahlung ist ein anderes Charakteristikum des okkulten Feuers sowie der physischen Hitze.

Auf dem 19. Pfad sehen wir das okkulte Feuer in seinem animalischen Aspekt unter der Kontrolle des okkulten Wassers in seinem menschlichen Aspekt, wie es Schlüssel 8 zeigt. Daher heißt es, dass dieser Pfad den Einfluss ausweitet, der vom 18. Pfad (ח, Schlüssel 7) ausgeht. Schlüssel 8 stellt das Mittel dar, durch das die von oben kommende Kraft zur Ebene des Menschen geführt und dann im Verlauf dieses Abstiegs von der menschlichen Ebene weiter in die Welt der Tiere, Pflanzen und Mineralien ausgeweitet wird.

Eine alte kabbalistische Lehre besagt, dass der archetypische Adam erschaffen wurde, ehe das Universum entstand. Das bedeutet, dass die menschliche Ebene des Bewusstseins oder der manifestierten Lebenskraft bereits Wirklichkeit waren, bevor sich menschliche Wesen im aufsteigenden Bogen der Evolution verkörperten. Es ist nicht wahr, dass die charakteristische menschliche Bewusstseinsebene erst entstand, als die ersten Menschen begannen, sich von den niederen Formen des Lebens zu unterscheiden; vielmehr ist es wahr, dass sie in dieser Zeit begannen, sich durch einen physischen Organismus Ausdruck zu verschaffen. Auf ähnliche Weise sind die Bewusstseinsebenen, die jenseits unserer Ausdrucksmöglichkeit liegen, bereits Wirklichkeit, aber sie können sich solange nicht durch den Menschen manifestieren, bis er seinen physischen Körper zu einem Vehikel umgewandelt hat, das die höheren Schwingungen des Lebensausdrucks zu integrieren vermag.

Im Großen Werk, das durch die Erkenntnis des Gesetzes, das Schlüssel 8 darstellt, vollendet wird, geht es um diese Umwandlung des Menschen. Dieses Gesetz wird auch durch den hebräischen Buchstaben Tet symbolisiert, dessen Form das andeutet, was sein Name bezeichnet – eine Schlange. Das hier genannte Gesetz ist ein Gesetz der Schwingung und der Transformation, das die Alten durch das Symbol der Schlange ausdrückten. Wenn wir dieses Gesetz anwenden, benutzen wir die Kraft, die sie »Schlangenkraft« nannten, die im tibetischen Okkultismus als *Fohat* bekannt ist und die als »lebendige Elektrizität« beschrieben wird.

Dieses *Fohat* ist eine Kraft wie Wasser, weil sie sich in Strömungen bewegt, und wie Feuer, weil sie die Tendenz hat, physische Formen aufzulösen und zu verzehren. Damit ist gemeint, was die Alchemisten versichern: »Wir brennen mit Wasser.« Durch Kontrolle und Regulierung dieser Kraft können alle praktischen Arbeiten des Okkultismus durchgeführt werden. Diese Kontrolle hängt primär vom Verständnis des Gesetzes ab, das durch Schlüssel 8 symbolisiert wird. In der Beschreibung des 19. Pfades heißt es, dass diese Kontrolle das Geheimnis aller geistigen Aktivitäten ist. Um das genau zu verstehen, müssen wir uns daran erinnern, dass der Okkultismus nur eine einzige Aktivität kennt, nämlich die des Einen Geistes. Deshalb gilt dieses Geheimnis für alle Aktivitäten, gleich welcher Art.

Kurz und allgemein ausgedrückt ist es das Gesetz, das besagt, dass die Lebenskraft in ihrer Selbstmanifestation durch Form und Tat immer von den höheren Ausdrucksmöglichkeiten zu den niederen herabsteigt. Für den Menschen bedeutet dies, dass die Lebenskraft in ihrem natürlichen Lauf mit Hilfe des Unterbewusstseins, sofern es unter der Führung des Selbstbewusstseins steht, die Kontrolle über alle Aktivitäten ausübt, die unterhalb der menschlichen Ebene liegen. Aus diesem Grunde erscheint über dem Kopf der Frau von Schlüssel 8 das gleiche Symbol, das auch über dem Kopf des Mannes von Schlüssel I schwebt. Es ist so, als ob dessen Kraft und Würde auf sie übertragen wurde.

In diesen letzten Abschnitten wurde eine aufsehenerregende Wahrheit mitgeteilt. Es ist die *gelebte* Wahrheit, die den Unterschied zwischen einem Adepten und einem Durchschnittsmenschen ausmacht. Dies drückt sich deutlich durch die Symbolik von Schlüssel 8 aus. Wer versteht, dass die menschliche Bewusstseinsebene der natürliche und rechtmäßige Meister aller niederen Ebenen ist, wird bald in der Lage sein, die wildesten Tiere zu zähmen und das ohne grausame Zähmungsmethoden.

Für den Okkultisten ist es etwas ganz Normales zu wissen, dass kein wildes Tier einem Adepten Schaden zufügen wird. Das illustriert die Erzählung von Daniel in der Löwengrube. Die Geschichte von den drei Jünglingen im Feuerofen besagt etwas ähnliches, nämlich die Herrschaft über die Feuerkräfte.

Wer sein Unterbewusstsein so beherrscht, dass es frei von Angst vor jeder Art animalischen Lebens oder vor irgend etwas anderem unterhalb der menschlichen Ebene ist, wird zum Meister über alles, was es auch sei. Furcht löst sich auf, wenn man sich zum Mut erzieht, der aber eine rationale Grundlage haben muss, wenn man alle Prüfungen bestehen will. Das Fundament hierzu ist Ruhe und die ernsthafte, häufig wiederholte Meditation darüber, dass die höheren Ebenen des Lebens die Macht haben, ihre Eigenschaften und Charakteristika den niederen Ebenen zu übertragen. Die Bibel fasst dies in der Aussage zusammen, dass dem Menschen die Herrschaft über alle Dinge gegeben wurde. Zwischen dem Lesen oder Hören dieser Behauptung und ihrer *Verwirklichung* liegt jedoch eine Schulungsperiode, in der das Gelernte in die Praxis umgesetzt werden muss.

Diese Schulungsperiode ist nicht dazu bestimmt, dass der Mensch mit seiner Kraft seine Umgebung beherrscht, denn das ist bereits eine Tatsache und ist es immer gewesen. Durch die Schulung soll diese Kraft kennengelernt werden, um dann praktische, konstruktive Methoden ihrer Anwendung zu erfinden, die dem Wohlergehen und dem Glück des Menschen dienen.

Die okkulten Lehren sagen, dass wilde Tiere den Menschen anfallen, verletzen und töten, weil er eine negative Macht über sie ausübt. Vor kurzem fand man, dass Angst Adrenalin im Blutstrom freisetzt, das einen für den Menschen nicht wahrnehmbaren Geruch hat, der Tiere aber wütend macht. Deshalb löst die Angst des Menschen im Tier den Impuls zum Angriff aus. Hat er dagegen keine Angst, tun sie ihm nichts zuleide. Der Geruch des Adrenalins ist jedoch nicht das einzige Zeichen der Angst, denn es fließen auch feinere Impulse von der menschlichen Ebene zu den Ebenen darunter herab und lösen entsprechende Reaktionen aus.

Der Mensch ist den unter ihm stehenden Kräften immer überlegen. Wenn er aber die Geisteszustände, durch die er diese Kräfte beherrscht, auf den Kopf stellt, scheint es so zu sein, als ob er dem unterworfen ist, was er in Wirklichkeit beherrscht. Deshalb sind sogar diese negativen Auswirkungen Zeichen seiner Herrschaft. Okkulte Schulung besteht daher vor allem darin, den Menschen zur Achtung der Natur zu erziehen und ihm das Wirkungsfeld seiner Kräfte zu zeigen. Ihr Ziel ist nicht, dass er sich diese Kräfte aneignet, sondern dass er sie intelligent nutzt.

DIE LEHREN DES GRADES

Mit der Meisterung des Grades des Adeptus Exemptus wird ein Entwicklungsgrad erreicht, der von den Zwängen befreit, unter denen die meisten Menschen noch zu leiden haben. Wer diesen Punkt okkulter Entwicklung erreicht hat, muss nicht länger darum kämpfen, dass sein Bewusstsein mit der Einen Wirklichkeit in Einklang kommt. Er braucht auch keine bestimmten Übungen mehr durchzuführen.

Mit anderen Worten: er ist vom Irrtum befreit, dass er irgend etwas aus sich selbst heraus tut, und aus »eigenem« Antrieb handelt. Das bedeutet jedoch nicht, dass er untätig ist – weit gefehlt. Er kann ein sehr aktiver Mensch sein, der an vielen großen Unternehmen beteiligt ist – und für gewöhnlich ist er das auch. Doch er ist frei von allen Sorgen, z.B. um die Geschäftserträge, denn es ist ihm zur zweiten Natur geworden, seine Tätigkeiten als einen Ausdruck des kosmischen Lebens zu betrachten, auf den das Wort »eigen« niemals angewendet werden kann.

Alle Lehren dieses Grades betonen dies nachdrücklich, zumal der vierte Kreis auf dem Lebensbaum die Sphäre des Jupiters genannt wird, weil Jupiter im Tarot mit Schlüssel 10, Das Glücksrad, verbunden ist, dem Symbol der Räder, die innerhalb der Räder ineinandergreifen, woraus die motivierende Kraft für jede Handlung hervorgeht. Die Lehren des Grades werden von den Buchstaben der Worte *Chesed* und *Kavua*, »Gnade« und »Empfangen«, abgeleitet. Es handelt sich um folgende sieben Lehren:

1. DER WAGEN

Schlüssel 7 (ח)

Das ICH BIN tut nichts, denn das ICH BIN ist die Eine Identität, die »Gott« genannt wird, und Gott ist unveränderlich. Diese Eine Identität ist Zeuge aller Tätigkeiten, sie selbst aber wird durch die Umgestaltungen, die um sie herum stattfinden, nicht verwandelt oder verändert. Jeder Wandel, jede Veränderung geschieht in dem Energiefeld, das sich um das ICH BIN dreht. Das Selbst tut nichts. Es hat niemals etwas getan. Es ist lediglich der Zeuge des Panoramas der Umgestaltungen, die aus seiner eigenen geheimnisvollen Kraft hervorgehen.

2. DIE MÄßIGKEIT

Schlüssel 14 (ס)

Alle Gegebenheiten sind Geschenke des Allmächtigen. Die Persönlichkeit ist das Instrument des Einen Selbst. Jede Einzelheit unserer täglichen Erfahrung ist eine gute Gabe aus der Einen Quelle. Es gibt keine schlechte Gabe aus der Hand des Einen Spenders von allem Guten.

3. DIE KAISERIN

Schlüssel 3 (ד)

Zu wissen, dass alle Gegebenheiten Geschenke der Einen Identität sind, bedeutet, das Unterbewusstsein von jeder irrigen Vorstellung wie Schrecken, Mangel, Hass, Sorge oder Misstrauen zu befreien. Wie auch die äußeren Erscheinungen aussehen mögen, sie sind unweigerlich Verschleierungen der Manifestation göttlicher Segnungen. Hoffnung, Mut, Glück und Fröhlichkeit sind Früchte des Geistes, die zum Ausdruck bringen, dass wir unsere Erfahrungen richtig eingeschätzt haben.

4. DER MOND

Schlüssel 18 (ק)

Das Selbst wandelt sich niemals. Die Persönlichkeit dagegen unterliegt ständigen Veränderungen. Die unveränderliche Vollkommenheit des ICH BIN manifestiert sich organisch als der vollkommene Körper des Adeptus Exemptus. Er ist zu einer neuen Kreatur geworden, die der Lebenskraft ein entsprechendes Vehikel für ihre Wohltaten darbietet.

5. DER MAGIER
Schlüssel I (ב)

Diese organischen Veränderungen sind das Ergebnis von bewusster Absicht und langem Üben. Sie sind nicht Folge der gewöhnlichen Evolution. Es handelt sich um erworbene Merkmale, die nicht vererbt werden können. »Fleisch und Blut können das Reich Gottes nicht erben.«

6. DER HIEROPHANT
Schlüssel 5 (ו)

Die persönlichen Anstrengungen, die mit der Absicht und den Übungen, die diese Veränderungen bewirken, verbunden sind, bedürfen der Überwachung durch das überbewusste Selbst. Genau das aber ist die Bedeutung von: »Niemand kommt zum Vater denn durch den Sohn.« Nur wenn wir das Wort hören und ihm gehorchen, können wir das Leben gewinnen, das uns geistig erneuert und umgestaltet.

7. DER TEUFEL
Schlüssel 15 (ע)

Der Adeptus Exemptus fürchtet sich nicht vor dem Auftauchen des Bösen. Er hat ein Stadium erreicht, in dem er dem Bösen gefahrlos ins Angesicht schauen kann. Nichts ruft in ihm die leiseste Spur von Feindseligkeit gegenüber dem Bösen hervor. Er betrachtet alles, was nur den Anschein von etwas Bösem hat, als günstige Gelegenheit, in ihm das Gute zu sehen. Auf keinen Fall aber akzeptiert er passive, schlechte Bedingungen, auch leugnet er nicht die relative Wirklichkeit dessen, was böse erscheint. Er weiß, dass alles scheinbar Böse ein unvollendeter Ausdruck des Guten ist, und indem er darin das Gute entdeckt, verwandelt er das Böse in das Gute, auf das es sich hinbewegt.

Gegen diese letzte Aussage könnte man einwenden, dass wir vorzügliche Schriften besitzen, um uns mit reinen, heiligen Dingen zu beschäftigen. Doch es sei daran erinnert, dass wir von einem Adepten der hohen Grade sprechen. Er weigert sich niemals, das auftretende Böse zu untersuchen, denn er hat die Fähigkeit, es zu durchschauen. Die schriftlichen Belehrungen sind für die Anfänger gedacht. Gute Ratschläge für Anfänger sind nicht immer die passenden Ratschläge für Fortgeschrittene. Anfänger sind nicht stark genug, um dem Bösen ins Angesicht schauen zu können. Sie schrecken davor zurück. Sie werden dadurch zu Feindseligkeit angestachelt. Deshalb müssen sie sich mit Gedanken befassen, die konstruktive Reaktionen bewirken.

Die Betrachtung des scheinbar Bösen erzeugt im Unterbewusstsein eines Adeptus Exemptus konstruktive Reaktionen. Weil er frei von fehlerhaften Interpretationen ist, die für die meisten Menschen dieser Welt Ursache so vieler Schwierigkeiten sind, erfreut sich ein Adeptus Exemptus eines außergewöhnlichen Maßes an unterbewussten, schöpferischen Kräften. Dies steht in Übereinstimmung mit dem, was im dritten Lehrsatz dieses Grades gesagt wurde. Das Unterbewusstsein eines Adeptus Exemptus arbeitet nur mit konstruktiven, mutigen, glücklichen und genauen Imaginationen, denn er erntet jetzt die Früchte, die er in der Arbeit der niederen Grade geleistet hat, in denen er die Saat legte. Jetzt schreitet er zur Ernte.

Ein Adeptus Exemptus ist stark. Er begrüßt auftauchende Probleme, die schwächere und weniger erfahrene Menschen in Schrecken versetzen würden. Er sucht sie geradezu. Doch findet man niemals einen Adeptus Exemptus, der sich als Zensor aufspielt oder seine Hände in heiligem Entsetzen emporhebt. Er ist völlig frei von zerstörerischen Emotionen. Das bedeutet nicht, dass er ungute Verhältnisse passiv hinnimmt, sondern, dass er sich geistig so sehr an aufbauende Imaginationen gewöhnt hat, dass er beim Auftauchen eines Missstandes sofort den Anstoß empfindet, ein geistiges Bild des Gegenteils zu erschaffen. Deshalb ist er in Wirklichkeit mehr als alle anderen Menschen *gegen* das Böse. Der Unterschied liegt darin, dass er *systematisch* etwas dagegen tut und das einzige Heilmittel anwendet, das die Missstände aufheben kann. Er begeht nicht den Fehler, das Böse zu leugnen. Er weiß sehr gut, wie es um die Dinge steht und verschwendet keine Zeit damit, die Missstände zu leugnen wie einige Schulen der Pseudometaphysik. Er geht den Dingen auf den Grund und urteilt nicht nach dem äußeren Anschein. Auf diese Weise wird das Böse durch das Gute überwunden.

Weitere Kommentare zu den Lehren dieses Grades scheinen unklug und überflüssig zu sein. Sie werden hier so wiedergegeben, wie sie empfangen wurden. Sie repräsentieren auf keinen Fall den Bewusstseinszustand, den der Schreiber dieses Buches erreicht hat. Nur ein Adeptus Exemptus könnte einen genauen Kommentar schreiben, und ganz bestimmt würde dieser Kommentar von allen, die diesen Grad nicht erreicht haben, missverstanden.

Dass diese Lehren überhaupt in Worte gefasst wurden, verdanken wir – wie es die *Confessio* ausdrückt – »der unerwarteten Gnade« eines Menschen, der sie versteht und ihre vielen Bedeutungen kennt. Es liegt an uns, aus diesem Beispiel der Güte, die das besondere Charakteristikum dieses Grades ist, so viel Nutzen wie möglich zu ziehen.

→ KAPITEL 19 ←

MAGISTER TEMPLI

8 = 3

Wir kommen jetzt zu den drei Graden, die den Dritten und Innersten Orden der Rosenkreuzer-Bruderschaft darstellen. Es war schon schwer genug, die Grade des Zweiten Ordens angemessen zu beschreiben. Um wieviel schwieriger wird es, die erhabenen Mysterien des Dritten Ordens zu erklären. Hier kann nur wiedergegeben werden, was empfangen wurde. Es wird nicht der Anspruch erhoben, die inneren Geheimnisse zu enthüllen.

Der Grad des Magister Templi (8 = 3) entspricht in der kabbalistischen Auslegung der Zahl 3, die auf dem Lebensbaum durch den dritten Kreis, *Binah,* בינה, (Verstehen), dargestellt wird. Diese Sephirah kennen wir als den Wirkungsbereich von Saturn. Sie ist ebenfalls als die Wurzel des Wassers bekannt. Die alchemistische Symbolik im Buch *Das Reinigende Feuer* verbindet sie mit dem Prinzip Salz und dem alchemistischen »Metall« Zinn.

Diese Zuordnungen scheinen im Widerspruch zu den Eigenschaften dieses dritten Kreises zu stehen. Der Leser sollte hier aber innehalten, ehe er die Schlussfolgerung zieht, dass dieser Widerspruch tatsächlich existiert, denn das alchemistische Zinn kann durchaus auch der Wirkungsbereich von Saturn sein. Es ist das beste, sich für jetzt mit diesem Hinweis zufrieden zu geben und keine voreiligen Schlüsse zu ziehen.

Der Grad des Magister Templi wird über zwei Pfade erreicht, den achtzehnten, der dem Buchstaben Chet und Schlüssel 7, Der Wagen, zugeordnet ist, und den siebzehnten, der mit dem Buchstaben Zajin verbunden ist und im Tarot symbolisch durch Schlüssel 6, Die Liebenden, dargestellt wird.

DER ACHTZEHNTE PFAD

Erst wenn der Kandidat ein Adeptus Exemptus geworden ist, steht ihm dieser Pfad offen, obwohl er vom Kreis des Adeptus Major ausgeht. Wer diesen Weg geht, der zum Verstehen führt, muss zu allererst jegliches «Mein«-Empfinden überwunden haben. Das Verstehen des unwandelbaren Gesetzes kann den Adepten nur dann durch den achtzehnten Pfad tragen, wenn er auch Wohlwollen entwickelt hat. Mögen die Kräfte desjenigen auch groß sein, der den Grad erreicht hat, der zur fünften Sphäre gehört, so muss er doch seine Arbeit durch Wohltaten, die für einen Adeptus Exemptus charakteristisch sind, abrunden, ehe er weiterschreiten kann, um ein Magister Templi zu werden. Er muss sich von der Illusion eines *persönlichen* Willens und von der Vorstellung, *persönlich* zu handeln, befreit haben, ehe er den achtzehnten Pfad betreten darf.

Der hebräische Text des achtzehnten Pfades ist sehr schwer verständlich, doch Folgendes ist eine sorgfältige Übersetzung aus dem *Sepher Jetzirah*: »*Der achtzehnte Pfad wird die Intelligenz des Hauses des Einflusses genannt. Aus dem Zentrum seiner innersten Vollkommenheit treten die Arkana mit den verborgenen Dingen in ihrem Schatten und die Mischung dieser innersten Wirklichkeit mit dem Ursprung der Ursprünge hervor.*«

Dieser Pfad wird durch Tarotschlüssel 7, Der Wagen, dargestellt. In der Fassung von Waite und in jener, die von den Erbauern des Adytum benutzt wird, sind im Hintergrund Häuser zu sehen, vor denen ein Fluss fließt. Im exoterischen Kartenspiel des 18. Jahrhunderts und in Oswald Wirth's Entwurf (wiedergegeben in *Das Tarot* von Papus) werden diese Einzelheiten nicht gezeigt; jedoch zeigen alle vier Versionen die Halbmonde auf den Schultern des Wagenlenkers, wodurch die Herrschaft des Zeichens Krebs betont wird, dem der Buchstabe Chet zugeordnet ist.

Die Arkana, die auf diesem Pfad der Manifestation hervortreten, kommen aus dem »Zentrum der innersten Vollkommenheit«. Im Tarot wird dieses Zentrum durch Schlüssel 2, Die Hohepriesterin, symbolisiert. Dieser Schlüssel entspricht ebenfalls dem Mond, der in Krebs regiert. Die Robe der Hohepriesterin ist die Quelle des Flusses von Schlüssel 7. Schlüssel 2 stellt das Allerheiligste im Inneren dar, welches »das Adytum des Gott-genährten Schweigens« genannt wird. Aus dieser Quelle leiten sich die tiefsten und schwer verständlichsten Geheimnisse der praktischen Kabbalah ab. Diese Geheimnisse wurden niemals aufgeschrieben, noch wurden sie in Worten irgendeiner Sprache wiedergegeben. Trotzdem entspricht der achtzehnte Pfad durch seinen Buchstaben Chet der Sprache, die die Kabbalisten mit diesem Buchstaben verbinden. Gemeint ist hier die okkulte Sprache. Es ist das Wort der Stimme des Schweigens.

Im Tarot wird das Wort **שפע**, `*schefa,* (Einfluss), durch die Schlüssel 20, 16 und 15 dargestellt. Schlüssel 20 ist ein Symbol der vierten Dimension. Sie ist die Ebene des Seins, die sowohl über, als auch innerhalb aller anderen Ebenen liegt. Dieser Schlüssel zeigt die Särge des persönlichen Bewusstseins, die auf dem Großen Meer von *Binah,* dem »Verstehen«, schwimmen. Der achtzehnte Pfad entspringt in *Binah,* wenn wir den Lebensbaum herabsteigen, und derselbe Pfad führt auf dem Weg der Rückkehr zu *Binah* hin. Schlüssel 16, der zweite Buchstabe von **שפע**, stellt den heiligen Einfluss als Blitzstrahl dar, der den Turm des falschen Wissens zerstört. Schlüssel 15, der dritte Buchstabe von **שפע**, zeigt, wie der Mensch die Wirkung dieses heiligen Einflusses interpretiert, wenn er nur die oberflächlichen Erscheinungen erkennt, die ihm seine physischen Sinne vermitteln.

Unter diesem letzten Aspekt gibt uns der heilige Einfluss Rätsel auf und stellt uns vor Probleme. So sind die beiden Sphingen auf Schlüssel 7 und der Teufel von Schlüssel 15 verwandte Symbole. Beide stellen eine wenig zusammenpassende Verbindung von menschlichen und tierischen Elementen dar. Sie sind Urbilder des Großen Magischen Agens, jener Kraft, die bei allen Arbeiten des praktischen Okkultismus gebraucht wird.

Der Zahlenwert von שפע ist 450, oder 10 x 45 und stellt somit die Vervielfachung der Kräfte der Sephiroth (10) durch den Menschen (*Adam*, אדם, 45) dar. 450 ist auch die Zahl von לוחות, *luchot* (die Gesetzestafeln). Das Gesetz ist die *Tora*, geschrieben auf die Rolle der Hohepriesterin. Die Manifestation des Gesetzes ist das Ergebnis der Reaktionen zwischen den zehn Sephiroth, die den Lebensbaum bilden. Daher entspricht 450 auch der Wortverbindung פרי עץ, *peri 'ets* (die Frucht des Baumes). Schließlich ist 450 auch die Zahl von פשע, *`pescha* (Rebellion, Sünde, Verstoß). In diesem Wort wird der Buchstabe פ vor das ש gestellt statt dahinter, wie in שפע. Das bedeutet, dass der Turm der Persönlichkeit von Schlüssel 16 vor der Freiheit der geistigen Wirklichkeit steht, die Schlüssel 20 zeigt.

Dies ist der Fehler, der sich einschleicht und viel von dem vergiftet, was als okkulte Lehre angeboten wird. Es ist der Versuch, das Wirken der überbewussten Kräfte festzulegen und in Formen zu zwingen, die vom irreführenden »persönlichen« Willen diktiert werden. Das zu versuchen bedeutet, einen Turm von Babel zu bauen. Es ist schwarze Magie - der Versuch, das universelle Leben zu zwingen, die Formen anzunehmen, die vom persönlichen Verstand ersonnen wurden.

Weiße Magie, die praktische Seite des Rosenkreuzertums und der Kabbalah, ist genau das Gegenteil. Sie gestaltet unsere Welt so, wie wir sie uns wünschen, indem sie die Erkenntnis fördert, dass die *wirkliche* Welt bereits schöner, wunderbarer und harmonischer ist, als wir sie uns vorstellen können.

Die Wirklichkeit liegt jenseits von allem, was wir erfragen oder erdenken können. Jeder Wunsch findet in ihr seine Erfüllung, seine *wirkliche* Erfüllung. Die Wahrnehmung der Wirklichkeit ist kein geistiges Narkotikum, das uns in eine Traumwelt trägt, in der wir das vergessen, was einige die »rauhe Wirklichkeit« nennen. Die Wahrheit zu erkennen bedeutet, hellwach zu werden und ein Bewusstsein zu erlangen, in dem uns nichts Gutes und Vollkommenes, sei es klein oder groß, entgeht. Diese Verwirklichung eröffnet uns die wahre Welt – eine Welt voller Gesundheit und guter menschlicher Beziehungen, in der Arbeit Freude macht und alles seine Vollendung findet. In dieser wirklichen Welt ist jeder Augenblick eine Erfahrung des Sieges, eine Phase des ewigen Erfolges, der schon immer durch die Zahl 7 symbolisiert wurde.

Schlüssel 7 zeigt die Essenz dieser Verwirklichung. Es ist die Erkenntnis, dass das Selbst aller Selbste der wirkliche Lenker des Wagens der Persönlichkeit ist. Unsere persönliche Existenz ist nichts anderes als das Vehikel des Einen Lebens. Dies zu wissen heißt, das Bewusstsein zu besitzen, das die »Intelligenz des Hauses des Einflusses« genannt wird.

Dieses Wissen kann nicht einfach übernommen und auch nicht vorgetäuscht werden. Wir können es nicht in der Hoffnung vorspiegeln, dass wir dann seine Wohltaten ernten könnten. Wir müssen uns völlig empfänglich für den Einen Willen machen, und auch diese Empfänglichkeit kann man nicht vortäuschen. Man kann darüber überzeugend sprechen und diese Worte können andere empfänglich machen. Man kann jedoch nicht wahrhaftig empfänglich sein, *solange noch eine Spur des Irrtums vorhanden ist, dass man selbst daran arbeitet, seine Bedürfnisse zu befriedigen.*

Das Königreich des Geistes muss um seiner selbst willen gesucht werden. Jene, die ernsthaft und ausschließlich danach suchen, haben ihrem Leben bereits alles Notwendige gegeben. Solange man das Königreich sucht, um etwas zu erhalten, ist das Ziel dieses Etwas und nicht das Königreich. Auf diese Weise wird man beides verfehlen. Deshalb wird auf Schlüssel 7 ein stillstehender Wagen gezeigt. Freiheit kann erst erworben werden, wenn man erkannt hat, dass alles scheinbare Handeln der Persönlichkeit in Wahrheit in dem nach außen und abwärts fließenden Strom des Heiligen Einflusses, der dem Einen Selbst entstammt, seinen Ursprung hat.

Der achtzehnte Pfad ist der Kanal für die reiche, überströmende Aktivität der Lebenskraft, die gegenständliche Formen annimmt. Die Lebenskraft nimmt diese Formen durch Begrenzung an, die vom rationalen Selbstbewusstsein gelenkt wird, wie es der Magier im Tarot darstellt. Diese Kraft strömt sowohl in Gegenstände als auch in Lebewesen ein.

Den achtzehnten Pfad auf dem Weg der Rückkehr zu betreten bedeutet deshalb, die illusorische Macht dieser Begrenzungen zu überwinden, indem man lernt, wie man sie nutzen kann. Durch die Arbeit auf diesem Pfad meistert der voranschreitende Kandidat die zerstörerische Kraft der Marsschwingung. Er erweckt in sich die erneuernde Kraft der Flamme des kosmischen Lebensatems, und »er setzt den Schöpfer wieder auf seinem Thron ein«, wie es das *Sepher Jetzirah* ausdrückt.

Tarotschlüssel 7, der diesem Pfad entspricht, zeigt den Wagen als den lebendigen Tempel der Lebenskraft. Der Lenker ist das ICH BIN. Er meistert die positiven und negativen Ausdrucksformen des Astrallichtes. Die positiven Manifestationen werden durch die weiße, die negativen durch die schwarze Sphinx symbolisiert.

Das Feld seiner Meisterschaft ist die Sprache. Im okkulten Sinne bedeutet Sprache sowohl Gedanke als auch artikulierter Laut. Ein Meister des Tempels hat die Geheimnisse der magischen Sprache erlernt. Er erbaut durch Ideen. Außerdem kennt er die Schwingungswerte bestimmter Tonkombinationen mit den dazugehörigen Vorstellungen. Durch subtile Klangkräfte, die er mit Gedanken verbindet, baut er sich einen Körper, der jeder feindlichen äußeren Kraft widersteht.

Ein Meister des Tempels ist sich vollkommen klar über die Bedeutung der These: »Erfüllt vom Verstehen seines vollkommenen Gesetzes werde ich Augenblick für Augenblick auf dem Pfad der Befreiung geführt.« Er fühlt in sich den Drang dieses unwiderstehlichen Willens, den andere, die weniger Verständnis haben, fälschlicherweise für ihren eigenen halten. Er macht keine Pläne, aber er folgt sorgfältig dem Großen Plan Schritt für Schritt, so wie er sich ihm enthüllt. Er ist sich des Erfolges gewiss. Aus seinen früheren Erfahrungen im Grad des Philosophus weiß er, dass jedes Stadium des kosmischen Plans ein Schritt vorwärts zur vollkommenen Erfüllung des Gesetzes der Freiheit ist.

DER SIEBZEHNTE PFAD

Der siebzehnte Pfad wird die Verfügende Intelligenz genannt (oder auch die Intelligenz der Sinneswahrnehmung). Er lenkt den Rechtschaffenen zum Glauben hin und kleidet ihn mit dem Heiligen Lebensatem, und am Ort der Höchsten wird er das Fundament der Schönheit genannt.

Sepher Jetzirah

Dieser Pfad verbindet Tiphereth mit Binah. Tiphereth ist in der kabbalistischen Psychologie der Sitz des personifizierten EGO, und Kether, die Krone, der Sitz von Jechidah, dem universellen Selbst.

Im Diagramm des Lebensbaumes liegt Tiphereth auf halbem Wege zwischen Kreis 1 und Kreis 10. Es ist auch das Zentrum der Gruppe der Kreise 4 bis 9. Diesen Sephiroth, mit Tiphereth im Zentrum, entspricht im Menschen die Persönlichkeit, mit dem EGO im Mittelpunkt.

Innerhalb der planetarischen Zuordnungen dieser Kreise des Lebensbaumes gehört Tiphereth zur Sphäre der Sonne, und die Kreise 4 bis 9, die sie umgeben, entsprechen den Sphären mehrerer Planeten. Damit wird ausgedrückt, dass das EGO, gleichwie die Sonne, inmitten der Planeten steht. Es sei daran erinnert, dass die alten ebenso wie die modernen Astronomen wussten, dass das Licht der Planeten nur reflektiertes Sonnenlicht ist.

»Wie oben, so unten« – die mikrokosmischen Entsprechungen der Planeten borgen sich ihr Licht vom zentralen Selbst. Es ist die Kraft dieses Selbst, die wir in den ineinandergreifenden Zyklen der Weltordnung gespiegelt erkennen. Schlüssel 10 stellt diese Zyklen dar, die in den rosenkreuzerischen und kabbalistischen Systemen mit Jupiter in Verbindung gebracht werden, dessen Einflussbereich der 4. Kreis auf dem Lebensbaum ist. Die Aktivität des Selbst ist die Marskraft, die Formen zerstört, wie auf Schlüssel 16 gezeigt wird, und die ihren Wirkungsbereich im 5. Kreis auf dem Lebensbaum hat. Dem Uneingeweihten scheint es, als ob Wünsche ein Eigenleben und eine unabhängige Existenz hätten, in Wirklichkeit aber sind die Formen, die Wünsche annehmen, Manifestationen der schöpferischen Essenz des Selbst. Die Wirkungsweise dieser schöpferischen Essenz wird Venus zugeordnet, die im Tarot als Kaiserin dargestellt wird. Ihr Bereich ist die Sphäre des 7. Kreises auf dem Lebensbaum. Das Bewusstsein des Selbst, des Zeugen dieses Dramas der Manifestation, ist die Quelle all unserer intellektuellen Aktivitäten. Es wird durch Hermes oder Merkur personifiziert und im Tarot als der Magier dargestellt, dessen Feld der 8. Kreis des Lebensbaumes ist. Das Licht des Einen Selbst wird durch das geheimnisvolle automatische Bewusstsein reflektiert, das durch die Hohepriesterin personifiziert wird, ein Symbol des Mondes, dessen Bereich der 9. Kreis des Baumes ist.

Wer glaubt, dass das EGO in *Tiphereth* (das Selbstgefühl, das wir intuitiv in uns nahe dem Herzen ansiedeln) etwas Unabhängiges sei, etwas, das von dem großen und unteilbaren Selbst mit Sitz in *Kether* getrennt sei, irrt. Ähnlich, wie die Astronomen erst anfangen zu verstehen, dass die physische Sonne unseres Weltsystems ein Zentrum konzentrierter Energie ist, die zuerst in ihr gebündelt werden muss, ehe sie zu den Planeten dieses Systems ausstrahlen kann, wussten schon die Weisen, nur klarer, dass jedes persönliche Zentrum des Selbstgefühls ein Punkt ist, in dem sich die Kraft des einzigen universellen Selbst konzentriert.

Folglich führt der Weg von Zajin von der Sphäre der Sonne aufwärts zur Sphäre von Saturn. Wenn wir diesen Pfad gehen, trennen wir uns von der Illusion des Gefühls, ein Einzelwesen zu sein. Wir erkennen nun, dass der Schein einer getrennten Individualität, der im Adeptus Minor noch bestehen blieb, nur dadurch entsteht, dass die Kraft des Einen Selbst *seine grenzenlose Energie auf jeden einzelnen Punkt in Zeit und Raum konzentriert.* Es ist wichtig, diesen Satz immer wieder zu lesen, bis sich seine innere Bedeutung voll eröffnet. Hier steht etwas, das den Geist über die Begrenzung der Worte hinaus führen kann, und wer diesen Schlüssel ergreift, wird das Geheimnis entdecken.

Der Pfad von Zajin wird auch »das Fundament der Schönheit am Ort der Höchsten« genannt. Das Fundament ist *Jesod*, die 9. Sephirah, Sitz des automatischen Bewusstseins. Schönheit ist *Tiphereth*, Sitz des EGO-Bewusstseins. Der Ort der Höchsten ist die archetypische Welt der Kabbalisten, welche die drei obersten Sephiroth *Kether*, *Chochmah* und *Binah* umfasst, die den drei höchsten Graden des Ordens entsprechen. Weil der Pfad von Zajin zu *Binah* führt, heißt es, dass sein Einfluss am »Ort der Höchsten« wirksam ist.

Seine Funktion besteht darin, die Kräfte des automatischen Bewusstseins (des Unterbewusstseins) und die des EGO-Bewusstseins (des Selbstbewusstseins) in einem vollkommenen Gleichgewicht zu halten. Jede praktische Arbeit eines wahren Rosenkreuzers hat damit zu tun. Das Wesentliche dieser Technik wurde im Grad des Theoricus gelehrt, vor allem die Tatsache, dass das Unterbewusstsein immer der Kontrolle durch Suggestion zugänglich ist. Wenn man dies praktisch anwendet und übt, wird das Unterbewusstsein nach und nach von seinen verschiedenen Verkleidungen gereinigt, und ebenso befreien wir dadurch auch das Selbstbewusstsein von seinen Maskeraden, bis beide Bewusstseinsebenen soweit gereinigt sind, wie es die beiden menschlichen Gestalten auf Schlüssel 6, Die Liebenden, zeigen, dem Schlüssel, der dem Pfad von Zajin entspricht.

Dies »lenkt den Rechtschaffenen zum Glauben«, heißt es im Text, denn die Rechtschaffenen sind die, die ihre Gedanken, Gefühle und Handlungen in Harmonie mit der universellen Ordnung gebracht haben. Den Glauben, zu dem sie gelenkt werden, zeigt Tarotschlüssel 11, nämlich das gelassene Vertrauen darauf, dass *sich sogar jetzt, obwohl es nicht so erscheint*, die absolute Gerechtigkeit in all den vielfältigen Wirkungsweisen im Großen Werk der Selbstmanifestation der Lebenskraft ausdrückt. Die Weisen warten nicht auf einen Tag, an dem Gerechtigkeit das Universum regieren wird. Sie erfassen intuitiv, dass Gerechtigkeit immer schon regiert. Sie schulen sich darin, sie zu entdecken, obwohl ein dichter Schleier äußerer Erscheinungen ihr Wirken verhüllen mag.

Von Menschen, die zum Glauben gelenkt wurden, sagt man, sie seien »mit dem heiligen Lebensatem bekleidet«. Dies ist ein weiterer Grund dafür, warum die menschlichen Gestalten auf Schlüssel 6 nackt sind. Sie sind mit Geist bekleidet, und das Wort für *Geist* ist in allen Sprachen ein Synonym für *Luft*. Sie haben nichts zu verbergen. Doch im tieferen Sinne sind sie mit dem Lebensatem bekleidet, weil sie Kräfte innehaben, die den Menschen normalerweise unbekannt sind.

Wenn der fortgeschrittene Adept auf dem Weg der Rückkehr den siebzehnten Pfad beschreitet, geht er durch eine Reihe von Prüfungen, die mit den Buchstaben des Wortes *Zajin*, זין, in umgekehrter Reihenfolge zusammenhängen. Zuerst muss er überzeugend nachweisen, dass er den Tod überwunden hat. Diese Prüfungen gehören zum Buchstaben Nun, Schlüssel 13. Dann beweist er seine Meisterschaft über die Kräfte, die ihn befähigen, sich mit dem Einen Willen zu identifizieren, der im hebräischen Alphabet durch den Buchstaben Jod und im Tarot durch den Eremiten dargestellt wird. Schließlich geht er durch eine Prüfung, die zeigt, dass er »das Schwert der Unterscheidung« führen kann. Dadurch kann er beweisen, dass er in seiner Persönlichkeit die Bedingungen geschaffen hat, auf die Schlüssel 6 hinweist. Die vollkommene harmonische Übereinstimmung zwischen den bewussten, unterbewussten und überbewussten Aspekten der Lebenskraft, die dieses Bild symbolisiert, ist der Seinszustand eines Adepten, der im Begriff ist, seinen Aufstieg zum Grad des Magister Templi zu vollenden.

Es ist notwendig, diesen Zustand erreicht zu haben, denn ein »Meister des Tempels« zu sein bedeutet mehr, als die Kontrolle über den physischen Körper zu haben. Es bedeutet vielmehr die Kontrolle über alle Vehikel des Selbst, vom innersten bis zum äußersten. Ein Meister des Tempels kann jede Form bestimmen, den die Lebenskraft annimmt, vom Kausalkörper bis herab zu den Bedingungen, die man gewöhnlich als Umfeld bezeichnet.

Darunter ist nicht zu verstehen, dass er im herkömmlichen Sinne »Wunder vollbringt«, sondern dass sein persönliches Bewusstsein mit dem abstrakten Geist, der seinen Sitz in Binah hat und der von östlichen Lehrern als das höhere Manas beschrieben wird, vollkommen eins geworden ist. Die Kabbalisten nennen ihn *Neschamah*, נשמה. Durch Zahlengleichheit gehört dieses Wort zu השמים, *ha scha`majim* (die Himmel), eine besondere Bezeichnung für die archetypische Kausalebene. Ein Magister Templi hat sein inneres Leben so vollkommen mit dieser Kausalebene des Bewusstseins vereint, dass er sich jederzeit als Kanal für die Kraft weiß, der die Formen von allem Geschaffenen untergeordnet sind.

Er nimmt wahr, dass alle Kräfte, die die Wissenschaft kennt, durch ihn in die Manifestation fließen. Er weiß, dass alle Gesetze, die den Wissenschaftlern bekannt sind, immer in seinem täglichen Leben wirken. Mehr noch, er weiß, dass er ein Kanal der Kräfte ist, die kein exoterischer Wissenschaftler je entdeckt hat, und dass er Verwalter von Gesetzen ist, die von der exoterischen Wissenschaft niemals entdeckt werden. Es ist wichtig, sich dies bewusst zu machen. Menschen, weit unter dem Grad des Magister Templi, glauben, dass sie Vehikel dieser Kräfte und Verwalter dieser Gesetze sind, und ihr Glaube ist richtig. Ein Magister Templi weiß, was andere nur glauben, und sein Wissen beruht auf Erfahrung.

Er hat das Geheimnis erfahren, wie die schöpferischen Kräfte, die die Bibel »Elohim« nennt, gelenkt werden. Sie sind die sieben Phasen der Einen Lebenskraft, die durch die sieben Seiten des Gewölbes der Rosenkreuzer symbolisiert werden. Ein Magister Templi versteht diese siebenfältige Kraft und beherrscht die Formen ihres Selbstausdrucks. Deshalb ist er in der Situation, die von Swami Vivekananda, der den Lebensatem mit dem Sanskrit-Wort Prana benennt, wie folgt beschrieben wird. Von einem Adepten, der Prana vollkommen lenken kann, sagt er:

»Könnte es eine Kraft auf Erden geben, die nicht die seine wäre? Er könnte die Sonnen und Sterne aus ihren Bahnen schleudern und alles im Universum, von den Atomen bis hin zu den größten Sonnen, beherrschen... Wenn sich ein Yogi vollendet, gibt es nichts in der Natur, was nicht seiner Herrschaft unterstünde. Wenn er den Göttern gebietet zu kommen, so werden sie auf seine Bitte kommen; wenn er die Verstorbenen bittet zu kommen, so werden sie auf sein Geheiß kommen. Alle Kräfte der Natur dienen ihm, und wenn ein Unwissender diese Kräfte des Yogi sieht, bezeichnet er sie als Wunder.«(19)

So groß ist die Kraft eines Magister Templi. Sie wurzelt im Bewusstsein, das durch die Buchstaben des Wortes *Binah*, בינה, dargestellt wird. Zunächst ist er ein absolut transparenter Mittler für das Ausströmen der Energie des Ursprungprinzips, der nichts widerstehen kann. Seine ganze Magie besteht im völligen Gehorsam dem Einen Gesetz gegenüber. Er gleicht dem Magier im Tarot, dem der Buchstabe ב zugeordnet ist. Auch erfreut er sich ganz bewusst daran, dass sein innerstes ICH BIN mit dem Alten der Tage identisch ist. Wie Jesus kann auch er sagen: »Ehe Abraham war, bin ich.« Seine Macht über die Naturerscheinungen ist die direkte Folge seiner inneren Einheit mit IHM, der diesen Formen gebietet. Dies wird durch den zweiten Buchstaben von Binah dargestellt, י, der im Tarot dem Eremiten entspricht. Drittens hat er den Tod besiegt und nimmt nichts anderes im Universum wahr, als die immerwährende Erneuerung des Lebens im Wandel der Formen. Da er sich mit der Ursache aller Veränderungen identifiziert, kann er mit Hilfe seiner geistigen Vorstellungskraft bestimmen, welche Formen diese Kräfte, die durch ihn fließen, annehmen sollen. Das ist mit dem Buchstaben נ und Tarotschlüssel 13 gemeint. Schließlich kann ein Magister Templi mit Hilfe seines hier beschriebenen mentalen Zustandes sein inneres Leben mit der Konstituierenden Intelligenz in Einklang bringen, die im Tarot durch den Buchstaben ה und den Kaiser symbolisiert wird. Er ist eins mit der Kraft im Universum, die alle Formen entwirft, erschafft, bildet und bestimmt.

All dies wird in der Zuordnung von Saturn zu diesem Grad zusammengefasst. In der alten Mythologie ist Saturn der Vater aller Götter, und dort heißt es, dass der Saturneinfluss bindend, begrenzend und formerzeugend wirkt. Daher wird die Meisterung des Tempels dieser Sphäre zugeordnet, denn die Herrschaft des Adepten über seinen Körper und seine Macht über die ihn umgebenden sichtbaren Formen sind das Ergebnis vollkommener Konzentration. Konzentration ist im Wesentlichen die Begrenzung der Strömungen der Lebenskraft, die Grenzen festlegt und Formen voneinander trennt.

DIE LEHREN DES GRADES

Die vier Lehren des Grades eines Magister Templi werden von dem Namen *Binah,* בינה, (Verstehen), abgeleitet. Es handelt sich um folgende:

I. DER MAGIER
Schlüssel I (ב)

Der Mensch ist der Mittler, der die hohen Möglichkeiten der Lebenskraft auf den überbewussten Ebenen zu den niedrigeren Möglichkeiten der Verkörperung, die unterhalb der Ebene des Selbstbewusstseins liegen, herunterstuft. Ein Magister Templi verliert nicht für einen Augenblick das Bewusstsein seiner Verbindung zu dem, was über ihm ist, noch verliert er das Bewusstsein seiner Kraft, durch die er das beherrscht, was unter ihm ist. Nichts kann ihn erschrecken. Er verfällt nie in den Fehler zu glauben, dass er persönlich irgendeine Handlung ausführt oder dass er persönlich für irgend ein Ergebnis verantwortlich ist. Er ist Zeuge des mächtigen Wirkens der Einen Identität. Wenn er die Phänomene seiner Welt beobachtet, sieht er, wie alles auf die unausweichliche Freiheit als Folge des Selbstausdrucks der Lebenskraft hinzielt.

2. DER EREMIT

Schlüssel 9 (י)

Ein Magister Templi identifiziert sich völlig mit dem stillen Beobachter auf den Höhen des Seins. Er nimmt durch diesen Beobachter wahr, dass alle Tätigkeiten aus einer Folge von Umwandlungen bestehen, die der Energie des Unterbewusstseins entspringen. Er weiß, dass sich das Selbst nicht bewegt und auch niemals handelt. Er erkennt Es als den ewigen Zeugen der Handlungen Seiner eigenen Kraft.

3. DER TOD

Schlüssel 13 (נ)

Ein Magister Templi weiß um die Notwendigkeit und die Segnungen des ständigen Wandels der physischen Formen. Er sieht, dass dieses Prinzip des endlosen Wandels in der Welt der Formen die Erscheinung des Todes hervorruft. Er geht aber über dieses Sehen hinaus. Er hat den positiven Faktor des Phänomens Tod verstanden. Er hat sich »die Kraft des Adlers entliehen«, indem er die Nervenströme benutzt, die bei einem normalen Menschen nur in sexueller Betätigung Ausdruck finden. Ein Magister Templi aber benutzt diese Ströme dazu, bestimmte Teile seines Gehirns anzuregen. Dadurch erhält er ein Wissen, das ihn vom »Körper dieses Todes« erlöst und ihm das beglückende Freisein von den Begrenzungen des dreidimensionalen Daseins verleiht.

4. DER KAISER

Schlüssel 4 (ה)

Vollkommen eins geworden mit dem Einen Willen teilt ein Magister Templi mit diesem Einen dessen Macht und dessen Konstituierende Intelligenz, die die Welt entwirft, erschafft und bildet. Er hat das volle Maß seines Menschseins in Bezug auf die Lebenskraft erreicht. Er sieht sich so, wie er wirklich ist. In dieser unerschütterlichen Sicht der Wahrheit gibt es keinen Platz für irgendeine falsche Beurteilung, weder die seiner selbst noch die des größeren Lebensraumes seiner Umgebung.

Es wird gesagt, dass dieser Grad auch dem Bewusstsein entspricht, das man »Heiligende Intelligenz« nennt. Heiligen bedeutet, etwas vollkommen machen. Ein Heiliger ist ein Mensch, der an Gottes Idee von der Menschheit heranreicht. Gottes Vorstellung vom Menschen ist frei von jedem Makel, der im Menschenbild der Sterblichen bestehen mag. Das Wort für »Heiligen« ist מקדש, *mikodasch,* dessen Zahlenwert 450 beträgt, der gleiche wie der des Wortes ` *schefa,* (Einfluss), das schon besprochen wurde. Wenn wir das Wort מקודש Buchstabe für Buchstabe mit Hilfe der Tarotschlüssel untersuchen, entdecken wir, dass die Heiligende Intelligenz, die gleichbedeutend mit dem Bewusstsein des Magister Templi ist, sich folgendermaßen zusammensetzt:

מ: Schlüssel 12 (Der Gehängte):
Das Bewusstsein der völligen Abhängigkeit von der Lebenskraft

ק: Schlüssel 18 (Der Mond):
Das Bewusstsein, das durch die vollkommene Zusammenarbeit aller Zellgruppen des physischen Körpers entsteht

ו: Schlüssel 5 (Der Hierophant):
Das Bewusstsein der vollkommenen Verbindung mit dem Inneren Lehrer und des absoluten Gehorsams gegenüber den Anweisungen der Inneren Stimme

ד: Schlüssel 3 (Die Kaiserin):
Das Bewusstsein fruchtbarer Imagination, voll klarer, genauer Bilder in schöner Folge, die aus der Erkenntnis der wahren Natur der Lebenskraft strömen

ש: Schlüssel 20 (Das Urteil):
Ein lebendiges Bewusstsein von der Unsterblichkeit und vom Daseinszustand, den wir vage als die vierte Dimension bezeichnen

Binah, בינה, enthält die Buchstaben von *Ben,* בן, (Sohn) und von *Ja,* יה, (Vater). Dadurch wird angedeutet, dass die Heiligende Intelligenz, *Binah,* ein Bewusstseinszustand ist, in dem der Magister Templi mit Jesus sagen kann: »Ich und der Vater sind Eins.«

→ KAPITEL 20 ←

MAGUS

9 = 2

Der Grad des Magus entspricht der Bedeutung der Zahl 2 und den verschiedenen Vorstellungen, die mit dem zweiten Kreis des Lebensbaumes, *Chochmah*, חכמה, (Weisheit), zusammenhängen. Er entspricht der These im *Meistermodell*: »Durch mich nimmt seine unfehlbare Weisheit Gestalt an in Gedanke und Wort.« Die Bedeutung des menschlichen Vehikels liegt darin, dass die Lebenskraft durch es hindurchfließt. Die Lebenskraft im Menschen ist identisch mit der Kraft der zweiten Sephirah. Sie ist keine gesonderte Kraft, die sich von anderen Naturkräften unterscheidet. Die *Chochmah*-Kraft ist die strahlende Energie, die unsere Körper transformiert. Sie bildet Zentren, die sich zu Sonnen formen. Ihr Licht ist nicht geistlos, sondern lebendig und bewusst. Leben entsteht aus Licht. Steine sind in Wahrheit genauso lebendig wie Menschen, auch wenn es nicht so aussieht. Unser Körper ist Teil unserer irdischen Umgebung. Das Leben auf unserer Ebene wird von mechanischen und chemischen Gesetzen bestimmt, doch die Substanz der Dinge ist Energie, und jede Art von Energie ist lebendige Energie.

Chochmah wird wegen der Beziehungen, die innerhalb der kosmischen Ordnung bestehen, die von der Lebenskraft selbst erstellt wurde, die Sphäre des Tierkreises oder die Sphäre der »Sternenbahnen« genannt. Der Ablauf unseres Lebens hängt jedoch nicht von den Sternen ab, sondern steht im Einklang mit ihnen.

Die Farbe dieses zweiten Kreises ist grau, eine Mischung aus Weiß, der Farbe von *Kether*, und Schwarz, der Farbe von *Binah*. Grau entsteht auch aus der ausgewogenen Mischung zweier Komplementärfarben, z. B. Rot und Grün, Blau und Orange, Gelb und Violett. Man beachte, dass diese Farben auf dem Lebensbaum *Geburah* und *Netzach*, *Chesed* und *Hod* sowie *Tiphereth* und *Jesod* zugeordnet sind.

Ein Magus hat den Einfluss dieser und aller anderen Gegensatzpaare überwunden. Er hat alle Kräfte der niederen Grade vollkommen ins Gleichgewicht gebracht. Er hat einen ausgewogenen Zustand zwischen dem ersten und dem dritten Grad erreicht. Er ist die inkarnierte Weisheit, und sein Bewusstsein reicht noch über das des Magister Templi hinaus.

Im dritten Grad geht es bei der Arbeit eines Adepten um die Beherrschung der Kräfte, die die Hindus *Prana* nennen: mit dieser Arbeit kontrolliert er sowohl die sichtbaren Formen des Lebens als auch jene, die nicht nur dem physischen Auge unsichtbar sind, sondern von keinem der physischen Sinne wahrgenommen werden können. Doch im Grad des Magus ist der fortgeschrittene Adept nicht länger an die Form gebunden. Er hat das Stadium erreicht, in dem er sich vollkommen mit der Lebenskraft identifiziert.

Diesen Grad der Verwirklichung mit Worten zu beschreiben, die aus den

Erfahrungen dieser Welt entstanden sind, ist absolut unmöglich. Selbst wenn ich ein Magus wäre, könnte ich dieses Stadium höchstens einem anderen Magus verständlich machen. Und da ich in keiner Weise diesem fortgeschrittenen Grad nahekomme, kann ich nur das berichten, was man mich gelehrt hat.

Was ein Magus wirklich ist, wird leichter verstanden, wenn ich mich auf die Worte von Eliphas Levi beziehe:

»Magie ist die Göttlichkeit des Menschen, die durch Einheit und Glauben erreicht wird. Die wahren Magi sind aufgrund ihres innigen Einsseins mit dem göttlichen Prinzip Gottmenschen. Sie sind ohne Ängste und ohne Wünsche, werden nicht von Falschheit regiert, unterliegen keinem Irrtum, lieben ohne Illusion, leiden ohne Ungeduld und ruhen in der Stille des ewigen Gedankens. Ein Magus kann nicht unwissend sein, denn Magie schließt überragende Eigenschaften, Meisterschaft und Mündigkeit ein, und Mündigkeit bedeutet Befreiung durch Wissen. Der Gottmensch hat weder Rechte noch Pflichten, er besitzt Wissen, Willen und Macht. Er ist nicht nur frei, sondern mehr als das, er ist Meister. Er befiehlt nicht, er erschafft; er gehorcht nicht, denn niemand kann ihm befehlen. Was andere Pflicht nennen, nennt er Vergnügen; er tut Gutes, weil er es so will, und er wünscht sich nichts anderes. Er arbeitet freiwillig an allem mit, was die Gerechtigkeit fördert. Opfer ist für ihn die Fülle eines sittlichen Lebens und die Freude des Herzens. Er steht dem Bösen unerbittlich gegenüber, doch er empfindet keinen Hass für die Gottlosen. Er betrachtet wiedergutmachende Züchtigung als Wohltat und versteht nicht den Sinn der Rache.«[20]

Dass eine solche Persönlichkeit »mehr als ein Mensch« ist – eine rosenkreuzerische Ausdrucksweise – muss man zugestehen. Weiterhin müssen wir zugeben, dass keiner von uns auch nur eine vage Vorstellung von diesem Rang hat. Doch sollte uns bewusst sein, dass dies nicht das Idealbild von dem ist, was wir eines Tages werden könnten, es ist vielmehr nur der Entwurf von dem, was der eigentliche Mensch in jedem Menschen jetzt und immer ist.

Dieser Mensch ist der wahre Magus. Er lebt jetzt in Dir und in mir. Den Grad des Magus im Wahren und Unsichtbaren Orden zu erreichen bedeutet, Seine Gegenwart in unserem Leben wahrzunehmen.

Drei Pfade auf dem Lebensbaum führen zum Grad des Magus. Es sind dies: (1) der Pfad der Triumphierenden, Ewigen Intelligenz, der dem Buchstaben Vav und dem Tierkreiszeichen Stier zugeordnet ist; (2) der Pfad der Konstituierenden Intelligenz, der mit dem Buchstaben He und dem Tierkreiszeichen Widder verbunden ist; und (3) der Pfad der Leuchtenden Intelligenz, der dem Buchstaben Dalet und dem Planeten Venus zugeordnet ist.

DER SECHZEHNTE PFAD

Der erste der drei Pfade, die zum Grad des Magus führen, beginnt in *Chesed*, der Sephirah, welcher der Grad des Adeptus Exemptus zugeordnet wird. Dieser Pfad bleibt solange verschlossen, bis der Anwärter den Grad des Magister Templi erreicht hat. Man kann nicht in den Bewusstseinszustand eintreten, den die Kabbalisten die »Triumphierende und Ewige Intelligenz« nennen, bevor nicht alle Körper eines Menschen gereinigt und gemeistert wurden. Nur ein Magister Templi kann diesen Grad des Bewusstseins erfahren.

Im Hebräischen heißt »triumphierend« נצחי, *nitsxi*, mit dem Zahlenwert 158, gebildet aus dem Wort *Netzach*, נצח, mit dem Buchstaben Jod als Nachsilbe. *Netzach* ist der Name der Sephirah, welcher der Grad des Philosophus zugeordnet ist. Kabbalistisch gesehen bedeutet das Hinzufügen des Buchstabens Jod an diesen Namen die Hinzufügung einer *Hand*, was auf die praktische Anwendung einer ausgereiften Philosophie hinweist. Um sie jedoch anwenden zu können, muss man Meister seines persönlichen Instrumentariums sein. Die Idee dabei ist, dass man stark sein muss, um dienen zu können. Das ist eine schwere Lektion, aber wir alle müssen sie früher oder später sorgfältig lernen.

Das kabbalistische Lexikon zeigt, dass die Zahl 158 durch die Wörter חיצים, *xitsjim* (Pfeile), חנק, *xanak* (erwürgen) und מאזנין, *moznin* (Waagschalen, ein aramäisches Wort), ausgedrückt wird. In diesem Zusammenhang sind für uns die Worte »Waagschalen« und »Pfeile« leicht verständlich, weil ein Pfeil die durchdringende Geradheit des konzentrierten magischen Willens symbolisiert und Gleichgewicht die Grundlage des Großen Werkes ist. Auf den ersten Blick steht jedoch »erwürgen« kaum im Zusammenhang mit der Vorstellung des Bewusstseinszustandes, der als triumphierend bezeichnet wird. Doch bei näherer Betrachtung erinnern wir uns daran, dass in jeder Initiation der Kandidat symbolisch seinen Tod erleben musste. Mehr noch, erwürgen ist Tod durch Zusammendrücken der Kehle, und der Pfad, den wir gerade studieren, hängt mit dem Buchstaben Vav und dem Tierkreiszeichen Stier zusammen. Beide Zeichen beherrschen die Kehle. In Wirklichkeit ist damit die völlige Vernichtung der Empfindung gemeint, eine eigenständige Persönlichkeit zu sein. Der falsche Glauben an sich »selbst« muss erwürgt werden, ehe sich das wahre Selbst offenbaren kann.

Betrachten wir jetzt das Wort חנק, *xanak*, im Zusammenhang mit den Tarotschlüsseln. ח bezieht sich auf Schlüssel 7, Der Wagen, נ auf Schlüssel 13, Der Tod, und ק auf Schlüssel 18, Der Mond. Wenn wir die Zahlen der Schlüssel addieren, erhalten wir 38, durch Reduktion 11, die Zahl von Schlüssel II, Die Gerechtigkeit. Der Wagen stellt die Meisterung des Vehikels der Persönlichkeit dar. Der Tod weist auf das umformende Prinzip, mit dessen Hilfe Meisterung erst möglich wird. Der Mond ist ein Bild für den langsamen Entfaltungsprozess. Die Gerechtigkeit fasst diesen gesamten Vorgang zusammen. Das Gleichgewicht der Waagschalen ist unerreichbar, wenn eine mit Vorurteilen belastete Persönlichkeit die Waage berührt. Die Pfeile des Willens zum richtigen Ort zu schießen ist unmöglich, wenn das Ziel durch persönliche Vorstellungen verstellt ist. Solange wir noch von Rechten und Pflichten sprechen, muss noch ein Rest der alten, irrigen Auffassung von Getrenntheit getötet und die Lüge von der Teilung erwürgt werden.

Das ist der erste Schritt zum Grad des Magus. Bevor er nicht getan wurde, kann die Ewige Intelligenz nicht erkannt werden. Sich der Ewigkeit statt der Zeit bewusst zu werden bedeutet, jede Spur der alten irrtümlichen Auffassung von »selbst« hinter sich gelassen zu haben. Man muss die große Vereinigung verwirklichen, die durch den hebräischen Buchstaben Vav (»und«) angezeigt wird.

Das Bild des Hierophanten fasst die Bedeutung des sechzehnten Pfades zusammen. Er ist der Eine Lehrer desjenigen, der nach Wahrheit strebt. Seine Stimme ist eine leise Stimme und kann nicht vernommen werden, wenn die Wünsche der falschen Persönlichkeit beharrlich nach Anerkennung schreien. Der Adeptus Exemptus, der zum Meister des Tempels wurde, hat die Vehikel seines Bewusstseins so vollkommen aufeinander abgestimmt, dass es zwischen ihm und dem Einen Lehrer kein Hindernis mehr gibt. Er hört die Wahrheit, die ihn befreit. Befreiung ist das Ergebnis von Wissen und der Erinnerung an die Wahrheit.

DER FÜNFZEHNTE PFAD

Dieser Pfad beginnt in der sechsten Sphäre des Lebensbaumes, im Grad des Adeptus Minor, denn ein Magus muss die Imagination vollkommen beherrschen. Er muss genau umrissene geistige Bilder erstellen können. Doch entstehen diese nicht aus ihm selbst, wie im Fall des Adeptus Minor. Die Vision des Magus ist das schöpferische Sehen, das dem Buchstaben He und dem Kaiser zugeordnet ist. Er sieht die Welt mit Gottes Augen und sieht sie deshalb immer als eine fortschreitende, geordnete Folge, die aus dem Zentrum, das in ihm selbst liegt, hervortritt.

Kabbalisten sagen, dass dieser Pfad des Buchstabens He die »Konstituierende Intelligenz« ist; denn »er enthält in sich die Schöpfung in der Dunkelheit der Welt«. Kabbalisten sagen auch, dass die Schöpfung mit dem Buchstaben He stattfand. Hierauf kann durch die Meditation über He im *Buch der Siegel* etwas Licht fallen.

Das geheime Wissen Israels besagt, dass der fünfzehnte Pfad den Namen מעמיד, *ma'amid* (konstituierend, in sich enthaltend), trägt, weil er die Substanz der Schöpfung in reiner Dunkelheit aufbaut. Einen ähnlichen Hinweis finden wir im Johannes-Evangelium: »In ihm (dem Logos) war das Leben, und das Leben war das Licht der Menschen. Und das Licht scheint in der Finsternis, und die Finsternis hat's nicht ergriffen.« (Joh. I: 4,5)

Das gleiche L.V.X. (d.h. Licht) erscheint in der biblischen Symbolik in der Gestalt des Lammes, das dem Hindu-Symbol *Agni* (dem Gott des Feuers) entlehnt ist. Das Lamm steht in Beziehung zum Mysterium des kosmischen Opfers. In gewissem Sinne haben die Weisen Schöpfung immer als eine Selbst-Opferung der Lebenskraft betrachtet.

Der erste Buchstabe von מעמיד, *ma'amid*, ist mit Tarotschlüssel 12 verbunden, der den Gehängten zeigt. Schöpfung ist die Selbstbegrenzung dessen, was in Wirklichkeit grenzenlos ist. Es ist die Illusion von Zeit und Raum, die scheinbare Unterscheidung zwischen »ich, dem Macher« und »jenem, dem Gemachten«. Doch das, was »gemacht« wurde, so sagt man uns, war das Leben »im Macher«. Die Lebenskraft ist folglich durch ihre eigene Natur schöpferisch, doch Schöpfung bedingt zugleich das Erscheinen des NICHT ICH. Das Grenzenlose nimmt die Form des Begrenzten an. Das Ewige drückt sich in der Zeit aus. Das Grenzenlose errichtet Grenzen. Das Universelle tritt als Einzelding in Erscheinung. Das Absolute tritt in die Bedingungen des Relativen ein.

Wir erkennen also, dass Begrenzung und Festlegung die Grundlage der Konstituierenden Intelligenz ist. Dies wird klar durch die Bedeutung von He gezeigt, dem hebräischen bestimmten Artikel, der unserem *der, die, das* entspricht. Mit der Idee der Begrenzung tritt die Idee von etwas auf, das der Schöpferkraft gegenübersteht, von etwas Äußerlichem, das zum Gegenstand der geistigen Betrachtung wird. Der zweite Buchstabe von מעמיד, *'ajin* (das Auge), ist mit dem begrenzenden, auf Verkörperung gerichteten Einfluss verbunden, den Astrologen Saturn zuordnen, der im Tarot durch den Teufel dargestellt wird. Wir betonen diese Zusammenhänge, um die Meditation zu erleichtern. Doch die bloße Aufzählung genügt nicht. Wer hofft, in die tieferen Mysterien der okkulten Gnosis einzudringen, muss über diese Einzelheiten nachdenken und ernsthaft weitere Erleuchtung ersehnen.

Während der Kandidat für den Grad des Magus diesen fünfzehnten Pfad beschreitet, verbindet er sich geistig mit dem kosmischen Opfer. Dadurch vereinigt er sein Wesen mit dem Strom des schöpferischen Impulses. Levi sagt, dass derjenige, der die Ströme des Astrallichtes meistert, zum Treuhänder der Kraft Gottes wird.

Der fünfzehnte Pfad beginnt in *Tiphereth,* wodurch der Kandidat gezwungen ist, zum Stand des Adeptus Minor zurückzukehren, um ihn beschreiten zu können. Das bedeutet, dass er sich mit dem Sohn, dem Sonnen-Logos, identifizieren muss. Mit anderen Worten: in diesem Initiations-Stadium identifiziert sich der Kandidat vollkommen mit dem Sonnenlogos, so dass nicht einmal ein Schatten eines Trennungsgefühles sein Bewusstsein trübt. Deshalb musste er zuerst den sechzehnten Pfad beschreiten, auf dem die letzte Spur von Persönlichkeit ausgelöscht wurde. Der leiseste Hauch persönlicher Motive macht den Eifer des Suchenden zunichte, der die kosmische, schöpferische Kraft anwenden will. Nichts für sich selbst zu tun, aber alles für DAS SELBST, das ist hier die Prüfung. Sie beinhaltet das, was die Welt als Opfer missversteht. Der dritte Buchstabe von מעמיד gleicht dem ersten, der durch das Tarotbild des Gehängten erklärt wurde.

Noch einmal: Um ein bewusster Kanal für den kosmischen, schöpferischen Impuls zu sein, muss man den Zustand kennen, den die Hindus *Kaivalya* (Isolation) nennen; denn derjenige, der wirklich ein bewusster Schöpfer sein will, muss ganz alleine dastehen. Schöpfung beginnt an dem Punkt, an dem es nichts außer dem Schöpfer gibt. All dies wird durch die Symbolik des Eremiten dargestellt (Jod, der vierte Buchstabe von מעמיד).

Der letzte Buchstabe von מעמיד schaut bereits auf den Pfad, den wir in diesem Grad auch noch zu betrachten haben. Doch erst untersuchen wir das Wort מעמיד als Ganzes aus dem Blickwinkel der Gematria. Sein Zahlenwert 164 entspricht חדבקים, *xadbakim* (du wirst spalten), חיצון, *xitson* (äußerlich) und עמדים, *'omdim* (oder *'amudim,* die Säulen Jachin und Boaz). Dies bedeutet, dass die Konstituierende Intelligenz in enger Verbindung mit der Lebenskraft steht. In dieser Intelligenz wird der sich manifestierende Kosmos als etwas gesehen, das aus dem Herzen allen Seins nach außen hervorquillt. Wir wiederholen: es ist ein Zustand vollkommenen Gleichgewichtes, der als Stütze bzw. als die Säulen der Existenz verstanden werden muss.

Um die Dinge noch klarer darzustellen: Wenn der Kandidat, der den Grad des Magus erreichen will, den fünfzehnten Pfad durchschreitet, identifiziert er sich lebhaft mit dem Großen Herzen des Lebens und weiß sich eins mit dem Großen Innen, aus dem alle Manifestation und alles, was Außen ist, hervorgeht. Er verwirklicht in sich die Vereinigung von positiv und negativ, von Gnade und Strenge – den beiden Säulen des Lebensbaumes. Wir, die wir nur wenig von diesem Entwicklungszustand kennen, können uns nur undeutlich vorstellen, wie die wirkliche Erfahrung ist; doch auch diese vage Vorstellung bereitet uns auf die Zeit vor, in der wir dies aus eigener Erfahrung heraus wissen werden, statt nur etwas darüber zu hören.

Außerdem sind zwei hebräische Wörter in מעמיד verborgen – *majim* (die Wasser) und *'od* (Ewigkeit). Wer die Höhen des fünfzehnten Pfades erreicht hat, sieht sich allein im Zentrum des Großen Meeres des ewigen Lebens. Für ihn gibt es nur das wahre Selbst, das Selbst, das Alles ist. Das Große Meer ist ein gebräuchliches Symbol für diesen Zustand. Grenzenlos dehnt es sich nach allen Seiten aus, sein Umfang endet nirgends, sein Zentrum ist überall. Diese Worte entsprechen nicht der Sinneserfahrung und sind ohne Bedeutung, solange sie nicht jenseits der Persönlichkeit erfahren werden. Doch wir glauben, dass sie den meisten Lesern dieses Textes eine tiefe Bedeutung übermitteln.

DER VIERZEHNTE PFAD

Wir kommen jetzt zum letzten der drei Pfade, die zum Grad des Magus führen. Im Hebräischen ist sein Name מאיר, *me'ir*, ein Adjektiv, das von *Aur*, אור (Licht), abgeleitet ist und »leuchtend« bedeutet.

Dieser Pfad verbindet *Binah* mit *Chochmah*, die Mutter mit dem Vater, die Wurzel des Wassers mit der Wurzel des Feuers. Nur dieser Pfad verbindet den Grad des Magister Templi mit dem Grad des Magus. Er wird dem Planeten Venus zugeordnet.

In der Astrologie heißt es, dass Venus über die Erzeugung geistiger Bilder im Unterbewusstsein herrscht, weil es auf die Impulse und Suggestionen des Selbstbewusstseins reagiert. Ihr Wirken kann man in einem Wort zusammenfassen: *geistige Vorstellung*. Hier wollen wir wieder Eliphas Levi zitieren. Er sagt:

»Die geistige Vorstellung gleicht dem Auge der Seele. Durch sie werden Formen skizziert und aufrechterhalten. Mit Hilfe dieser Kraft erblicken wir die Spiegelungen der unteilbaren Welt; sie reflektiert die Visionen und ist das Werkzeug des magischen Lebens. Durch sie heilen wir Krankheiten, verändern wir Jahreszeiten, wenden wir den Tod von den Lebenden ab und beleben wieder die Toten, weil diese Kraft den Willen erhöht und ihm Macht über das universelle Agens verleiht.

Geistige Vorstellung ist das Instrument des Logos. In der Fähigkeit, logisch zu denken, liegt schöpferische Kraft. Doch der Verstand ist, wie auch die schöpferische Kraft, nur eine ihrer Aktivitäten. Geister, Seelen und ähnliches können daher nur mit Hilfe der Vorstellungskraft erblickt werden. Die Imagination des Adepten ist transparent, während die des Uneingeweihten undurchsichtig ist. Das Licht der Wahrheit durchdringt die Vision des Adepten, als schiene sie durch ein Kristallfenster, während die Vision des Uneingeweihten gebrochen ist, als schiene das Licht durch eine Glasmasse voller Schmutz und fremder Partikel.

Was am meisten zu den Irrtümern des Kollektivs und zu den Überspanntheiten Geisteskranker beiträgt, sind die Spiegelungen verderbter Imaginationen untereinander. Dagegen weiß der Seher mit absoluter Gewissheit, dass die Dinge, die er mit Hilfe seiner Vorstellungskraft sieht, wahr sind, und seine Visionen werden durch die Erfahrung unweigerlich bestätigt.«[21]

Eugenius Philalethes (Thomas Vaughan) sagt, dass er die kosmische Imagination für die Ursache des großen Ozeans der Ursubstanz hält, des Chaos, aus dem alle Formen hervorgehen. »Als das Chaos erschaffen wurde,« schreibt er, »stelle ich mir dies als die Wirkung der göttlichen Vorstellungskraft vor, die in Meditation auf das Kommende über sich hinaus wirkte und so die passive Dunkelheit erschuf, um etwas in ihrem Umkreis zu besitzen, auf das sie einwirken konnte.«

Der Adept lernt, die kosmische Vorstellungskraft zu gebrauchen, während er den vierzehnten Pfad durchschreitet. Sie kann von niemandem sicher angewendet werden, der sich nicht der Lenkung durch das höhere Selbst hingegeben hat. Der Tarot gibt hierfür einen Hinweis, denn Drei, die Zahl von Schlüssel 3, Die Kaiserin, ist die Reduktion von Zwölf, der Zahl von Schlüssel 12, Der Gehängte. So ist auch der erste Buchstabe von מאיר, *me'ir*, leuchtend, zu verstehen, der Schlüssel 12, Der Gehängte, zugeordnet ist.

Das bedeutet zunächst, dass der einzige sichere Weg, um die kosmische Vorstellungskraft in ihrer Reinheit zu gebrauchen, darin besteht, die Wogen des persönlichen Bewusstseins zu beruhigen und den persönlichen Geist in der Schwebe zu halten. In den Yoga-Büchern wird diese Kunst als Unterbindung der Bewegungen der Wellen im Geiststoff definiert, der mit einem See verglichen wird. Wenn seine Oberfläche ruhig geworden ist, zeigt er eine klare Spiegelung. Ebenso wird die Leuchtende Intelligenz des kosmischen Geistes durch unseren persönlichen Geist und durch unser persönliches Leben gespiegelt, sobald wir die Unruhe unseres Selbstbewusstseins beruhigt haben. Dieses Ziel kann durch lange Übung in Konzentration und Meditation erreicht werden. Wer darin erfolgreich ist, scheint Wunderkräfte zu besitzen und kann das Chaos oder die Wurzelmaterie auf eine Weise handhaben, dass alle Betrachter erstaunt sind. Ein solcher Adept kann immer wie Jesus sagen: »Aus mir selbst heraus kann ich nichts tun.« Indem er die Bewegungen seines persönlichen Geiststoffs unterbindet, lässt er das Licht der göttlichen Vorstellung ungehindert hindurchscheinen.

Der zweite Buchstabe von מאיר zeigt eine andere Phase des Bewusstseinszustands, den man »leuchtend« nennt. Alef ist das hebräische Wort für Ochse, ein Symbol der Geduld. Der Anwärter auf den Grad des Magus muss mehr sein als ein Meister des Tempels. Er muss bewusst dazu bereit sein, seinen Anteil an der Last des Schöpfungswerkes auf sich zu nehmen. Um die Leuchtende Intelligenz zu gebrauchen, muss er zum Partner des kosmischen Lebens werden.

Der dritte Buchstabe von מאיר, Jod, weist auf die Notwendigkeit der Loslösung, wie es Tarotschlüssel 9 zeigt. Die Suche nach Ergebnissen, der Glaube an die Illusion der Erscheinungen – all dies muss aus dem Bewusstsein des Magus ausgelöscht worden sein. Doch ist diese Loslösung selbstlos. Obwohl der Eremit allein hoch über den anderen steht, die sich aufwärts mühen, hilft er ihnen. Er hält zu ihrer Orientierung ein Licht hoch und bemüht sich um ihren Fortschritt, wie man an dem aufmerksamen, nach unten gerichteten Blick erkennt.

Im letzten Buchstaben von מאיר wird all dies zusammengefasst. Resch ist der Schlüssel zur Leuchtenden Intelligenz, der Buchstabe der Sonne, die im Tarot durch Schlüssel 19 symbolisiert wird. »Wenn ihr nicht umkehrt und werdet wie die Kinder, so werdet ihr nicht in das Himmelreich kommen«, sagt Jesus. Zu sein wie ein Kind, ist ein Prüfstein für die Meisterschaft. Die Intensität des Bewusstseins, das Ewige Kind des Ewigen Vaters zu sein, bestimmt das Verständnis des Initiierten und ist die Wurzel seiner Weisheit.

Wir haben viel über die Meister der Weisheit gehört, über ihr wunderbares Wissen und ihre Kräfte, mit deren Hilfe sie die Belange von Nationen gestalten. Dadurch kommen wir oft zu der Schlussfolgerung, dass sie Wesen mit großer Weitsicht, große Gestalter und Planer sein müssen. Diese Schlussfolgerung stimmt jedoch nicht mit der Lehre der Zeitlosen Weisheit überein. Alles, was ein Meister der Weisheit in seiner langen Ausbildungszeit erstrebt, gilt nur dem einen Ziel, ihn zu befähigen, ein Leben ohne Planung zu führen. Er kümmert sich nicht um die Ergebnisse, statt dessen ist er so konzentriert, dass ihn weder Vergangenheit noch Zukunft in seiner stillen Betrachtung der Dinge, die jetzt geschehen sollen, stören können.

Das darf nicht falsch verstanden werden. Wir behaupten nicht, dass die Meister nicht weit in die Zukunft sehen könnten, dass sie keine Propheten wären, die den Ausgang vieler gegenwärtiger Ereignisse kennen, den gewöhnliche Menschen nicht erkennen können. Was wir meinen ist, dass sie keine persönlichen Zukunftspläne schmieden, weil sie auf die Lenkung des kosmischen Überbewusstseins reagieren, so dass jeder Augenblick ihres Lebens unter dem vollkommenen Gehorsam des geistigen Gesetzes steht. Dadurch erreichen sie vollkommene Ergebnisse. Dies trifft natürlich nur auf die Meister der höchsten Grade zu. Viele Adepten befinden sich nach ihrer eigenen Aussage weit unterhalb dieser erhabenen Höhe, obwohl sie gegenüber uns Anfängern auf dem Pfad schon weit fortgeschritten sind.

Dem Wort מאיר entsprechen in der Gematria ארן, *''oren,* der Name einer schlanken Tanne oder Zeder, aus der Maste gefertigt wurden, was an Aufrichtigkeit denken lässt, und וריהל, eine Weise, Uriel zu schreiben (vergleiche die Schreibweise in Lyttons *Vril or the Coming Race*[(22)]). Die Kabbalisten rufen Uriel als Erzengel des Nordens und des Elementes Erde an, buchstabieren jedoch im Allgemeinen seinen Namen אוריאל, Auriel.

DIE LEHREN DES GRADES

Dieser Grad ist mit der zweiten Sphäre auf dem Lebensbaum verbunden. Sie wird im Hebräischen *Masloth* genannt, was wörtlich »die Sternenbahnen« bedeutet. Sie ist auch als die Erleuchtende Intelligenz bekannt (hebräisch: זהיר, *zahir*). Ihr wird ebenfalls *Chaiah,* חיה, (die Lebenskraft), zugeordnet.

Als ein Aspekt der Lebenskraft hat dieser Kreis den Namen *Chochmah,* חכמה, Weisheit. Die Buchstaben dieses Wortes, vertreten durch die Schlüssel 7, 10, 12 und 4, weisen, wie folgt, auf die Lehren dieses Grades hin:

I. DER WAGEN
Schlüssel 7 (ח)

Die Magie des Lichtes ist die praktische Anwendung der Wissenschaft von der Wirklichkeit. Ein Magus ist kein Marktschreier; er erzeugt keine Illusionen, um Menschen in seinen Bann zu ziehen. Er hat die Sphingen der Sinne mit den unsichtbaren Zügeln seines Geistes gemeistert. Er hat sich in der Kunst der okkulten Sprache vervollkommnet, so dass er das Schöpferische Wort der Einen Identität von den höheren zu den niederen

Ebenen übermitteln kann. Sein Lebensweg ist eins mit den Sternenbahnen. Seine Gedanken und Worte sind die Wahrheit der Wirklichkeit, die im Gegensatz zur Lüge der äußeren Erscheinungen steht.

2. DAS GLÜCKSRAD

Schlüssel 10 (כ)

Nach der allgemeinen Auffassung ist Magie eine Methode, das Gesetz zu umgehen, sich also gegen die Natur zu stellen. Das Gegenteil ist richtig. Viele Werke der Magie sind Ausnahmen von den üblichen Gesetzen, die den Durchschnittsmenschen und die Lebensbereiche, die unter ihm liegen, zu beherrschen scheinen. Doch diese Werke sind nur insofern Ausnahmen, als sie über die üblichen Erfahrungen hinausgehen. Ein Magus vollendet den Kreis des Lebensausdruckes und steigt zur Höhe der Einheit mit der Einen Wirklichkeit auf. Weder stehen seine Werke im Widerspruch zum Gesetz, noch lösen sie es auf. Sie erfüllen es immer.

Deshalb können alle vollkommenen Weisen mit Jesus sagen: »Ich bin nicht gekommen, um das Gesetz aufzulösen, sondern um es zu erfüllen.« Die biblische Erzählung, dass Magier zu dem Kind von Bethlehem kamen, zeugt davon, dass diese Adepten des Gesetzes, die von ihrem Wissen über Zeit und Zyklen geführt wurden, sich glücklich priesen, demjenigen die Ehre zu erweisen, den sie als Avatar erkannten und der dazu bestimmt war, ihre alte Gnosis zu erfüllen, worauf sie schon so lange gewartet hatten.

3. DER GEHÄNGTE

Schlüssel 12 (מ)

Die Magie des Lichtes schätzt den Platz des Menschen in der kosmischen Ordnung richtig ein und kehrt damit die Ansichten der Allgemeinheit um. Der Magus wird nicht von falschem Machtwillen getrieben, der in Wirklichkeit ein Gefühl des Mangels an Macht ist. Er ist beseelt vom Willen zu dienen, der auf der unmittelbaren Wahrnehmung der Allmacht beruht. Sein einziges Anliegen ist die weise Verteilung des grenzenlosen Reichtums, der ihm zur Verfügung steht. Für die Unwissenden scheint er sich aufzuopfern, denn er strebt nicht nach dem Tand, der jenen so wertvoll ist. Für ihn bedeutet das, was er tut, kein Opfer. All seine Taten sind Werke reiner Freude.

4. DER KAISER

Schlüssel 4 (ה)

Ein Magus sieht dem Alten der Tage ins Auge. Er hat »den Schöpfer auf seinen Thron wieder eingesetzt«. Die Magie des Lichtes ist die Ausübung der Konstituierenden Intelligenz, die das Universum formt.

Der »Thron«, auf den der Schöpfer wieder eingesetzt wird, ist das Herz des Menschen und nicht, wie irrtümlich angenommen wird, ein unzugänglicher, entlegener Winkel im Himmel. Derjenige, der zum transparenten Vehikel wird, durch das die Konstituierende Intelligenz Gedanke und Wort in die Welt der Tat weiterleitet, ist ein wahrer Magus, und all seine mächtigen Werke sind in Wirklichkeit die Folge seiner vollkommenen Unterwerfung unter die Eine Identität.

An diesem Punkt seiner Verwirklichung hat der Magus den Umbau seines Körpers vollendet. Deshalb steht ihm auch der große Vorrat der Zeitlosen

Weisheit auf der unterbewussten Ebene der Lebenskraft immer zur Verfügung. Auch stehen die wunderbaren, aufbauenden und erneuernden Kräfte des Unterbewusstseins, die sich über das gesamte Feld der physischen Formen erstrecken, unter seiner Herrschaft. Sobald der Magus geistige Bilder formt, folgt ihre Verkörperung augenblicklich. Sieht er Wasser als Wein, wird Wasser zu Wein. Sieht er einen kranken Körper gesund, nimmt jede Zelle ihre normale Funktion wieder auf. Doch tut er nichts aus sich selbst heraus. Er handelt nur als Vehikel des universellen Lebens.

Dies sind die ersten vier Lehren des Grades eines Magus. Es gibt noch vier weitere, die von den Buchstaben des Wortes זהיר, *zahir* (erleuchtend), abgeleitet werden.

5. DIE LIEBENDEN

Schlüssel 6 (ז)

Ein Magus ist ein Mensch mit Unterscheidungskraft. Er hat sich vom Einfluss der Gegensatzpaare befreit, denn er hat genau zwischen Positivem und Negativem unterschieden. Durch diese klare Unterscheidung zwischen den Polen der Gegensätze ist ein Magus fähig geworden, sie neu zu verbinden, sie zu neutralisieren und zu transzendieren. Seine Freiheit erreicht er nicht durch Unwissenheit, sondern durch Wissen.

Im Bewusstsein des Magus, der sich vom Einfluss der Gegensatzpaare befreit hat, besteht ein vollkommenes Gleichgewicht zwischen Selbstbewusstsein und Unterbewusstsein, und beide stehen in harmonischer Beziehung zum Überbewusstsein. Man muss den Unterschied zwischen den Funktionen des Selbstbewusstseins und des Unterbewusstseins kennen, um sie nicht zu verwechseln. Erst wenn wir diese Unterschiede klar wahrnehmen, steht uns die volle Kraft jeder dieser menschlichen, geistigen Ebenen zur Verfügung. Erst wenn diese Unterscheidung gelingt, kann das Unterbewusstsein ein vollkommener Spiegel des Überbewusstseins werden, so wie es Schlüssel 6 zeigt. Die Erleuchtung, die einen Magus charakterisiert, beginnt deshalb mit einem Akt genauer Unterscheidung.

6. DER KAISER

Schlüssel 4 (ה)

Als Folge dieses Unterscheidungsvermögens, das hauptsächlich eine Übung der Wahrnehmung ist, gewinnt ein Magus die Fähigkeit, alle Erfahrungen genau zu ermessen. Daher ist die Erleuchtende Intelligenz größtenteils merkurisch oder unterscheidend. Man muss erst beobachten, bevor man Rückschlüsse ziehen kann. Ein Magus nimmt genau Maß, weil er beobachtet hat; und weil er beobachtet hat, hat er gelernt, zu sehen.

7. DER EREMIT

Schlüssel 9 (י)

Erleuchtung, die sowohl Folge als auch Ausdruck der Magie des Lichtes ist, geschieht durch subtile chemische und psychische Umwandlungen. Ein Magus tut nichts aus sich selbst heraus. Er ist eine Verkörperung des Willens Gottes. Folglich kann ihm nichts widerstehen. Alle Dinge gehorchen ihm.

In seinem Bewusstsein ist ein Magus eins mit dem Zeugen allen Geschehens. Er strengt sich nicht an, um Ergebnisse zu erzielen. Er ist nur der stille Beobachter im Spiel der Ereignisse, die zusammenarbeiten, um den unvermeidlichen Erfolg der Operation der Sonne oder im Großen Werk herbeizuführen.

8. DIE SONNE

Schlüssel 19 (ר)

Ein Magus ist frei von Selbstgefälligkeit. Er ist zum »kleinen Kind« geworden. Frei von Sorgen, frei von der Last falscher Verantwortung, frei von den Begrenzungen menschlicher Konventionen und Meinungen zieht er den Nektar der Weisheit aus der Erfahrung des Ewigen Jetzt. So steht geschrieben, dass er sofort »Zugang zur Erfüllung jeglichen Wunsches« hat, denn er ist Eins mit dem Alles sehenden Selbst.

Es ist bemerkenswert, dass das Wort זהיר ein Vielfaches der Zahl 37 ist, der wir im Schrifttum der Zeitlosen Weisheit immer wieder begegnen. Sein Zahlenwert ist 222 oder 6 x 37. Sechs ist die Zahl von Schönheit, und sie steht auch für die Vollkommenheit der kosmischen Ordnung. 37 ist die Zahl eines Wortes, das »Atem« oder »Geist« bedeutet. Im pythagoräischen Dreieck ist es der Wert des Winkels, der die Beziehung zwischen der aufsteigenden Hypotenuse zu ihrer Basis ausdrückt. זהיר oder 6 x 37 gibt uns also zu verstehen, dass die Erleuchtende Intelligenz das Ergebnis der vollkommenen Beziehung des persönlichen Organismus des Magus zu den fundamentalen Lebensgesetzen ist. All seine Gedanken und Worte sind schön, und weil Tätigkeit und Umgebung eine Widerspiegelung von Gedanken und Worten sind, ist er ständig von Schönheit umgeben, und diese Schönheit ist ansteckend. Das ist der Grund dafür, warum Magier immer Heiler und Lehrer sind. Sie heilen durch ihre Gegenwart. Sie lehren ohne Sprache. Unwissenheit verschwindet aus ihrem Umfeld genauso wie die Dunkelheit vor der Sonne flieht, und wenn die Unwissenheit aufhört, verschwinden auch ihre bösen Folgeerscheinungen.

Was ich über diesen Grad gesagt habe, muss für dieses Buch genügen. Ich kann nur eine magere Unterweisung geben. Weder Schreiber noch Leser sind dem Dritten Orden nahe genug, um etwas anderes als Vermutungen anzustellen. Ich gab weiter, was ich empfangen habe. Wenn die Zeit für größeres Wissen gekommen ist, wird jeder erleben, dass es auf ihn wartet.

→ KAPITEL 21 ←

IPSISSIMUS

10 = 1

Der Grad des Ipsissimus entspricht der ersten Sphäre, *Kether,* dem Urwillen, der Krone. Ihre Farbe ist reiner, weißer Glanz, die Synthese aller Lichtfarben. Ihr göttlicher Name ist *Ehejeh,* אהיה, was »Dasein« bedeutet.

Nur ein Pfad führt zu diesem Grad: der des Buchstabens Gimel. Der Grund dafür ist, dass *Kether* das Ziel der initiatischen Reise ist, und wenn dieses Ziel erreicht ist, bleibt nichts mehr zu tun übrig. Deshalb führt der elfte Pfad von Alef bzw. dem Narren, der von der ersten Sphäre zur zweiten führt, immer nach unten. Das Gleiche gilt für den zwölften Pfad von Bet bzw. dem Magier, der *Kether* mit der dritten Sphäre verbindet.

Ipsissimus, der Name dieses Grades, bedeutet »Er, der ganz Er Selbst ist«, und steht mit der kabbalistischen Zuordnung zu *Jechidah,* יכידה, mit der ersten Sphäre in Zusammenhang. *Jechidah* bedeutet »das Unteilbare« und ist der hebräische Ausdruck für das »Selbst«, ähnlich dem *Atman* im Sanskrit. Er bezeichnet das kosmische SELBST, das Eine ICH BIN, das sich in unzähligen Persönlichkeiten auf dieser Erde und anderswo manifestiert.

Das Oberhaupt des Unsichtbaren Ordens hat den Grad des Ipsissimus inne. Nach unserem flüchtigen Überblick über die Stufen, die erreicht werden können, müßte klar geworden sein, dass sich keiner, der von Ehrgeiz getrieben ist, selbst zum »Kopf« irgendeiner Rosenkreuzergesellschaft ernennen kann. Denn der oberste Kopf ist niemand anderes als Christus, der universelle Logos. Unter Ihm befinden sich die Logoi oder die geistigen Kräfte der einzelnen Planeten. Unter allen inkarnierten Wesen, auf welchem Planeten auch immer, wird die Position des »Oberhauptes« von demjenigen unter den Magi eingenommen, der die vollkommenste Vereinigung mit dem Urwillen erreicht hat. Niemand ist dafür weder vorbestimmt noch erwählt. Allein der Grad der Verwirklichung entscheidet diese Auswahl, doch wird dieser Grad von keinem Menschen beurteilt. Er *ist* es einfach.

Vielleicht kann ein Bild helfen, dies zu verdeutlichen. In jedem Kreis von Menschen dominiert derjenige, der den höchsten Grad an Selbstverwirklichung erreicht hat. Die Gedanken dieses Menschen bestimmen die Gedanken der anderen, auch wenn er niemals ein Wort sagt. Durch genaue Beobachtung kann man erfahren, wie wahr das ist, sogar in kleineren gesellschaftlichen Kreisen. Derjenige, der die größte »Selbstbeherrschung« besitzt, d.h. wer am stärksten »vom Selbst beherrscht« ist, ist den anderen überlegen; denn in seinen Gedanken gibt es eine Stärke, eine Bestimmtheit und eine Klarheit, die sich durch Induktion auf die Gemüter aller anderen dieser Gruppe ausbreitet.

DER DREIZEHNTE PFAD

Der Buchstabenname *Gimel* גמל hat den Zahlenwert 73, den gleichen wie das Wort *Chochmah,* חכמה, der Name der zweiten Sephirah, mit der der Grad des Magus verbunden ist. Damit wird die völlige Übereinstimmung der Vereinigenden Intelligenz des dreizehnten Pfades mit dem vollkommenen Wissen der Lebenskraft um sich selbst, also mit *Chochmah,* angedeutet.

Auch im Tarot wird darauf hingewiesen, denn die Zahl der Hohepriesterin (2) ist auf dem Lebensbaum auch die Zahl von *Chochmah. Die Kleinere Heilige Versammlung,* eines der Bücher des *Zohar,* spricht von dem kleineren *Chochmah,* von dem behauptet wird, dass es weiblich sei. Auch in den Sprüchen Salomos wird oft von *Chochmah* als Femininum gesprochen, so in Sprüche 7:4: »Sprich zur Weisheit: Du bist meine Schwester.« Was diesen weiblichen Aspekt der Weisheit betrifft, so sagt *Die Kleinere Heilige Versammlung,* dass im Hohelied Salomos, 8:8, auf dieses Rätsel angespielt wird: »Unsere Schwester ist klein und hat keine Brüste. Was sollen wir mit unserer Schwester tun, wenn man um sie werben wird?«

Obwohl *Chochmah* für gewöhnlich als Maskulinum beschrieben wird, und ihm der Name *Ab,* אב (Vater), zugeordnet wird, ist es auch ein Femininum, wenn man es als empfänglich gegenüber *Kether* betrachtet. Denn wenn es auch *Ab,* אב (Vater), genannt wird, zeigt doch der Zahlenwert dieses Wortes eine Entsprechung zum Buchstaben Gimel, weil אב den Zahlenwert 3 hat, und das ist die Zahl von Gimel als einzelner Buchstabe.

Außerdem enthüllt der dreizehnte Pfad jedem Kabbalisten die Verbindung der Ideen von Einheit und Liebe, die mit der Zahl 13 verknüpft sind. So wie jede Liebe durch die Frau symbolisiert wird, gibt es eine tiefe Beziehung zwischen dem dreizehnten Pfad und den verschiedenen weiblichen Aspekten der Lebenskraft.

Der Anfang des dreizehnten Pfades liegt in *Tiphereth,* und die Arbeit, die der Magus leistet, während er voranschreitet, wird durch die Schriftrolle der Hohepriesterin symbolisiert. Wir nahen uns dem Selbst durch Erinnerung, indem wir die Aufzeichnungen in unserem Gedächtnis nach und nach entrollen. Dadurch vereinen wir uns mit dem Einen. Wie in diesem Buch bereits angedeutet, bedeutet die Verwirklichung des Adepten nicht, dass er sich etwas angeeignet hat, was er vorher nicht besaß. Es ist die Erinnerung an das, was er wirklich ist, die ununterbrochene Erinnerung daran, dass er »der Herr in seinem heiligen Tempel« ist.

Üblicherweise trägt dieser dreizehnte Pfad den Namen, מנהיג, *menahig* (leitend), mit dem Zahlenwert 108. Eines der Worte, die in der Gematria dieser Zahl entspechen, ist חצי, *xatsi* (Mitte). Dies bezieht sich auf die Lage des dreizehnten Pfades auf dem Lebensbaum. חצי drückt durch seine Buchstaben aus, dass die Beherrschung der Sprache (ח) durch die Meditation (צ) die vollkommene Hochzeit (י) des Bewusstseins mit dem Unterbewusstsein ist, eine Vereinigung von Subjekt und Objekt, die zur Erfahrung des Überbewusstseins führt. Dies weist auf das Geheimnis des Gleichgewichts, das sich der Adept auf seiner Reise den Weg hinauf nach Kether zunutze macht.

Einen anderen Bezug zu 108 hat חנן, *xanan* (begünstigen, gewähren). Das deutet auf die von den Weisen oft erwähnte Idee, dass das Höchste, das man erreichen kann, nur durch die Gnade und die Gunst Gottes und nicht durch die persönlichen Bemühungen des Kandidaten geschieht. Es muss jedoch klar verstanden werden, dass die Gnade oder Gunst nicht beliebig gewährt wird. Gott gewährt sie nicht dem einen und verweigert sie dem anderen. Es ist wichtig zu erkennen, dass diese Gnade ihren Sitz in der innersten Natur der Lebenskraft hat. Hiermit soll klar gemacht werden, dass dieser besondere Aspekt der Lebenskraft das höchste Ziel – die Krone – erreichen lässt.

Schließlich gibt es noch das Wort חק, *xok* (eine Schlussfolgerung, eine Verordnung, eine Anordnung). Damit wird gesagt, dass sich die göttliche Absicht im letzten Stadium der Reise des Strebenden auf seinem Weg der Rückkehr erfüllt hat.

Der vollständige Name des dreizehnten Pfades ist מנהיג האחדות, *menahig ha achedoth* (Die Leitende Intelligenz der Einheit). Im Hebräischen ist »Einheit« *Achedoth,* אחדות, mit dem gleichen Zahlenwert 419 wie der von *Tet,* טית (Schlange), dem Namen des neunten Buchstabens, im Tarot durch Schlüssel 8, Die Kraft, dargestellt. Die Einheit, von der hier die Rede ist, bezeichnet keineswegs eine farblose Einheitlichkeit. Sie ist das Eine Ding, »aus dem alles durch Angleichung hervorgeht, zur Vollziehung der Wunder des Einen«. Durch den Buchstaben ט wird sie als Schlangenkraft, im Tarot als Löwe symbolisiert, und für Theosophen ist sie *Fohat.*

מנהיג האחדות hat den nummerischen Wert 532, der sich durch folgende Worte ausdrücken lässt: אבן החכמות, *``even ha xoxmot,* und אבן הדעת, *``even ha `da'at* (beide: Stein der Weisheit); חמה החכמות, *xama ha xoxmot* (Sonne der Weisheit); חמה הדעת, *xama ha `da'at* (Sonne des Wissens). Als Schlüssel zum Verständnis der Alchemie, אלחמה, beachte man, dass חמה, ein poetischer Name für die Sonne, und אבן (Stein), den gleichen Zahlenwert haben.

Wenn man sich etwas Zeit lässt, um die Bedeutungen dieser vier Namen zu betrachten, bemerkt man, dass die Arbeit des dreizehnten Pfades eng mit der alchemistischen »Sublimation« verwandt ist. Die Vollendung des Werkes ist die Herstellung dessen, was man entweder אבן החכמות (Stein der Weisen bzw. Stein der Philosophen) oder אבן הדעת (Stein des Wissens) nennen könnte. Im Zusammenhang mit dem letztgenannten Wort ist beachtenswert, dass דעת, `*da'at* (Wissen), auf dem dreizehnten Pfad des Lebensbaumes liegt, dort, wo ihn der vierzehnte Pfad kreuzt – in der Mitte zwischen *Chochmah* und *Binah.*

Das »Kleine Lexikon der Alchemie«, das den *Hermetischen Schriften des Paracelsus* von A.E. Waite zugefügt ist, gibt für die Sublimation folgende Definition: »Sublimation ist Reinigung der Substanz durch Auflösung und Reduktion derselben in ihre Bestandteile. Sie bedeutet nicht, die Substanz aus einem Gefäß heraus zu zwingen, um sie dann getrennt von ihrem caput mortuum zu erhalten, sondern ihre Veredelung und Reinigung von allen irdischen und verschiedenartigen Bestandteilen, um ihr auf diese Weise den Grad der Vollkommenheit zu verleihen, den sie vorher nicht besessen hatte, oder genauer gesagt, es bedeutet ihre Befreiung von allen Fesseln, die sie begrenzen und sie in ihrer Arbeit behindern.«

Die Substanz ist das Astrallicht des Eliphas Levi. Yogis nennen sie *Kundalini,* die Schlangenkraft, die vom Buchstaben Tet dargestellt wird. Man beachte, dass sie nicht *gezwungen* wird, sich zu erheben. Diese Feststellung ist ein bedeutender Schlüssel für das gesamte Werk: Die Substanz wird nur von ihren verschiedenartigen Verunreinigungen, dem Anschein der Vielfalt, gereinigt, die sie in ihren gewöhnlichen Manifestationen zeigt. Einfacher ausgedrückt bedeutet dies, dass der Magus das Große Werk ausführt, indem er die Schlangenkraft aller Erscheinungen der »Vielfalt« entkleidet. Deshalb wird vom dreizehnten Pfad gesagt, dass er die Leitende Intelligenz der Einheit ist. Wenn die Arbeit dieses Pfades vollendet ist, wird die Eine Energie, die sich unseren Sinnen in unzähligen Formen darstellt, die wir »Objekte« nennen, direkt als die Eine und Alleinige erfahren.

Wie wir hier auf der Erde wissen, ist Substanz Sonnenkraft. Der Stein und die Sonne sind zwei Aspekte der Einen Wirklichkeit. Daher ist אבן gleich חמה. Alchemisten stimmen darin überein, dass das Große Werk, das aus der Vollendung des Steines hervorgeht, ein Werk der Sonne und des Mondes ist. Diese Vorstellung vertritt der dreizehnte Pfad, besonders als Teil des Weges der Rückkehr. Wenn wir den Lebensbaum aufwärts steigen, sehen wir, dass dieser Pfad in *Tiphereth,* der Sphäre der Sonne, beginnt. Er ist durch seine Entsprechung zu Gimel zugleich der Pfad des Mondes.

Um ihn zu beschreiten, muss man ein Magus sein, der die zyklischen Bewegungen völlig versteht, die in der Sternenkunde erläutert werden. Deshalb entspricht der Grad des Magus *Chochmah,* »den Sternenbahnen«.

Das Prinzip der zyklischen Bewegung ist im Kosmos von fundamentaler Bedeutung. Es wirklich zu verstehen heißt, wahre Weisheit zu besitzen. Die Zeitlose Weisheit, die das hermetische Axiom anwendet »Das, was unten ist, ist gleich dem, was oben ist«, lehrt, dass das gleiche Gesetz, das die Sterne in ihren Bahnen hält, sich überall in allen Bewegungen manifestiert. Die Entdeckungen der modernen Wissenschaft bestätigen die alten Lehren vom Bau der Atome.

Der wahre Magier und Alchemist weiß diese Gesetze der zyklischen Bewegung anzuwenden. Viele der scheinbaren Wunder ausgebildeter Adepten beruhen auf der Beherrschung atomarer Energie in Übereinstimmung mit diesen Gesetzen. Die Prinzipien, die dieser Beherrschung zugrunde liegen, sind mit jenen identisch, die die wissenschaftliche Astronomie entdeckt hat, obwohl es äußerst unweise wäre, genaue Informationen darüber zu geben, auch wenn wir sie besäßen.

Um den Stein der Weisen herzustellen, damit wir gewöhnliches Metall in Gold umwandeln können, wenden wir darum das Wissen an, das Kabbalisten Chochmah zuordnen. Wenn wir von dieser Umwandlung sprechen, dann nicht im übertragenen Sinne. So wahr der Stein der Weisen eine Umwandlung des Bewusstseins bewirkt, so dass das gewöhnliche Metall der Illusion der Sinne in das reine Gold des spirituellen Wissens umgewandelt wird, so wahr ist es auch, dass der, der dieses Wissen hat, auch die Herrschaft über die physischen Formen besitzt, die ihn befähigt, die Strukturen der Atome zu verändern.

Ein solcher Mensch kann Gold machen, wenn er es benötigt. Die alte Aussage der Rosenkreuzer, dass die Brüder des Ordens über »mehr Gold« verfügten, »als beide Indien zusammen dem König von Spanien bringen«, ist keine Übertreibung. Das Wissen, mit dem dies möglich ist, wird von den beiden ersten Buchstaben des Wortes אבן (Stein) dargestellt, weil אב (Vater) ein kabbalistischer Titel für *Chochmah* ist.

Um diese Prinzipien der zyklischen Bewegung anwenden zu können, müssen wir ein ganz bestimmtes Ziel haben. Außerdem muss dieses Ziel auf irgendeine Weise der Verwirklichung der Schönheit dienen. Das lehren die Kabbalisten und deuten es durch die beiden letzten Buchstaben von בן, die das Wort *Ben,* בן (Sohn), bilden, an. Dies ist einer der Namen von *Tiphereth.* Der Name בן hat den gleichen Zahlenwert wie *Aima,* אימא (Mutter), einer der Namen von *Binah. Aima,* die Sphäre von Saturn, zeigt, wie man die Prinzipien von *Chochmah,* dem Vater, konkret anwendet. *Ben,* die Sphäre der Sonne, ist eine Anspielung auf die Idee der Schönheit, die diese Ziele auszeichnen soll.

Kurz gesagt, das Große Werk lässt die Sonne der Weisheit aufgehen und vollendet den Stein der Weisen. Es ist ein Werk, in dem *Chochmah* (אב) das mathematische Wissen der Prinzipien zur Verfügung stellt, *Binah* (אימא) das Verstehen der praktischen Anwendung liefert und *Tiphereth* (בן) die Schönheit hinzufügt. Somit verbinden sich die Kräfte eines Magus (*Chochmah*) mit denen eines Magister Templi (*Binah*) zu einem Werk, das auf der Stufe des scheinbar niedrigeren Grades des Adeptus Minor (Tiphereth) beginnt. Doch es muss ein Magus sein, der dieses vollbringt, weil jemand, der diesen Grad noch nicht erreicht hat, weder das Geheimnis des wahren Willens kennt noch genügend Herrschaft über die Lebenskraft besitzt. Denn beide, der wahre Wille und *Chaiah*, חיה, die Lebenskraft, werden in *Chochmah* verwirklicht.

Jesus drückte das Mysterium des wahren Willens so aus: »Mein Fleisch muss den Willen dessen tun, der mich gesandt hat, und sein Werk beenden.« Der Wille, der sich in Gedanke, Wort und Tat eines Magus ausdrückt, ist kein persönlicher. Er ist der Impuls der ewigen, universellen Lebensenergie. In Wahrheit ist die Lebenskraft in jedem Menschen identisch mit der Energie des Einen Lebens. Es ist die kosmische Lebenskraft, die Jesus als »Vater« personifizierte, indem er sowohl den wahren Namen *Ab* – der von Kabbalisten *Chochmah* zugeordnet wird – benutzte, als auch das Geheimwissen befolgte, indem er sagte: »Der Vater (*Ab*) hat das Leben (*Chaiah*) in sich selbst.« Er erklärte offen das, worauf immer wieder in okkulten Schriften hingewiesen wird, dass unsere Arbeit keine Mühe ist, wenn wir den Willen des Vaters tun, indem wir die universelle Lebensenergie ungehindert durch uns fließen lassen und sie von jeglichem Gefühl des Getrenntseins reinigen. Wir werden von unseren Bemühungen nicht müde, wie anstrengend sie auch anderen Menschen erscheinen mögen. Im Gegenteil, Arbeit, die der Ausdruck des wahren Willens ist, belebt uns, sie erfüllt uns bis zum Überströmen mit einem Reichtum an Kraft und nährt uns. Deshalb sagt Jesus: »Ich habe Speise zu essen, von der ihr nichts wißt.«

Ein Magus folgert nichts daraus. Er hält nicht aus Überzeugung oder Glauben daran fest, so wie wir es tun. Er *weiß* es. Sein persönliches Bewusstsein besteht nicht mehr, es ist in der vollkommenen Identifizierung mit dem Einen Leben aufgegangen. Er tut nichts aus sich selbst heraus. Er ist zu einem Vehikel für die vollkommen abgestimmte Arbeitsweise der Lebenskraft geworden, das ihr kein Hindernis mehr entgegenstellt. Selbst die geringste seiner Handlungen ist deshalb ein bewusster Ausdruck der unerschöpflichen Kraft des Alls. Für menschliche Augen scheint er Wunder zu vollbringen. Es sieht so aus, als ob er einen ungeheuer starken persönlichen Willen entwickelt hätte. Er scheint Kräfte zu besitzen, die andere nicht haben. Ihm selbst aber erscheint es ganz anders. Er weiß, dass seine mächtigsten Werke nur Ausdruck des unwandelbaren Gesetzes sind. Er weiß, dass er nichts anderes will als das, was der Vater will. Er weiß, dass ihm nichts gehört und er auch keine eigene Kraft besitzt. Der Unterschied zwischen einem Magus und einem anderen Menschen ist der, dass die Allmacht durch sein Leben fließt und äußerlich zum Ausdruck kommt, ungehindert durch die Illusionen und das Unwissen des persönlichen Bewusstseins.

Dieser Mensch ist Meister des geistigen Tempels – des siebenfältigen Körpers, der in der antiken Architektur durch den siebenstufigen babylonischen Tempel und durch die Große Pyramide symbolisiert wurde, deren Vertikalachse aus sieben Einheiten besteht, sowie durch das siebenseitige Gewölbe, das in der *Fama Fraternitatis* beschrieben wird.

Als Meister des Tempels wird er in jedem Augenblick klar von wahrer Intuition geführt. Er ist sich nicht nur in Zeiten großer Anstrengung und Prüfungen seiner inneren Stimme bewusst. Ob sein physischer Körper wacht oder schläft, er hört immer und gehorcht immer. Er weiß, dass ihm nichts gehört und er auch keine eigene Kraft besitzt. Für andere Menschen sieht es so aus, als habe er die Gabe außergewöhnlicher Vorausschau. Wenn sie ihn auch nicht für einen Propheten halten, so glauben sie doch, dass er ein besonders sorgfältiger Planer ist. In Wirklichkeit aber lebt er ein planloses Leben, und seine einzige Lebensregel ist die von Jesus: »Wie ich höre, so richte ich.«

Weil er sich mit der reinen Quelle allen Lebens identifiziert und selbst seine geringsten Taten so harmonisiert hat, kann er, was er auch tut, sagen: »Ich tue nichts«, weil er nur lebt, um den vollkommenen Rhythmus des Alls auszudrücken. Darum ist er von einem Verständnis geleitet, das vorausahnt, voraussieht und seine Füße auf den rechten Pfad führt. So ist der Magus gebührend und wahrhaftig darauf vorbereitet, die letzte Stufe des Großen Werkes zu versuchen.

Seine letzte große Arbeit beginnt er im Grad des Adeptus Minor, denn er verfügt über die Geisteskräfte dieses Grades. Wenn er diesen letzten Schritt auf dem Weg der Rückkehr beginnt, geht er also weder vom Standpunkt eines Magus aus, noch von der höheren Position eines Meisters des Tempels, sondern von der relativ einfachen Verwirklichung der Sohnschaft.

Sein Ausgangspunkt ist das Bewusstsein, das man »Intelligenz des Vermittelnden Einflusses« nennt. Das hebräische Wort hierfür ist שפע נבדל, `*schefa nivdal*. שפע trägt die Zahl 450, also die gleiche Zahl wie פרי עץ, *p*ᵉ*ri 'ets* (Frucht des Baumes). נבדל hat die Zahl 86, genauso wie *Elohim*, אלהים. Die Frucht des Baumes ist *Ben*, der Sohn. Seine Zahl 450 ist 10 x 45 und ruft die

Vorstellung des zehnfachen Ausdrucks von *Adam*, אדם, 45 (Mensch), hervor. נבדל ist eine Formel für die Kräfte der Elohim. Deshalb weist der Titel des sechsten Pfades den Kabbalisten darauf hin, dass die Sohnschaft des Menschen diesen zum Erben der Kräfte der *Elohim* macht. Das Symbol des Gehängten drückt eine ähnliche Vorstellung aus.

Man bedenke, dass der Name des Buchstabens *Gimel*, גמל, in der Gematria den gleichen Zahlenwert hat wie *Chochmah*. Dies zeigt, dass der dreizehnte Pfad in enger Beziehung zu den Kräften steht, die im Bewusstsein des Kandidaten auf dem Weg zum Grad des Magus bereits entwickelt wurden.

Der Pfad von Gimel ist überwiegend ein Pfad der Erinnerung und des Gleichgewichts der Lebenskraft, dargestellt durch die beiden Säulen von Schlüssel 2, Die Hohepriesterin. Den dreizehnten Pfad zu betreten bedeutet, die Schriftrolle des kosmischen Gedächtnisses zu lesen. Da die Schriftrolle in entgegengesetzter Richtung aufgerollt werden muss, um sie lesen zu können, deuten auch die Buchstaben von גמל, entgegengesetzt gelesen, die Schritte des Magus an, wenn er den Pfad aufwärts beschreitet:

ל (Lamed): Der Glaube an seine Sohnschaft muss fest verankert sein. Er muss nicht nur glauben, ein wahrer Sohn der Elohim zu sein, sondern er muss seinen Glauben auch durch Taten untermauert haben. Diese sind die Werke, durch die die Kraft von *Ruach* (hier als Vorstellungskraft verstanden) kontrolliert und gelenkt wird. All diese praktischen Übungen haben zum Ziel, das Gleichgewicht der widerstreitenden Elemente des persönlichen Bewusstseins herzustellen und dabei gleichzeitig alles Überflüssige auszulöschen.

מ (Mem): Der Kandidat muss auch jegliches Gefühl aufgelöst haben, persönlich zu handeln. Er muss in der Vereinigung mit dem Einen Leben fest verankert sein. Obwohl er im Vergleich zu uns viel erreicht hat, darf in ihm nicht die leiseste Spur von Stolz auf seine Kraft zu finden sein. Seine Erkenntnis besteht vielmehr darin, dass er um seine absolute und bedingungslose Abhängigkeit vom Universum weiß.

ג (Gimel): In dieser Haltung der Selbsthingabe beginnt der Magus seine Reise aufwärts. Auf keine andere Weise kann die vollkommene Meisterung des kosmischen Unterbewusstseins entwickelt werden. Was diese Meisterung in Wirklichkeit ist, kann nicht in allgemeinverständlichen Worten ausgedrückt werden. Auch wenn dies gelänge, wäre eine ausreichende Beschreibung hier unmöglich, weil weder der Schreiber dieser Seiten noch derjenige, der sie liest, den Grad des Magus erreicht hat. Wir können nur unser Bestes tun, indem wir die Berichte weitergeben, die uns von denen erreicht haben, die diese Reise gemacht haben. Wir wissen sehr genau, dass das, was wir schreiben, noch weit von der höchsten Wahrheit entfernt ist.

Das Ziel des dreizehnten Pfades ist *Kether*, die Krone. Der entsprechende Rosenkreuzer-Grad heißt Ipsissimus, das bedeutet »Ich Selbst«. So stimmt der Titel dieses Grades mit der kabbalistischen Zuordnung zu *Jechidah*, יחידה (das Selbst), also mit Kether, überein. Das lateinische Wort Ipsissimus bezeichnet den höchsten Grad der Selbsterkenntnis. Es drückt die umfassendste Erkenntnis der Bedeutung des ICH BIN aus. Kabbalisten nennen diese Erkenntnis יחידה, die weibliche Form von יחיד, »Einheit«. Die weibliche Bezeichnung zeigt, dass, obwohl das ICH BIN eins und alleinig ist, es von der zeitlosen Weisheit als Träger für *Ain Soph Aur*, אין סוף אור (das Grenzenlose Licht), aufgefasst wird. Als Träger oder als Gefäß ist es deshalb weiblich.

Es wurde gesagt, dass es in jeder der vier Welten zehn Stufen dieses Grades gibt. Es sind dies: *Kether* in *Kether*; *Kether* in *Chochmah*; *Kether* in *Binah*; *Kether* in *Chesed*; *Kether* in *Geburah*; *Kether* in *Tiphereth*; *Kether* in *Netzach*; *Kether* in *Hod*; *Kether* in *Jesod* und *Kether* in *Malchuth* - alle in *Atziluth*, und dementsprechend ebenfalls zehn Stufen in *Briah*, *Jetzirah* und *Assiah*.

Auf diese Weise können wir vierzig Stufen dieser Einen Wirklichkeit bestimmen, die die Rosenkreuzer Ipsissimus nennen. Es wird auch behauptet, dass es hier, auf der physischen Ebene von *Assiah*, zu jeder Zeit genau zehn Menschen gibt, in denen sich Kether vollkommen verwirklicht hat. Einer hat die vollkommene Verwirklichung von *Kether* in *Malchuth* erreicht, ein anderer hat *Kether* in *Jesod* verwirklicht, und so weiter bis hin zu *Kether* in *Kether*.

Diese zehn Menschen sollen die geheimen Häupter der zehn Abteilungen des Wahren und Unsichtbaren Rosenkreuzer-Ordens auf der physischen Ebene sein. Jede Abteilung des Ordens entspricht einer Sephirah und besteht aus Menschen, deren Entwicklung der jeweiligen Sephirah entspricht.

Diese Aussage sollte jedoch nicht so interpretiert werden, als ob nur zehn Menschen, die zur Zeit inkarniert sind, in der Welt von *Assiah* den Grad des Ipsissimus erreicht hätten, gemeint ist jedoch, dass zehn Menschen, die dieses

Bewusstsein verwirklicht haben, die Oberhäupter der äußeren Hierarchie des Ordens sind.

Diese Informationen können nur von wenig praktischem Interesse für die Leser dieser Seiten sein. Wir haben sie nur erwähnt, um eine Vorstellung vom Aufbau der okkulten Hierarchie zu geben. Die Ausdrücke, die hier verwendet werden, unterscheiden sich nur oberflächlich von denen, mit denen ein Leser theosophischer Literatur vertraut ist. In Wirklichkeit gibt es keinen echten Unterschied in den Lehren selbst.

Wirklich wichtig ist es aber, dass ein Aufblitzen dieser hohen Erkenntnisse erhascht wird. Denn angefangen bei jenem erhabenen Wesen, dessen Bewusstsein *Jechidah,* יחידה, von *Kether* in *Kether* in *Atziluth* ist, schwingt die »Wellenlänge« aus dieser obersten Wirklichkeit durch die gesamte Hierarchie herab. Wer sich auf diese Wellenlänge einstimmt, wird soviel erhalten, wie er fähig ist aufzunehmen.

Im Zentrum jedes Menschen befindet sich *Jechidah,* יחידה, das ewige Zentrum des schöpferischen Wirkens. Es ist ein Ausdruckszentrum, aus dem alles hervorgeht. Es ist תת זל, *tat zal* (der überreiche Spender), die Urquelle, aus der alles fließt, was wir brauchen. Wenn wir über diese erhabenen Ideen nachdenken, wird uns immer deutlicher, dass auch wir Ausdruckszentren einer bestimmten Ausdrucksphase des Alls sind, und wir werden immer fähiger, aus den unbegrenzten Vorräten dieses unbegrenzten Schatzes zu schöpfen.

DIE LEHREN DES GRADES

Dieser Grad entspricht der höchsten Sphäre auf dem Lebensbaum, *Kether,* כתר (die Krone oder der Urwille). In der kabbalistischen Psychologie ist Kether der Sitz von *Jechidah,* יחידה (das Selbst), das in der Hindu-Philosophie mit *Atman* identisch ist. *Kether* wird auch die Bewunderungswürdige oder Mystische Intelligenz genannt. Im Hebräischen bedeutet פלא, *pele,* »das Licht, das Verstehen des Anfangs verleiht, der ohne Anfang ist«. Man beachte, dass die Summe von *Jechidah,* יחידה, 37 ist, und פלא, *pele* eine Umkehr von *Alef,* אלף, ist, dessen Summe III, also 3 x 37, beträgt.

Die Lehren dieses Grades werden von den Buchstaben von *Kether,* כתר, und פלא, *pele,* wie folgt abgeleitet:

I. DAS GLÜCKSRAD

Schlüssel 10 (כ)

Jede Aktivität ist eine Aktivität des Geistes, und das Zentrum jeder geistigen Aktivität ist das Eine Selbst. Das Grenzenlose Licht, das sich zu einem einzigen Punkt verdichtet, beginnt eine wirbelnde Bewegung. In ihr befindet sich der Kleine Punkt. Es ist der Punkt des Bewusstseins, das Ausdruckszentrum für die Eine Identität. Er ist für jeden Menschen der Berührungspunkt mit der absoluten ursprünglichen Ursache. Dieses unteilbare Eine ist von nichts abhängig. Es handelt nicht, aber jede Handlung geht aus ihm hervor. Seine Kraft kennt keine Grenzen und erschafft immer wieder neue Zyklen. Das Vergangene schränkt es nicht ein, Bedingungen berühren es nicht. Zufällige Ereignisse verändern es nicht.

In Bezug auf die Verdichtung der Energie des grenzenlosen Lichtes wird Kether manchmal auch נקדה ראשונה, *n^e^kuda reschona* (der Ursprüngliche Punkt), genannt. Ebenfalls wird er auch ראשית הגלגלים, *reschit ha galgalim* (der Anfang der Wirbel), genannt. Dies ist eine Anspielung auf die Bewegung, die durch Verdichtung der Energie ausgelöst wird. Dieser kleine Punkt ist das Eine Selbst, oder *Atman,* von dem der natürliche Mensch irrtümlich glaubt, dass es sich gesondert innerhalb seiner Persönlichkeit befinde. Wer das Selbst wirklich kennt, weiß, dass er in diesem »Kleinen Punkt« mit der Allmacht eins ist.

Der Ipsissimus – Er, der ganz er selbst ist – ist derjenige, der die Gegenwart dieser Einen Identität, der absoluten ursprünglichen Ursache, im Herzen seiner Persönlichkeit am klarsten wahrnimmt. In jeder Gruppe von Menschen ist der Meistergeist derjenige, der das Selbst am klarsten erkennt.

2. DIE WELT
Schlüssel 21 (ת)

In Wirklichkeit ist die Welt für jeden Menschen eine Projektion geistiger Vorstellungen auf die Leinwand aus Raum und Zeit. Diese Projektion kommt von innen und geht nach außen. Das Selbstbewusstsein ist die Linse, durch die die absolute Wirklichkeit als relative Bilderwelt projiziert wird. Glück und Freiheit gehören uns in dem Maße, wie unsere persönliche Welt, als Projektion der Interpretationen unserer Erfahrungen, mit der wirklichen Welt übereinstimmt, die Ausdruck der Einen Identität ist.

Van de Leeuw sagt in seiner aufschlussreichen Arbeit: »Wenn ich ein Buch ergreife und es dann zu Boden fallen lasse, findet ein Ereignis statt, ein Ereignis in der Welt der Realität. Es gibt nichts Unwirkliches an diesem Ereignis. Es ist völlig real. Doch meine Wahrnehmung dieses Ereignisses, die Art und Weise, wie es sich in meiner Vorstellungswelt zeigt, ist meine Interpretation dieses Ereignisses, und diese Interpretation ist nur relativ real; real für mich, nicht in sich selbst. Wenn ich also in meiner Vorstellungswelt meine Hand wahrnehme, die nach dem Buch greift und es zu Boden fallen lässt, findet in der Welt der WIRKLICHKEIT eine Wechselwirkung statt. Was dagegen in meiner Vorstellungswelt erscheint, ist meine eigene Version, in der die Einheit des Ereignisses in das Maß von Raum und Zeit und in eine Vielfalt von Qualitäten zerbrochen wird. Dann veräußerliche ich meine Wahrnehmung des eigentlichen Ereignisses, und dieses nach außen projizierte Bild wird für mich zum Ereignis selbst. Unwirkliches oder Illusion befinden sich niemals in dem Ereignis oder dem Gegenstand selbst, nicht einmal in meiner Interpretation, die für mich buchstäblich wahr ist. Doch dadurch, dass ich meine Interpretation für die Sache selbst halte, erhebe ich sie in den Status einer absoluten und unabhängigen Wirklichkeit.«[23]

Wenn wir uns jedoch daran erinnern, dass der Buchstabe Tav die Verwaltende Intelligenz darstellt, erkennen wir, dass wir an der Verwaltung dieser Welt in dem Maße teilhaben werden, wie es uns gelingt, unsere persönlichen Gedanken, unsere Sprache und unsere Handlungen zu passenden und ungehinderten Kanälen für das Leben und die Weisheit der Einen Identität zu machen.

3. DIE SONNE

Schlüssel 19 (ר)

Wenn die bewussten und unterbewussten Geisteszustände neu geboren sind, wird der Mensch zu einem strahlenden Zentrum, durch das sich die Lebenskraft manifestiert. Der Ipsissimus weiß, dass die Lebensumstände Projektionen seiner Interpretationen der Wirklichkeit sind. Sein Wissen ist tief verwurzelt und beständig. Deshalb ist seine Lebensweise dem noch natürlichen Menschen unbegreiflich. Er ist ein freier Kanal für den Ausdruck des allmächtigen Geistes.

Die äußeren Erscheinungen sprechen gegen diese Lehre. Der kollektive Mensch glaubt, ein Geschöpf der Umstände zu sein. Deshalb gibt es alle möglichen Variationen dieses Aberglaubens unter uns, angefangen beim unwissenden Glauben primitiver Völker, die meinen, dass sie von der Gnade böser Elementargeister abhängig sind, bis hin zu den gleichen abergläubischen Vorstellungen moderner Materialisten, die gelehrt über »Vererbung«, »Umgebung« und ähnliches reden.

Hierzu muss gesagt werden, dass das Wissen darüber, dass äußere Erscheinungen weitgehend trügerisch sind, nichts dazu beiträgt, diesen Täuschungen ein Ende zu setzen. Für einen Astronomen *scheint* die Sonne im Osten aufzugehen, ähnlich wie für einen Menschen, der glaubt, dass sie dort wirklich aufgeht; doch der Astronom weiß es besser. Für den Ipsissimus *scheint* die menschliche Persönlichkeit durch die Umgebung geprägt zu sein und durch die verschiedenen Begrenzungen eingeengt zu werden, er *weiß* es jedoch besser.

4. DER TURM

Schlüssel 16 (פ)

Die außergewöhnlichen Werke eines »Kenners des Selbst« beruhen weitestgehend auf der Anwendung der Marskraft. Diese Kraft erscheint dem Menschen gegenüber genauso feindlich zu sein wie Elektrizität, die von ähnlichen Gesetzen regiert wird, doch sie ist nur solange feindlich, wie sie nicht verstanden und falsch angewendet wird. Richtig verstanden, zerbricht sie alle Strukturen des Irrtums, überwindet die falsche Vorstellung von Getrenntheit und befreit den persönlichen Geist von jeder Täuschung.

Ein Ganglion im sympathischen Nervensystem, ungefähr in Nabelhöhe, ist das Zentrum dieser Kraft. Durch verschiedene Praktiken, die zu den unterschiedlichsten Zeiten erdacht wurden, wie z. B. solche, die in den Yoga-Lehren und in den magischen Zeremonien der westlichen okkulten Schulen gefunden werden, wird diese Marskraft unter Kontrolle gebracht. Mit Verstand benutzt, erweckt diese Kraft im Gehirn die Konstituierende Intelligenz, die im Tarot durch den »Kaiser« dargestellt wird. Für gewöhnlich ist sie jedoch zerstörerisch. Es ist die Kraft, die die physiologischen Veränderungen bewirkt, deren Ergebnis der physische Tod ist. Ein Ipsissimus hat diese Kraft gemeistert. Er hat die falsche Vorstellung von Getrenntheit überwunden, die ihre Wurzeln in Irrtum und Täuschung hat. Er ist bewusst unsterblich. Er hat das Ich seiner Persönlichkeit mit dem universellen Selbst in Einklang gebracht. Er handelt nicht länger als getrenntes Lebewesen. Alles, was er denkt, sagt und tut, wird von ihm als die Tätigkeit des universellen Selbst verstanden.

5. DIE GERECHTIGKEIT
Schlüssel 11 (ל)

Ein Ipsissimus ist eine vollkommen ausgeglichene Persönlichkeit. Er hat den Ehrgeiz umgewandelt, arbeitet aber so wie jene, die ehrgeizig sind. Er hat das Verlangen nach Leben umgewandelt, achtet aber das Leben so wie jene, die nach ihm verlangen. Er hat das Verlangen nach Bequemlichkeit umgewandelt und ist doch glücklicher als jene, die um des Glückes willen leben. Sein Wille ist eins mit dem Urwillen des Universums, und er hat Teil an der Herrschaft dieses Willens über alles.

Der Ipsissimus führt ein Leben vollkommenen Vertrauens, in dem Überzeugung und Tat ausbalanciert sind. In seinem Unterbewusstsein ist er Eins mit dem Gesetz, und was immer er tut, ist deshalb ein vollkommener Ausdruck dieses Gesetzes.

6. DER NARR
Schlüssel 0 (א)

Der »Kenner des Selbst« ist der mystische Narr aller heiligen Allegorien. Nichts bindet ihn. Er ist jenseits aller Begrenzungen »dieser Welt«. Seine Motive und seine Handlungen sind dem Kollektiv der noch natürlichen Menschen unverständlich. Manchmal verehren sie ihn. Öfter verspotten sie ihn. Immer fürchten sie ihn. Seine Instruktionen können sie nur dann erfassen, wenn er sie dem Intellekt verständlich macht, doch das Wesentliche entzieht sich ihnen. Wer den höchsten Grad des Unsichtbaren Ordens erreicht, hat wenig Gefährten in der Welt und ist trotzdem nie allein. Er steht in stiller, aber lebhafter Kommunikation mit den anderen, die mit ihm in der himmlischen Vision vereint sind. Ihr Licht scheint in der Dunkelheit der »falschen Welt«, aber die Dunkelheit kann es nicht ergreifen.

KAPITEL 22

DIE INNERE SCHULE

Ein Thema mit so vielen Verzweigungen wie dieses könnte zu einer ganzen Buchreihe mit Werken dieses Ausmaßes erweitert werden, aber ich habe das Vertrauen, getan zu haben, was ich tun sollte, nämlich zeigen, dass die ursprünglichen rosenkreuzerischen Dokumente Allegorien der Entfaltung des inneren Lebens des Menschen sind, die auf der geheimen Weisheit Israels gründen und denen verschiedene Elemente der Hermetik hinzugefügt wurden.

Ich hoffe, dass dieses Buch auch noch einem anderen Zweck dient. Während vieler Jahre okkulter Nachforschungen bin ich häufig Menschen begegnet, die völlig davon überzeugt waren, dem »einzig wahren« Rosenkreuzer-Orden anzugehören. Ich habe sie immer wieder unter bitterer Enttäuschung leiden sehen, wenn sie erfuhren, dass das, was sie für das Gold der reinsten Wahrheit hielten, bestenfalls nur das »Narrengold« wohlmeinender Unwissenheit oder schlimmstenfalls ein erlogener Goldbarren war.

Schon lange habe ich aufgehört, diese Menschen von ihrem Irrtum überzeugen zu wollen, solange sie noch fest an ihn glauben. Doch habe ich die Hoffnung, dass dieses Buch den Enttäuschten ein wenig Hilfe und Trost bringt, wenn sie erfahren, dass es eine wirkliche Bruderschaft der Rosenkreuzer gibt, obwohl diese nie, wie zum Beispiel die Freimaurer, organisiert war.

Ich habe mich bewusst von jedem Angriff auf irgendein Pseudo-Rosenkreuzertum enthalten, obwohl es gegenwärtig eine ganze Zahl eklatanter Beispiele gibt, die mich dazu versucht haben.(24) Doch ich glaube, dass dieser Überblick, der auf eine unzweifelhafte Quelle der Rosenkreuzer-Lehre gründet, dem Suchenden des Lichtes mehr Schutz vor Täuschung bietet, als eine ganze Serie von Entlarvungen.

Einerseits gibt es den Rosenkreuzer-Orden, und andererseits die Rosenkreuzer-Gesellschaften, die zweifellos mit dieser unsichtbaren Inneren Schule in Verbindung stehen. Doch keine dieser Gesellschaften erhebt den Anspruch, der Orden selbst zu sein, und keine maßt sich irgendwie an, aus alter Zeit zu stammen, obwohl manche schon relativ lange wirken.

Diese Organisationen okkulter Apiranten betreiben in aller Stille ihre Arbeit der Initiation und Belehrung in verschiedenen Teilen der Welt. Wer ordnungsgemäß und wahrhaftig vorbereitet ist, wird zweifellos mit solchen Schulen zu gegebener Zeit in Kontakt kommen. Doch wird dieser immer durch persönliche Kanäle hergestellt und nicht durch Anzeigen in der Presse. Wenn man ein Mitglied einer solchen Gemeinschaft trifft, erkennt es im anderen die Bereitschaft für weitere Unterweisungen und wird den Stand des Wissens und des Verständnisses überprüfen.

Wenn aber jemand öffentlich oder halb öffentlich mit dem Anspruch daherkommt, er sei das »Oberhaupt« der Rosenkreuzer und Ergebenheit oder finanzielle Unterstützung fordert, trägt man selbst die Verantwortung, wenn man ihn akzeptiert und später dann durch eine Zeit herber Enttäuschung geht.

Ich verdamme solche Heuchler nicht, denn das tun sie schon selbst. Überdies glaube ich zu wissen, warum ihnen ihre Täuschungen erlaubt sind. Der praktische Okkultist dagegen muss vor allem Unterscheidungsvermögen entwickeln, denn wem es fehlt, der hat einige bittere Lektionen zu lernen. Das müssen auch jene, die den spirituellen Wahrheiten zwar keinen Glauben schenken, ihn aber dennoch vorgeben, um Kontrolle über das Leben und die Geldbörsen ihrer Mitmenschen zu gewinnen. Ihr Mangel an Unterscheidung ist ebenso groß wie der jener, die durch ihre Effekthascherei vom rechten Weg abgekommen sind. Früher oder später aber werden ihre Betrügereien und Schwindeleien aufgedeckt. Inzwischen sei man auf der Hut und suche nur nach dem Höchsten.

Es sei an die Worte der *Confessio* erinnert: »Den falschen Heuchlern aber und denen, die etwas anderes als Weisheit suchen, sagen und bezeugen wir hiermit öffentlich, dass wir ohne Gottes Willen nicht ... zu unserem Verderben gebracht werden können.« Hier wird das Wort Weisheit auf das kabbalistische *Chochmah*, חכמה, zurückgeführt, dem der Grad des Magus zugeordnet ist.

Diese Weisheit erkennt den Menschen als Vehikel des wahren Selbst an, was in der gewissenhaften Anwendung von Gedanke und Sprache (ח, Der Wagen) seinen Ausdruck findet. Es ist das Verstehen der Wahrheit, dass alle Einzelheiten persönlicher Handlungen Manifestationen des »Rades in Rädern« (כ) sind. Es ist die Umkehrung der allgemeinen Haltung dem Leben gegenüber, die sich durch völlige Selbsthingabe ausdrückt und zu Konzentration und Meditation führt. Die Hindus nennen diesen Zustand *Samadhi* (מ, Der Gehängte).

Schließlich wird durch Vereinigung mit dem wahren Selbst, das der Herr und Herrscher aller Dinge ist (ה, Der Kaiser), eine klare Vision erreicht. Wer diese sucht, die Flamme seiner Sehnsucht hell brennen lässt und alles dafür tut, um sich in Konzentration und Meditation zu vervollkommnen, mit dem Ziel, seine Persönlichkeit mit dem kosmischen Leben zu vereinigen, wird stetig der Adeptenschaft entgegenwachsen.

Die Innere Schule, die der Wahre und Unsichtbare Orden der Rosenkreuzer ist, wurde nirgendwo besser beschrieben, als in dem Buch: *Die Wolke über dem Heiligtum* von Karl von Eckhartshausen(25), aus dem ich hier einige Abschnitte zitiere:

»Söhne der Wahrheit, es gibt nur einen Orden, nur eine Verbrüderung, nur eine Verbindung gleichdenkender Lichtfähiger, das Licht zu erreichen, aus dessen Mittelpunkt das Missverständnis unzählige Orden errichtet hat, damit alle aus der Mannigfaltigkeit der Meinungen zu der einzigen Wahrheit und wahren Verbindung zurückkehren können, die die Verbindung der Lichtfähigen oder die Gemeinschaft der Erwählten ist…

Diese Lichtgemeinde existiert seit dem ersten Schöpfungstage der Welt, und ihre Dauer wird bis zum letzten Tag der Zeiten sein. Sie ist die Gesellschaft der Erwählten, die das Licht in der Finsternis erkennen und es in seinem Eigentum aufnehmen…

Diese Lichtgemeinde besitzt eine Schule, in der der Geist der Weisheit selbst die nach Licht Dürstenden unterrichtet, und alle Geheimnisse Gottes und der Natur sind in dieser Schule für die Kinder des Lichtes aufbewahrt; vollkommene Gottes-Kenntnis, vollkommene Natur-Kenntnis, vollkommene Menschheit-Kenntnis sind die Gegenstände des Unterrichtes dieser Schule. Aus ihr kommen alle Wahrheiten in die Welt, sie war die Schule der Propheten und aller Weisheitssuchenden, und in dieser Gemeinde allein ist die Wahrheit und Enträtselung aller Geheimnisse und Mysterien zu finden. Sie ist die allerinnerste Gemeinde und besitzt Mitglieder mehrerer Welten…

Die innere Kirche ist also eine Gesellschaft, von der die Mitglieder in der ganzen Welt zerstreut sind, die aber im Innern nur ein Geist der Liebe und Wahrheit (Einheit) verbindet, (von Eckhartshausen gibt hier einen kabbalistischen Schlüssel, denn »Einheit« und »Liebe« sind אחד, 'axad, und אהבה, 'ahava, beide mit dem Zahlenwert 13, oder 5 plus 8) *und die von jeher an dem großen Tempel bauten, an der Regeneration der Menschheit, durch die das Reich Gottes offenbar werden wird. Sie besteht in der Gemeinschaft der Lichtfähigen oder Erwählten…*

Die innere Kirche entstand gleich nach dem Fall des Menschen, und erhielt von Gott unmittelbar die Offenbarung, wie und auf welche Art das gefallene Menschengeschlecht wieder zu seiner Würde erhöht und von seinem Elend erlöst werden wird. Sie bekam das Urdepositum (Urerbe) aller Offenbarungen und Mysterien und den Schlüssel der wahren Wissenschaft, sowohl des Göttlichen als Natürlichen.

Da sich aber die Menschen vervielfältigten, so machte die Gebrechlichkeit des Menschen und seine Schwachheit eine äußere Gesellschaft notwendig, die die innere verborgen hielt, und Geist und Wahrheit durch den Buchstaben deckte. Denn da das Vielfältige, die Menge, das Volk die großen inneren Geheimnisse nicht zu begreifen fähig war und die Gefahr zu groß gewesen wäre, den Unfähigen das Allerheiligste anzuvertrauen, so wurden die inneren Wahrheiten in äußere sinnliche Zeremonien eingehüllt, damit durch das Sinnliche und Äußere, als Sinnbild des Inneren, der Mensch nach und nach befähigt würde, den inneren Wahrheiten des Geistes näher geführt zu werden.

Das Innere aber war immer dem Lichtfähigsten seiner Zeit anvertraut, und Er war der Besitzer des Urdepositums als Hohepriester im Heiligtum…

Diese Lichtgemeinde ist die Vereinigung aller Lichtfähigen und Erwählten, und wird unter dem Namen Gemeinschaft der Heiligen verstanden. Dieser Lichtgemeinde war das Urdepositum aller Kräfte und Wahrheiten von jeher anvertraut – und sie allein, wie Paulus sagt, war im Besitz der Wissenschaft der Heiligen, durch sie wurden die Agenten Gottes in jedes Zeitalter gebildet, die aus dem Innern ins Äußere heraustreten – und Geist und Leben den toten Buchstaben erteilten – wie wir schon erwähnt haben.

Diese Lichtgemeinde war von jeher die wahre Schule des Geistes Gottes, und als Schule betrachtet, hat sie ihren Lehrstuhl, ihren Lehrmeister – besitzt sie ein Exemplar, aus dem ihre Schüler studieren, Formen und Gegenstände, die sie studieren, und eine Methode, nach der sie studieren.

Diese Weisheits-Schule war immer die geheimste und verborgenste der Welt, denn sie war unsichtbar und bloß der göttlichen Regierung unterworfen. Sie war dem Unfalle der Zeit und der Schwachheiten der Menschen nie ausgesetzt, denn nur die Fähigsten jeder Zeit wurden dazu gewählt, und der Geist, der sie wählte, konnte sich in seinen Subjekten nicht täuschen.

Aus dieser Schule entwickelten sich die Keime aller erhabenen Wissenschaften, und wurden erst von den äußeren Schulen aufgenommen und in andere Formen umgekleidet und manchmal verunstaltet.

Diese innere Gesellschaft der Weisen teilte nach Zeit und Umständen allen äußeren Gesellschaften ihre Sinnbilder-Hieroglyphen mit, um den äußeren Menschen auf die großen Wahrheiten des innern aufmerksam zu machen.

Alle äußeren Gesellschaften bestanden aber auch nur so lange, als diese innere Gesellschaft ihren Geist ihnen mitteilte. – Sobald aber die äußeren Gesellschaften unabhängig von der inneren sein wollten und den Tempel der Weisheit zu einem politischen Gebäude umgestalten wollten, zog sich die innere Gesellschaft zurück, und es blieb nichts als der geistlose Buchstabe.

So waren alle geheimen äußeren Weisheits-Schulen bloß in Hieroglyphen gesteckte Vorhänge, die Wahrheit selbst blieb immer im Heiligtum, damit sie nie entweiht werden konnte.

In dieser inneren Gesellschaft findet der Mensch Weisheit und mit ihr alles, jedoch nicht die Weisheit der Welt, die bloß wissenschaftliche Kenntnis und nicht Weisheit ist, die bloß an der äußeren Hülle herumschleicht und nie den Mittelpunkt berührt, der aber alle Kräfte in sich hält. Man findet wahre Weisheit und Menschen, die ihr huldigen.

Alle Zänkereien, alle Kontroversen, alle Gegenstände der falschen Weltklugheit, alle fremden Idiome, eitle Dissertationen, die unnützen Keime der Meinungen, die den Samen der Uneinigkeit streuen; alle Irrungen, Schismen und Systeme sind hier verbannt. Man findet hier weder Ehrabschneidung noch üble Nachreden. Jeder Mensch wird geehrt. Die Satire, der Witz, der sich so gern auf Unkosten des anderen hervortut, ist unbekannt. Hier kennt man nur die Liebe.

Verleumdung, dieses Ungeheuer, erhebt nie unter den Freunden der Weisheit ihr Schlangenhaupt, Menschenschonung ist hier allein bekannt. Hier beschnarcht man nicht die Fehler des anderen, hier macht man keine bitteren Vorwürfe über Vergehen; nachsichtig und liebevoll führt man den Wanderer auf den Weg der Wahrheit, man sucht zu überzeugen, zu rühren, und überlässt die Strafe der hellen Einsicht und dem Licht.

Man hilft dem Bedürfnisse ab, unterstützt die Schwäche, freut sich des Aufschwingens und der höheren Würde des Menschen. Das Glück, das Geschenk des Zufalls, erhebt keinen über den anderen. Der allein schätzt sich am glücklichsten, dem die Gelegenheit winkt, dem anderen wohlzutun – und diese Menschen alle, die nun ein Geist der Liebe, ein Geist der Wahrheit verbindet, machen die unsichtbare Kirche – die Gesellschaft des unsichtbaren Reichs des Inneren unter einem einzigen Vorstand, der Gott ist.

Man muss sich unter dieser Gemeinde keine heimliche Gesellschaft vorstellen, die sich zu gewissen Zeiten versammelt, ihre Vorsteher und Mitglieder wählt und sich gewisse Endzwecke festsetzt. Alle Gesellschaften, welche sie immer seien, müssen dieser inneren Gemeinde der weisen Art nachstehen. Sie kennt keine Formalitäten, die das Werk der äußern Hülle, das Werk der Menschlichkeit sind; im Reich der Kräfte verschwinden alle äußeren Formen.

Gott selbst ist das immer bleibende Oberhaupt. Der beste Mensch der Zeitalters, der erste Vorstand kennt alle seine Mitglieder nicht, aber im Augenblick, wo Gottes Zweck es notwendig macht, sie kennenzulernen, trifft er sie in der Welt sicher an, um zu dem bestimmten Ziel zu wirken.

Diese Gemeinde hat keinen äußeren Vorrang. Wer zum Wirken für Gott gebraucht wird, ist der Erste, er zeigt sich dem andern ohne Hochmut und wird von anderen aufgenommen ohne Neid.

Müssen wahre Mitglieder zusammenkommen, so finden sie sich und erkennen sich sicher. Keine Verstellung kann Platz haben, keine Larve, keine Heuchelei, keine Heimtücke decken die Charakterzüge dieser Gemeinde, denn sie sind zu originell. Die Maske, die Illusion ist abgezogen – alles erscheint in seiner wahren Gestalt.

Kein Mitglied kann ein anderes wählen, die Wahl behält sich der Geist aller bevor. Berufen sind alle Menschen. Die Berufenen können gewählt werden, wenn sie reif für den Eingang geworden sind.

Den Eingang kann jeder suchen, und jeder, der im Innern ist, kann den anderen den Eingang suchen lehren, doch solange man nicht reif ist, wird man nicht ins Innere gelangen. Unreife Menschen würden Unordnung in die Gemeinde bringen, und Unordnung kann sich nicht mit dem Innern vertragen, denn dieses stößt alles zurück, was nicht homogen ist.

Weltklugheit forscht vergebens diesem Inneren nach – vergebens belauscht die List die großen Geheimnisse, die da verborgen liegen. Für den, der nicht reif ist, ist alles Hieroglyphe, er kann im Innern nichts sehen, nichts lesen.

Wer reif ist, schließt sich an die Kette an, vielleicht oft da, wo er es am mindesten glaubt, und wo er oft selbst nichts davon weiß. Reif zu werden suchen muss das Bemühen desjenigen sein, der die Weisheit liebt.

Aber es gibt auch Mittel, reif zu werden. In dieser heiligen Gemeinde ruht das Urdepositum der ältesten Urkunden des Menschengeschlechts, nebst den Urgeheimnissen aller Wissenschaften. Sie ist die einzige wahre Lichtgemeinde, die im Besitz des Schlüssels aller Geheimnisse ist und das Innere der Natur und der Schöpfung kennt, sie ist eine Gesellschaft, die sich an höhere Kräfte anschließt und Mitglieder mehr denn einer Welt zählt, sie ist die Gesellschaft, aus der die Mitglieder eine theokratische Republik bilden, die die Mutter-Regentin der ganzen Welt einst sein wird.

Möge dieser Überblick und die Erklärungen von der Struktur und den Graden des Weges der Rückkehr, der schließlich zu Erleuchtung führt, dazu ermutigen, am Großen Werk beharrlich weiterzuarbeiten, dessen Frucht die *Reife* ist, von der Eckhartshausen spricht. Dieses Buch ist in die Hände des Lesers gelangt, weil er bereits zu denen gehört, die berufen sind. Es ist mein tiefer Wunsch, dass er durch das Studium dieses Buches zu den Erwählten zählen möge.

* * *

Anmerkungen

1 Paul Foster Case, *Schlüssel zur Ewigen Weisheit des Tarot*, Urania Verlags AG 1992
2 B.O.T.A. Ldt. Los Angeles, bietet ein Curriculum mit 16 Kursen an in Verbindung mit der Kabbalah, der Alchemie und der Astrologie.
3 Karl v. Ekhartshausen: *Die Wolke über dem Heiligthum, oder Etwas, wovon sich die stolze Philosophie unseres Jahrhunderts nichts träumen lässt.* 1802
4 Jakob Böhme: *De Signatura Rerum*
5 Kingsford und Maitland, *The Perfect Way*, New York, Macoy Publishing 1912
6 Thomas Troward, *The Creative Process in the Individual*, New York, Dodd, Mead & Co., 1915
7 Eliphas Levi, *The Mysteries of Magic*, London: Kegan Paulo, Trench Trubner & Co., 1897
8 Ebenda
9 Die Smaragdtafel des Hermes Trismegistos
10 Thomas Troward, *The Creative Process in the Individual*, New York, Dodd, Mead & Co., 1915
11 Thomas Troward, The Edinburgh Lectures on Metal Science, New York, Dodd, Mead & Co., 1909
12 Arthur Edward Waite, aus »The Sophic Hydrolith« in *The Hermetic Museum*, 1973 Reprint von Samuel Weiser, York Beach, ME
13 Paul Foster Case, *Schlüssel zur Ewigen Weisheit des Tarot*, Urania Verlags AG 1992
14 Paul Foster Case, *Das Buch der Siegel*, Schalksmühle, fabrica libri 2003
15 Swami Vivekananda, *Raja Yoga*, z. B. Esotera Taschenbücher 1990
16 Philo Judaeus, *Works*, ed. by Bohn, London: Henry G. Bohn, 1854
17 Ein uns leider nicht mehr zugänglicher Vergleich
18 Patanjali, *Yoga Sutras*, in Vivekananda, *Raja Yoga*, z. B. esotera Taschenbücher 1990
19 Vivekananda, *Raja Yoga*, mehrere Ausgaben
20 Eliphas Levi, *The Mysteries of Magic*, London: Kegan Paulo,Trench Trubner & Co., 1897)
21 Ebenda
22 Sir Edward Bulwer Lytton, *Vril: The Power of the Coming Race*, Blauvelt, N.Y.: Rudolf Steiner Publications, 1972
23 Van de Leeuw, The Conquest of Illusion, New York und London, Alfred A. Knopf, 1928
24 Anfang des 20. Jahrhunderts entstanden viele Orden, die sich Rosenkreuzer nannten und behaupteten, sich von C.R.C. herzuleiten.
25 Ausgabe von 1802, in Klammern gesetzt sind Zusätze von P. F. Case

Über den Autor

Paul Foster Case war einer der großen spirituellen Lehrer, die immer wieder in geschichtlicher Zeit über die Erde gegangen sind. Weisheit, ein durchdringender Geist voller Unterscheidungskraft und spirituelle Wahrnehmung verbanden sich bei ihm auf ungewöhnliche Art. Dabei drückte sich seine Menschlichkeit auch durch Witz und Humor sowie durch eine große Umgänglichkeit mit Menschen aller Gesellschaftsschichten, Nationen und Glaubensrichtungen aus.

Als früh entwickeltes Kind las er ungewöhnlich viel und besaß auch ein großes musikalisches Talent. Er entdeckte, dass er seine Träume willentlich beeinflussen konnte und erlebte übersinnliche Bewusstseinszustände. Mit neun Jahren stand er mit Rudyard Kippling im Briefwechsel, der ihm die Wirklichkeit seiner inneren Wahrnehmungen bestätigte.

Als Folge seines Kontaktes zu Claude Bragdon entdeckte er im Alter von sechzehn Jahren, dass sich die gewöhnlichen Spielkarten vom Tarot herleiten, der ursprünglich »das Spiel des Menschen« genannt wurde. Von da an sammelte er jedes Buch über den Tarot und alle erhältlichen Tarotspiele. Jahr um Jahr beschäftigte er sich eingehend mit diesen archetypischen Bildern der Kraft, stöberte, studierte, forschte und meditierte. Er begann, eine Stimme zu hören, die ihn bei seinen Nachforschungen führte. Durch den Tarot hatte sich sein inneres Hören den höchsten spirituellen Ebenen geöffnet, doch die Stimme griff nie in sein persönliches Leben ein, schmeichelte nie und gab ihm nie Anweisungen.

Seine Forschungen führten ihn auch unausweichlich zur Kabbalah, der »geheimen Weisheit Israels«, von der er fühlte, dass er sie »bereits kannte«. Er brauchte die hebräische und chaldäische Schrift nicht zu erlernen, denn er »erinnerte« sich ihrer. In das Wissen von Tarot und Kabbalah einzutauchen, war eine Rückschau, die zugleich ein größeres Werk einleitete.

So war es ihm möglich, die Lehren der Zeitlosen Weisheit in eine verständliche moderne Sprache zu übersetzen und zu erweitern, und damit dem Strebenden eine sorgfältig geprüfte Methode für seinen »Weg der geistigen Rückkehr« zur Verfügung zu stellen.

Um seine Erkenntnisse in angemessener Form weitergeben zu können, gründete er schließlich eine Organisation, den Orden der »Builders Of The Adytum« (B.O.T.A.), »Erbauer des Adytum«. Hier werden den Mitgliedern die Lehren, die in den alten Mysterienschulen nur von Mund zu Ohr weitergegeben worden sind, in geschriebener Form zugänglich gemacht.

B.O.T.A. arbeitet heute weltweit und hat durch Übersetzungen der Texte von Paul Foster Case u. a. auch deutschsprachigen Interessenten die Möglichkeit eröffnet, das okkulte Studium in ihrer Muttersprache zu absolvieren.

Die Leserin und der Leser, die nach der Lektüre dieses Buches den Wunsch verspüren, das Wissen um die Mysterien und Disziplinen des Tarot und des Lebensbaumes weiter zu vertiefen, können sich an die folgende Adresse in den USA wenden:

Builders Of The Adytum, B.O.T.A.
5105 North Figueroa Street
Los Angeles, California 90042, USA

Weitere Veröffentlichungen des Autors in deutscher Sprache:

»Die Rosenkreuzer-Allegorie«
Der Wahre und Unsichtbare Orden vom Rosenkreuz, Band I
2002, Schalksmühle, fabrica libri

»Schlüssel zur ewigen Weisheit des Tarot«
1992, Neuhausen/Schweiz, Urania Verlags AG

VORANKÜNDIGUNG:

»Das Buch der Siegel«
Meditationen über die 22 hebräischen Buchstaben
2003, Schalksmühle, fabrica libri

Die hebräischen Buchstaben

In der Schreibweise der hebräischen Wörter wurde teilweise sowohl dem Lexikon von Langenscheidt (*Langenscheidts Taschenwörterbuch Hebräisch, Auflage: 5. 4. 3. 1996/95*) als auch dem Handwörterbuch von Gesenius (*Hebräisches und Aramäisches Handwörterbuch über das Alte Testament, 17. Auflage 1962*) gefolgt. Die Entsprechungen der Buchstaben und die Aussprache können der folgenden Tabelle entnommen werden.

Zahl	Buchstabe	Lat. Name	Dtsch. Bdtg	Hebr.Bdtg.	Aussprache	Transkription
1	א	Alef	Ochse	אלף	*``alef*	'(Anlaut), `(Betonung)
2	ב	Bet	Haus	בית	*`bajit*	*b* oder *v*
3	ג	Gimel	Kamel	גמל	*Gamal*	*g*
4	ד	Dalet	Tür	דלת	*`delet*	*d*
5	ה	He	Fenster	הא	*He*	*h* (als Lesestütze nicht transkribiert)
6	ו	Vav	Nagel	וו	*Vav*	*v*
7	ז	Zajin	Schwert	זין	*`zajin*	*z* wie in sehen
8	ח	Chet	Zaun	חית	*Xet*	*x* wie in Bach
9	ט	Tet	Schlange	טית	*Tet*	*t*
10	י	Jod	Hand	יד	*Jod*	*j*
20	כ	Kaf	Handfläche	כף	*kaf, xaf*	*k* oder *x* wie in Bach
30	ל	Lamed	Stachel	למד	*`lamed*	*l*
40	מ	Mem	Wasser	מים	*`majim*	*m*
50	נ	Nun	Fisch	נון	*Nun*	*n*
60	ס	Samech	Stütze	סמך	*`samex*	*s* wie in essen
70	ע	Ajin	Auge	עין	*``ajin*	' (Anlaut)
80	פ	Pe	Mund	פה	*Pe*	*p* oder *f*
90	צ	Tsadi	Angelhaken	צדי	*Tsade*	*ts* wie in Zaun
100	ק	Kuf, Kof	Hinterkopf	קוף	*kuf, kof*	*k*
200	ר	Resch	Kopf	ראש	*Rosch*	*r*
300	ש	Schin	Zahn	שן	*Schen*	*sch* wie in schön *s* wie in essen *)
400	ת	Tav	Zeichen	תו	*Tav*	*t*

ENDBUCHSTABEN

500 ך Kaf	600 ם Mem	700 ן Nun	800 ף Pe	900 ץ Tsadi

*) Das Langenscheidt-Lexikon benutzt für »sch« ein anderes Zeichen

Die 22 Großen Schlüssel des Tarot

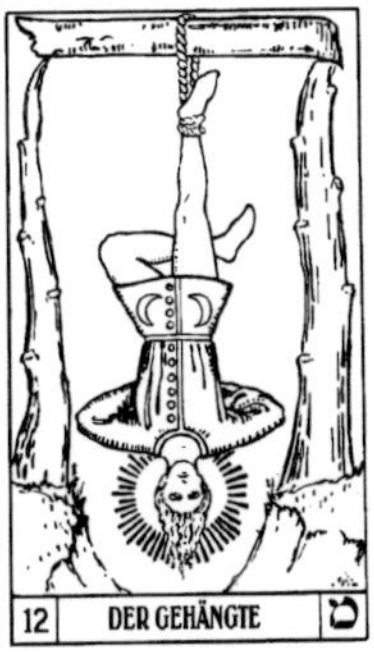
12
DER GEHÄNGTE
מ

13
DER TOD
נ

14
DIE MÄßIGKEIT
ס

15
DER TEUFEL
ע

16
DER TURM
פ

17
DER STERN
צ

18
DER MOND
ק

19
DIE SONNE
ר

20
DAS URTEIL
ש

21
DIE WELT
ת